传承中华文化精髓

建构国人精神家园

百喻经

全集

原著 【古印度】伽斯那
注译 安中玉
主编 唐品

天地出版社 TIANDI PRESS

图书在版编目（CIP）数据

百喻经全集 / 唐品主编. —成都：天地出版社，2017.6（2019年重印）

（中华传统文化核心读本）

ISBN 978-7-5455-2807-7

Ⅰ.①百… Ⅱ.①唐… Ⅲ.①佛经②《百喻经》—通俗读物 Ⅳ.①B942.1-49

中国版本图书馆CIP数据核字（2017）第077536号

百喻经全集

出 品 人	杨 政
主　　编	唐 品
责任编辑	陈文龙　卞 婷
封面设计	思想工社
电脑制作	思想工社
责任印制	葛红梅

出版发行	天地出版社 （成都市槐树街2号　邮政编码：610014）
网　　址	http://www.tiandiph.com http://www.天地出版社.com
电子邮箱	tiandicbs@vip.163.com
经　　销	新华文轩出版传媒股份有限公司

印　　刷	河北鹏润印刷有限公司
版　　次	2017年6月第1版
印　　次	2019年6月第3次印刷
成品尺寸	170mm×230mm　1/16
印　　张	21.5
字　　数	363千字
定　　价	39.80元
书　　号	ISBN 978-7-5455-2807-7

版权所有◆违者必究

咨询电话：（028）87734639（总编室）
购书热线：（010）67693207（市场部）

本版图书凡印刷、装订错误，可及时向我社发行部调换

序言

　　上下五千年悠久而漫长的历史，积淀了中华民族独具魅力且博大精深的文化。中华传统文化是中华民族无数古圣先贤、风流人物、仁人志士对自然、人生、社会的思索、探求与总结，而且一路下来，薪火相传，因时损益。它不仅是中华民族智慧的凝结，更是我们道德规范、价值取向、行为准则的集中再现。千百年来，中华传统文化融入每一个炎黄子孙的血液，铸成了我们民族的品格，书写了辉煌灿烂的历史。

　　中华传统文化与西方世界的文明并峙鼎立，成为人类文明的一个不可或缺的组成部分。中华民族之所以历经磨难而不衰，其重要一点是，源于由中华传统文化而产生的民族向心力和人文精神。可以说，中华民族之所以是中华民族，主要原因之一乃是因为其有异于其他民族的传统文化！

　　概而言之，中华传统文化包括经史子集、十家九流。它以先秦经典及诸子之学为根基，涵盖两汉经学、魏晋玄学、隋唐佛学、宋明理学和同时期的汉赋、六朝骈文、唐诗宋词、元曲与明清小说并历代史学等一套特有而完整的文化、学术体系。观其构成，足见中华传统文化之广博与深厚。可以这么说，中华传统文化是华夏文明之根，炎黄儿女之魂。

　　从大的方面来讲，一个没有自己文化的国家，可能会成为一个大国甚至富国，但绝对不会成为一个强国；也许它会强盛一时，但绝不能永远屹立于世界强国之林！而一个国家若想健康持续地发展，则必然有其凝聚民众的国民精神，且这种国民精神也必然是在自身漫长的历史发展中由本国人民创造形成的。中华民族的伟大复兴，中华巨龙的跃起腾飞，离不开中华传统文化的滋养。从小处而言，继承与发扬中华传统文化对每一个炎黄子孙来说同样举足轻重，迫在眉睫。中华传统文化之用，在于"无用"之"大用"。一个人的成败很大程度上取决于他的思维方式，而一个人的思维能力的成熟亦绝非先天注定，它是在一定的文化氛围中形成的。中华传统文化作为涵盖经史子集的庞大思想知识体系，恰好能为我们提供一种氛围、一个平台。潜心于中华传统文化的学习，人们就会发现其蕴含的无穷尽的智慧，并从中领略到恒久的治世之道与管理之智，也可以体悟到超脱的人生哲学与立身之术。在现今社会，崇尚中华传统文化，学习中华传统文化，更是提高个人道德水准和构建正确价值观念的重要途径。

近年来，学习中华传统文化的热潮正在我们身边悄然兴起，令人欣慰。欣喜之余，我们同时也对中国现今的文化断层现象充满了担忧。我们注意到，现今的青少年对好莱坞大片趋之若鹜时却不知道屈原、司马迁为何许人；新世纪的大学生能考出令人咋舌的托福高分，但却看不懂简单的文言文……这些现象一再折射出一个信号：我们现代人的中华传统文化知识十分匮乏。在西方大搞强势文化和学术壁垒的同时，国人偏离自己的民族文化越来越远。弘扬中华传统文化教育，重拾中华传统文化经典，已迫在眉睫。

本套"中华传统文化核心读本"的问世，也正是为弘扬中华传统文化而添砖加瓦并略尽绵薄之力。为了完成此丛书，我们从搜集整理到评点注译，历时数载，花费了一定的心血。这套丛书涵盖了读者应知必知的中华传统文化经典，尽量把艰难晦涩的传统文化予以通俗化、现实化的解读和点评，并以大量精彩案例解析深刻的文化内核，力图使中华传统文化的现实意义更易彰显，使读者阅读起来能轻松愉悦并饶有趣味，能古今结合并学以致用。虽然整套书尚存瑕疵，但仍可以负责任地说，我们是怀着对中华传统文化的深情厚谊和治学者应有的严谨态度来完成该丛书的。希望读者能感受到我们的良苦用心。

前言

　　《百喻经》，又叫《百句譬喻经》，是古印度高僧伽斯那从《修多罗藏》十二部佛经中撷取素材编撰而成的一部教诫类经书。南朝萧齐永明年间，来华僧人求那毗地把《百喻经》译成汉文，其后该经便列入了汉文"大藏经"之中。

　　据传，求那毗地是僧伽斯那的弟子，自小聪慧强记，能诵大小乘经十余万言。僧伽斯那所集百喻，他悉皆诵习，并深明其意义旨趣，求那毗地于南齐建元初（479）抵达建业（今江苏南京），住毗离耶寺，永明十年（492）九月十日译出此书，并聚徒讲学，因此该书的翻译当别无阙漏，这也是后人称道它的原因之一。

　　另据学者考证，伽斯那写成该书时，正是印度寓言文学方兴未艾之时，也是著名的《五卷书》（婆罗门学者所撰用来教授贵族子弟的一部梵文寓言集）流行的时代，因此此书可谓是一部应时之作。不过，直到现在，在印度也没有发现它的梵文版本，故此尤显汉译本之珍贵。

　　《百喻经》号称"百喻"，其实只有九十八篇譬喻故事。之所以称之为"百"，有两种解释：一是取其整数而言，二是本经加上卷首"序品"和卷尾"跋偈"刚好百篇，故称为"百喻经"。该书九十八篇，每篇都由喻和法两部分组成。喻是一篇简短的寓言，法是寓言所证悟的教诫。这些寓言主要描写幽默可笑的事情，文笔犀利，极具讽刺性，因

05

此也可以当作笑话集来看。

僧伽斯那在跋偈中说：本书以嬉笑的方法来阐明佛法，如以苦药和石蜜，虽损蜜味，但主要是为了治病。先讲笑话，后讲佛法，如先服吐下药，后以酥滋润身体。笑话里包含佛法，如树叶裹阿伽陀药，希望读者但取佛法的阿伽陀药，而抛弃嬉笑的树叶。

《百喻经》正是通过这九十八个浅显、易懂、通俗、幽默的故事，把佛教的基本教义，如因果报应，从正道、布施、持戒等方面向大众讲解得清晰明了。作者运用了熟稔的白描手法，使得情节人物传神。巧妙的譬喻，直截了当地说破人心缺憾。每一则诙谐风趣的譬喻都能使人从中得到反省与启示。因此它可以说是一部典型的佛经寓言，而且也是众多佛经中少数的平民化、大众化经典。

另外，本经各篇所述的寓言，可能都是从前在印度民间广为流传的，后为佛教学者采取应用，因此有极强的感染力，也容易引起我国读者的共鸣。所以，千百年来，《百喻经》一直被我国读者作为为人处世的经典读物而广泛流传，并受到现代读者的欢迎。

《百喻经》曾经是鲁迅先生最为喜欢的一部佛经。鲁迅曾说："尝闻天竺寓言之富，如大林深泉，他国艺文，往往蒙其影响……佛藏中经，以譬喻为名者，唯《百喻经》最有条贯。"因此，鲁迅非常推崇此书，对其评价也很高。他不仅出资刻印，还为它做了题记。这样，《百喻经》才有了单刻本出现。这便是我们现在看到的版本。

由于《百喻经》成书较早，阅读起来有些难度。为了让读者有一个轻松愉快的阅读过程，本书采用五步走体例，即原文、注释、译文、评析与诸多蕴涵哲理的故事相结合，加深理解。在写作本书的过程中，我们参考了一些近年来出版的有关《百喻经》的编著资料，谨向原作者表示衷心感谢！限于笔者水平，书中难免有许多疏漏，敬请广大读者批评指正。

目录

- 愚人食盐喻……………… 001
- 愚人集牛乳喻…………… 004
- 以梨打头破喻…………… 007
- 妇诈称死喻……………… 010
- 渴见水喻………………… 013
- 子死欲停置家中喻……… 017
- 认人为兄喻……………… 020
- 山羌偷官库喻…………… 023
- 叹父德行喻……………… 027
- 三重楼喻………………… 031
- 婆罗门杀子喻…………… 035
- 煮黑石蜜浆喻…………… 039
- 说人喜瞋喻……………… 042
- 杀商主祀天喻…………… 045
- 医与王女药令卒长大喻… 048
- 灌甘蔗喻………………… 052
- 债半钱喻………………… 056

- 就楼磨刀喻……………… 060
- 乘船失釪喻……………… 063
- 人说王纵暴喻…………… 066
- 妇女欲更求子喻………… 069
- 入海取沉水喻…………… 073
- 贼偷锦绣用裹氀褐喻…… 076
- 种熬胡麻子喻…………… 079
- 水火喻…………………… 083
- 人效王眼瞤喻…………… 086
- 治鞭疮喻………………… 089
- 为妇贸鼻喻……………… 092
- 贫人烧粗褐衣喻………… 095
- 牧羊人喻………………… 099
- 雇倩瓦师喻……………… 103
- 估客偷金喻……………… 107
- 斫树取果喻……………… 109
- 送美水喻………………… 113

⊙ 宝箧镜喻…………………… 117
⊙ 破五通仙眼喻………………… 120
⊙ 杀群牛喻…………………… 124
⊙ 饮木筒水喻………………… 126
⊙ 见他人涂舍喻……………… 130
⊙ 治秃喻……………………… 133
⊙ 毗舍阇鬼喻………………… 137
⊙ 估客驼死喻………………… 140
⊙ 磨大石喻…………………… 143
⊙ 欲食半饼喻………………… 146
⊙ 奴守门喻…………………… 149
⊙ 偷犛牛喻…………………… 153
⊙ 贫人作鸳鸯鸣喻…………… 157
⊙ 野干为折树枝所打喻……… 160
⊙ 小儿争分别毛喻…………… 164
⊙ 医治脊偻喻………………… 167
⊙ 五人买婢共使作喻………… 169
⊙ 伎儿作乐喻………………… 172
⊙ 师患脚付二弟子喻………… 175
⊙ 蛇头尾共争在前喻………… 178
⊙ 愿为王剃须喻……………… 181
⊙ 索无物喻…………………… 184

⊙ 蹋长者口喻………………… 188
⊙ 二子分财喻………………… 190
⊙ 观作瓶喻…………………… 194
⊙ 见水底金影喻……………… 197
⊙ 梵天弟子造物因喻………… 201
⊙ 病人食雉肉喻……………… 204
⊙ 伎儿著戏罗刹服共相惊怖喻… 207
⊙ 人谓故屋中有恶鬼喻……… 211
⊙ 五百欢喜丸喻……………… 213
⊙ 口诵乘船法而不解用喻…… 218
⊙ 夫妇食饼共为要喻………… 221
⊙ 共相怨害喻………………… 224
⊙ 效其祖先急速食喻………… 227
⊙ 尝庵婆罗果喻……………… 230
⊙ 为二妇故丧其两目喻……… 233
⊙ 唵米决口喻………………… 236
⊙ 诈言马死喻………………… 239
⊙ 出家凡夫贪利养喻………… 242
⊙ 驼瓮俱失喻………………… 245
⊙ 田夫思王女喻……………… 248
⊙ 搆驴乳喻…………………… 251
⊙ 与儿期早行喻……………… 254

⊙ 为王负机喻…………… 258
⊙ 倒灌喻………………… 261
⊙ 为熊所啮喻…………… 264
⊙ 比种田喻……………… 268
⊙ 猕猴喻………………… 272
⊙ 月蚀打狗喻…………… 275
⊙ 妇女患眼痛喻………… 278
⊙ 父取儿耳珰喻………… 281
⊙ 劫盗分财喻…………… 285
⊙ 猕猴把豆喻…………… 287

⊙ 得金鼠狼喻…………… 290
⊙ 地得金钱喻…………… 293
⊙ 贫人欲与富者等财物喻…… 297
⊙ 小儿得欢喜丸喻……… 300
⊙ 老母捉熊喻…………… 303
⊙ 摩尼水窦喻…………… 306
⊙ 二鸽喻………………… 310
⊙ 诈称眼盲喻…………… 313
⊙ 为恶贼所劫失氎喻…… 315
⊙ 小儿得大龟喻………… 318

愚人食盐喻

【原文】

昔有愚人，至于他家，主人与食，嫌淡无味。主人闻已，更为益盐①。既得盐美，便自念言："所以美者，缘有盐故。少有尚尔，况复多也？"愚人无智，便空食盐。食已口爽②，返为其患。

譬彼外道，闻节饮食可以得道，即便断食③，或经七日，或十五日，徒自困饿，无益于道。如彼愚人，以盐美故，而空食之，致令口爽，此亦复尔④。

【注释】

①更为益盐：再往菜里加一些盐。②口爽：味觉被破坏。爽，败坏、伤害。③断食：又称辟谷，就是指在一定时期内断绝饮食，是一种苦行僧式的修道方法。④复尔：同样如此。

【译文】

从前有个愚蠢的人，到别人家中做客。主人留他吃饭，他嫌菜清淡无味。主人得知以后，便往菜里又加了一点盐。加盐后的饭菜变得美味可口了，于是那个愚人自言自语道："饭菜之所以变得好吃了，是因为加了盐的缘故。只加了一点点盐菜就如此好吃，何况再多加一些呢？"那个愚人愚蠢无知，便空口只吃起盐来。由于一下子吃盐太多，他的味觉被破坏，便失去了味觉，这才感受到多吃的痛苦。

这就像那些外道中人，听说节制饮食能够帮助修行，于是就拒绝进食。他们中有人禁食七天，有人禁食十五天，可是那只是让自己白白地忍受饥饿之苦，对修行却没有一点好处。这就像那个愚笨的人，因为盐可以使饭菜好吃的缘故，就一味地只吃盐，最终破坏了自己的正常味觉，而那些没有正确思想的人所采取的方法也同样如此。

【评析】

文中的这个愚人以其荒谬的逻辑，付诸于极端的行为，以至于自身也深受其害。很明显，他不知道，世间万物皆有个"度"，超过了这个度就会适得其反、事与愿违。老子就曾说过：知道满足，就不会招致屈辱；知道适可而止，就不会招致危险。所以在生活中，我们对自己所做的事情要好好把握，当行则行，当止则止，只有这样才能避免灾祸，才能长久快乐。

【故事征引】

凡事适可而行适可而止

有一天，佛下山去游说佛法。在路途中，他看到一家店铺里置放着一尊佛像，还散发着金光，于是他便凑上前去细瞧：原来这是一尊青铜所铸、形体逼真、神态安然的释迦牟尼像。佛顿时心中一乐，自言自语道："如果我能把它带回寺里，开启其佛光，并祭祀供奉，这会是一件天大的幸事。"

佛在那儿转悠着看了半天，最后忍不住问老板此物的价钱，店主看到此人爱不释手的样子，便要价200两银子，还说这是稀有宝物，分文也不能少。佛听后，没有言语就走开了。

佛回到寺里，便召集众僧谈论此事。众僧问佛："您打算花多少钱买下它？"佛说："50两足矣。"众僧歔欷不止："那怎么可能呢？"佛说："天理犹存，当有办法，万丈红尘，芸芸众生，欲壑难填，得不偿失啊。我佛慈悲，普度众生，就应当让他仅仅赚到这50两！"

众僧听了，不解地问："怎样普度他呢？""让他忏悔。"佛笑着说道。众僧更加不解了。佛说："你们只管按我的吩咐去做就行了。"于是，佛便派第一个弟子下山去店铺里跟老板谈价，弟子咬定就45两成交，店主说什么也不答应，弟子便回山了。

第二天，佛又派第二个弟子下山去跟老板谈价，弟子咬定40两不放，店主还是没答应，弟子回山。

就这样，到了第九天，佛派最后一个弟子下山时，所给的价已经低到了20两。店主眼见着一个个买主一天天地离去，而给的价也一个比一个低，便开始着急了。而在这之前的每一天他都后悔没有以前一天的价格卖给前一个人，心里也在深深地怨责自己太贪婪。等到第十天时，他便告诉自己："今天如果还有人来买，无论他给多少钱我也要立即出手。"

第十天，佛便亲自下山了，对店主说要出50两买下它。店主一听，高兴极了，心想："这没过几天，竟然能反弹到50两！"他便立即出手，高兴之余还要另赠佛一具龛台。

佛得到了那尊铜像，谢绝了龛台，单掌作揖说："欲望无边，凡事有度，一切适可而止啊！善哉，善哉……"

适可而止，过犹不及

从前有一位老樵夫，到山上去砍柴。那时正是酷暑季节，他走了没多久就感觉口干舌燥，于是遍寻山野，想找点儿水喝。幸运的是他竟然在山上发现了一眼清澈的泉水，边上还立着一块牌子，上面写着一行字：此处的泉水可以让人变年轻。老樵夫一看高兴极了，急忙喝了一口，果然一下子就变回了年轻力壮的青年。

变回青年的樵夫甚是高兴，蹲在水边看啊看的，心想：自己年轻的样子又回来了，妻子看到了一定会很高兴的。如果让苍老的妻子也能喝上一口这里的泉水，她便也会像他一样，重新拥有年轻的容貌。想到这儿，变年轻的樵夫立即奔跑回家。

他刚一进门，老迈的妻子看见重回年轻样子的丈夫，先是惊慌失措，不敢相认。当丈夫把自己变年轻的秘密告诉了妻子后，妻子欣喜若狂，盘问清楚后便急忙跑到泉边去喝水。

樵夫在家中边等着妻子回家，边想象着妻子变回少女后那娇美可人的模样儿，心里既焦急又欢喜。可是左等右等总不见妻子回来。最后樵夫等不及了，便上山去寻找妻子。

樵夫来到泉边，那儿的泉水依然清冽，却没有看到年轻貌美的妻子，只见一女婴躺在妻子的衣服旁嗷大哭。樵夫这下明白了：原来妻子为了不想让更多的人再喝到这儿的泉水，想把泉水据为己有，于是就拼命地喝，想把泉水全部喝光。

樵夫越想越伤心：本来妻子是想把自己变成青春靓丽的少女，因为不知道适可而止，最后变成了一个嗷嗷待哺的婴儿。

愚人集牛乳喻

【原文】

昔有愚人,将会宾客,欲集牛乳,以拟供设①,而作是念:"我今若豫于日日中,㲉取②牛乳,牛乳渐多,卒③无安处,或复酢败④。不如即就牛腹盛之,待临会时,当顿⑤㲉取。"作是念已,便捉牸牛⑥母子,各系异处。却后一月,尔乃设会,迎置宾客,方牵牛来,欲㲉取乳。而此牛乳即干无有,时为众宾或瞋⑦或笑。

愚人亦尔,欲修布施⑧,方言:"待我大有之时,然后顿施⑨。"未及聚顷,或为县官、水火、盗贼之所侵夺,或卒命终,不及时施,彼亦如是。

【注释】

①以拟供设:以便届时供应、款待客人。拟,本作"俟",等待。②㲉取:挤取。㲉,挤动物乳汁。③卒:终于。④酢(cù)败:指酒、乳汁等饮料变质、发酵。酢,同"醋"。⑤当顿:当场,当时。⑥牸(zì)牛:母牛。牸,泛指雌性牲畜。⑦瞋:发怒、生气。⑧布施:佛教用语,指把恩惠施与他人。⑨顿施:一齐把以前的恩惠布施掉。

【译文】

以前有个很蠢的人,准备在家款待亲朋好友,他便想积攒收集一些牛奶,以备招待客人时用。然而他这样认为:"我现在如果每天把挤出的牛奶储存起来,那么牛奶就会越积越多,最终又没有地方可以存放,或许还会变质腐坏。不如就让牛奶先在牛肚子里存着,等到宴请宾客时再一起把牛奶挤出来。"他有了这样的念头,于是就把母牛和吃奶的小牛分开喂养。过了一个月,他准备设宴迎接宾客,此时他才牵出牛来,想要挤牛奶,但此时牛的奶已经干瘪得挤不出来牛奶了。当时在场的客人,有的责怪他,有的嘲笑他。

愚蠢的人就是这样的。想要通过施恩惠于他人的方式来为自己修行，却又说：等我拥有大笔财富时，然后再一齐布施。可还没有等到把财富聚集起来，有的便被官吏、水火、盗贼洗劫一空；有的又突然离世，来不及做布施，这就和故事中的那个蠢人的做法一样了。

【评析】

故事中的这个人，在该挤牛奶的时候不挤，等哺乳期过了又要去挤奶，结果一无所获，最后还又被人耻笑。这正如莎士比亚所言："不要坐失时机，当时机把有头发的脑袋伸出来你没有去抓时，回头它便会伸出一个秃头来。"所以我们一定要学会把握时机，并充分利用时机。只有在适当的时候做了适当的事情，我们才不会后悔，才不会对稍纵即逝的机遇感到惋惜。另外，文中的那个愚人，以为只要现在不挤牛奶，牛奶就会在牛肚子里越积越多，这种想法是何等的荒谬。所以，我们做事之前定要对事物有充分的认识，遵从事物的发展规律，只有这样，我们才能做对、做好一切事情。

【故事征引】

吃梨的学问

在一个中秋佳节，老方丈举行完祭祀大礼后，随即从供品中挑了两兜梨，分别发给他的两个小徒弟。

老方丈对第一个徒弟说："这些梨还不太熟，你回去放个十天半个月的再吃吧。"接着又对另一个徒弟说："这些梨在供桌上放了好多天了，已经熟透了，不能再放了，你回去就赶紧吃了吧。"

第一个徒弟还没等回去，在半路上就把梨给吃了，结果是生涩难忍。

另一个徒弟却把已经熟透了的梨放了半个月，当他想起吃时，却发现梨已经全部烂掉了。

后来老方丈问询徒弟二人梨的口味时，二人就把各自的情况如实地告诉了老方丈。

老方丈对第一个徒弟说："看来，有些东西是急不得的，放置一段时间也许更好些。"

老方丈又对另一个徒弟说："看来，有些东西是不能放置的，哪怕有些生涩，也得及时享用，不然的话，悔之晚矣。"

两个徒弟听了师父的话，不禁有些感触。同样的梨，在老方丈的特意安排下却得出了两种截然不同的结果，这就是禅的智慧啊。

多一份犹豫，少一个机会

有一位虔诚的信徒，很不幸地遭遇到一次水灾。情急之下，他为了逃避灾难，就爬到了屋顶上面，想要等到水退了再下去。可是没想到的是，洪水却越涨越高，没有丝毫下降的趋势。眼看着洪水都要淹到脚下了，周围又没有其他人，于是他急忙祈求道："大慈大悲的佛祖，快来救救我啊！"

过了没多久，就来了一艘独木舟，船上的那个人要救信徒，可他却说："不！我不要你来救我，我相信佛祖会来救我的，我一定要等他来。"

那人自讨没趣，驾着独木舟走了。可是大水还在继续上涨，很快涨到他腰部了。信徒害怕极了，立即又向佛祖发出祈求。

这时候，又来了一艘小船，船上的人要救信徒到安全地带，可是他再次拒绝了，并且说道："我不喜欢这艘船，你走吧，我要等佛祖来救我。"

那小船只好抛下信徒离开了。没一会儿，水已经涨到信徒的胸部。信徒还是继续大声地向佛祖祈求着。

可是这一次，没有人来救他了。随着洪水的上涨，信徒的全身已经被洪水淹没，他已经奄奄一息了。

就在这时候，一位禅师驾船赶来救起了他。得救的他看到救他的人仍然不是佛祖，马上露出一副不开心的表情，向禅师埋怨说："我信佛是如此的虔诚，但是在我遇难之时佛祖却对我不管不顾，甚至在我有性命之忧时他还是不肯来救我。"

禅师深深地叹了口气，说道："你真是冤枉了佛祖，佛祖曾经几次化作船来救你，而你却嫌这嫌那，一次一次地拒绝被救，看来你与佛祖是真的无缘啊！"信徒这才恍然大悟。

以梨打头破喻

【原文】

昔有愚人，头上无毛。时有一人，以梨打头，乃至二三，悉①皆伤破。时此愚人默然忍受，不知避去。傍人见已，而语之言："何不避去？乃往受打，致使头破。"愚人答言："如彼人者，憍慢恃力②，痴无智慧。见我头上，无有发毛，谓为是石。以梨打我，头破乃尔。"傍人语言："汝自愚痴，云何名彼以为痴也？汝若不痴，为他所打，乃至头破，不知逃避。"

比丘③亦尔，不能具修信、戒、闻、慧④，但整威仪⑤，以招利养⑥。如彼愚人，被他打头，不知避去，乃至伤破，反谓他痴。此比丘者亦复如是。

【注释】

①悉：副词，全，都。②憍慢恃力：骄傲自大，依仗蛮力。③比丘：梵语，译为乞者。佛教中指出家得度、受具足戒的男僧。④信、戒、闻、慧：信，信仰佛法；戒，守持戒律；慧，观照常理的智慧。⑤威仪：指起居动静均须有威德有仪则，即习惯所说的行、坐、住、卧四种威仪。⑥利养：即供养，这里指布施带来的利益。

【译文】

从前有个呆子，头上没有头发。有一次，一个人用梨打他的头，打了两三下，他的头都被打破了。可是这个呆子只是默默地忍受，却不知道躲避。旁边的人看见了，就对他说："你为什么不避开呢？还在这里默默地挨打，你头都被打破了。"那个呆子回答说："像他那样的人，骄傲自大，依仗蛮力，没有一点儿智慧，看见我头上没有头发，就以为是石头，所以才用梨打我，以致头破血流。"旁边那些人接着说道："是你自己愚昧，为何还说别人蠢笨无知？你如果不是无知，怎么会被别人打得头破血流时，还不知道躲避一下呢？"

有些出家的僧人也一样。不能领会佛教教义中的精神所在，只是徒有表面的威仪，并以此享有布施带来的各种利益。就好像那个呆子，被别人打了头，都不知道躲开，才会被打得头破血流，却又反过来说他人愚笨。这样的信徒与那个呆子是一样的。

【评析】

故事中的这个呆子，被别人一而再、再而三地打头，竟不知躲避。在弄得头破血流的情况下，为了给自己解嘲，竟反过来讥笑别人愚笨。其实在现实生活中，这种自欺欺人的事例数不胜数。大家都知道，物质财富乃是身外之物，生不带来，死不带去。但就是有一些人口是心非，说一套做一套，终究断送了自己美好的前程。欺人者未必真能欺骗他人，到头来也只会让自己遭到他人的耻笑。所以，我们要时刻保持平和的心态，对自己有个清醒的认识，莫让自欺蒙蔽了双眼、扭曲了心灵、耽误了我们的人生。

【故事征引】

自己挠痒自己笑

从前有一个穷人，就因为衣着褴褛，所以总是遭到周围人的排斥。于是这个人便独来独往，久而久之，他便得了抑郁症。别人看他一副呆样儿，便想从他身上找点儿乐子，专挑一些幼稚的问题问他，他便沉默不说话。后来人们发现他竟然分不清喜怒哀乐，不知道什么是高兴，什么是痛苦。

有一个好心的老人注意他好久了，看他孤苦伶仃的，于是有了同情心，想给他指条明路，让他上山去找一位叫弘一的大师，说这位大师可以帮他解决一切问题。

这个人来到山上，很快就找到了弘一大师，刚一见面他就问道："大师，你觉得什么时候才是你最高兴的时候呢？"

大师回答："每当我有新收获的时候，就是我最高兴的时候。"

这个人又问："那么，什么时候又是你最痛苦的时候呢？"

大师说："每当我一无所得的时候，我就会痛不欲生。"

这个人接着问："可是大师,你又是如何对待你的高兴与痛苦的呢?"

大师回答："高兴的时候,我会时刻节制自己;痛苦的时候,我会自己挠痒自己笑。"

这个人听后,很是不解。

弘一大师解释道："高兴与痛苦,是每个人都有的。在高兴的时候,我们能心平气和地去欣赏它;而在痛苦的时候,我们又能平平静静地去回味它。我不承认高兴与痛苦有什么不同。其实,我觉得它们是一样的。"

这个人好像有点懂了。

死要面子的猫

有一只猫,自身的本领并不怎么样,却又很好面子,总是在一些事情上自欺欺人,掩饰自己的弱点。

有一天,这只猫正在苦苦地捉一只老鼠,一不小心竟然让老鼠给逃掉了。这一举动让它的同伴看见了,猫便急忙解释说:"我是看它长得太瘦小,所以有意要放它走的,等它养肥了,再抓住它岂不更好?"它的同伴们听了,无奈地笑了笑。

又有一次,它到河边去捉鱼,不想被鲤鱼的尾巴劈脸打了一下,猫顿时疼得龇牙咧嘴,可它却强忍着疼痛说:"我并不是真想捉它,我就是想利用它的尾巴洗洗脸,你们看现在我的脸是不是更干净了呀?"同伴们再次无语地走开了。

还有一次,这只猫不慎掉进了泥坑,浑身沾满了污泥。这时候,它看到同伴们都用惊异的目光看着它,它便解释道:"最近我身上跳蚤太多了,用这办法治它们是最有效的了!"

后来,它掉进了河里,同伴们打算救它出来,可它却说:"你们以为我遇到危险了吗?不,我这是在游泳……"话还没说完,猫就沉入河底了。

妇诈称死喻

【原文】

昔有愚人，其妇端正，情甚爱重。妇无直信①，后于中间，共他交往。邪淫心盛，欲逐傍夫，舍离己婿②。于是密语一老母言："我去之后，汝可赍③一死妇女尸，安著屋中。语我夫言，云我已死。"老母于后，伺其夫主不在之时，以一死尸置其家中。及其夫还，老母语言："汝妇已死。"夫即往视，信是己妇，哀哭懊恼，大积薪油，烧取其骨，以囊盛之，昼夜怀挟④。妇于后时，心厌傍夫，便还归家，语其夫言："我是汝妻。"夫答之言："我妇久死，汝是阿谁？妄言我妇。"乃至二三，犹故不信。

如彼外道，闻他邪说，心生惑著⑤，谓是真实，永不可改。虽闻正教，不信受持⑥。

【注释】

①直信：坦白诚实，这里指贞操。直，本作"贞"。②己婿：古代女子称夫为婿，即自己的丈夫。③赍（jī）：拿东西给人，携带。④怀挟：藏在怀里。⑤惑著：迷惑执著。⑥受持：接受、奉行。

【译文】

从前有个愚人，他的妻子端庄秀丽，两个人感情深厚。可是后来他的妻子不守妇道，中途有了外遇。她内心不安分的想法越来越强烈，便想要追随情夫而去，抛弃自己的丈夫。于是，她私下里托付一个老太婆说："我离开以后，你替我找一具女人的尸体安放在我家里，然后告诉我的丈夫，就说我已经死了。"之后，老太婆便趁那个男人不在家的时候，将一具尸体放到他的家中。等到那个男人回来后，老太婆说："你的妻子已经死了。"那个男人立即跑过去查看，误以为那就是自己的妻子，于是痛哭流涕、悲伤不已。他赶着办了大量的柴草和油料，将那尸体烧成骨灰，用袋子装起来，日夜带在身边。那个女人后来对情夫心生厌恶，于是就又回到家中，告诉她的丈夫说："我是你的妻子。"她的丈夫回答说："我的妻子早已经死了，你是谁啊？竟胡说是我的妻子。"那女人又再三解释，他还是不相信。

这就像那些外道的修行者，听到其他的邪说，就心生疑惑动摇起来，以为这就是永远不变的真理。即使听到了合乎真理的佛法道理，也不能从内心接受并奉行。

【评析】

故事中的这个人，可悲到连与自己朝夕相伴、感情融洽的妻子都不能辨别。别人随便弄了具女尸，他便信以为真，认定那就是他的妻子，然而在面对自己真实的妻子时，却再三否认，真是愚昧可笑。一个人如果连与自己朝夕相处的妻子都不能辨别，那也确实有些可悲了。在现实生活中，我们要想让自己变聪明，就必须具有明辨是非的能力，对错误的东西要有清醒的认识，绝不可听信谗言、刚愎自用，只有这样才能提高我们的判断能力，从而作出正确的选择。另外，故事中这个人的妻子也实在令人气愤，机关算尽，到最后却误了自己，落得如此下场也是她咎由自取。

【故事征引】

人无远虑，必有近忧

从前有两个穷人，都靠卖酪为生，他们每天都是头顶着酪瓶，四处叫卖。那天正好天下着大雨，道路泥泞湿滑，一个不小心就有可能摔跤。

其中有一个人有点儿小聪明，心里暗自思量："今天外面这么大雨，路上又是泥泞不堪，万一跌倒，岂不是瓶破酪泄？到时候连本带利全都没有了，以后我还靠什么为生呢？"想到这儿，他便先从酪浆中提炼出酥油，单放在一边，这样就算是跌倒的话，损失也不会很大。

而另外一个人呢，因为缺少未雨绸缪的智慧，所以不管天气多么恶劣，他还是把所有的酪浆全都顶在头上，到市场上去卖。

不幸的是，因为道路泥泞，两个人都滑倒了。其中一个人在地上号啕大哭，而另一个人的神情却没有什么变化。街上的行人看见此景，便问道："你们两个不是都摔倒了吗？你们头上顶着的酪瓶也都摔碎了，看上去你们俩的损失不相上下呀，为什么一个痛哭流涕、悔恨不已，而另一个却好像没有太大损失的样子呢？"

一个人说："我顶着的这瓶酪浆，还没有出酥油呢！今天这一跤摔得把我的本全搭进去了，我怎么能不哭呢？"而另一个则说："我的这瓶酪浆，我已经事先把酥油都提出来了，所以这样的损失还是可以承受的，我也就没有太多懊恼。"

渴见水喻

【原文】

　　过去有人，痴无智慧。极渴须水，见热时焰①，谓为是水，即便逐走，至辛头河②。既至河所，对视不饮。傍人语言："汝患渴逐水，今至水所，何故不饮？"愚人答言："若可饮尽，我当饮之。此水极多，俱不可尽，是故不饮。"尔时众人闻其此语，皆大嗤笑。

　　譬如外道，僻取其理③，以己不能具持佛戒，遂便不受，致使将来无得道分④，流转生死。若彼愚人，见水不饮，为时所笑，亦复如是。

【注释】

　　①热时焰：此处指河水在日照下蒸腾的水汽。②辛头河：印度河的古称，《大唐西域记》中曾作"信度河"。③僻取其理：指偏执于事理的某一方面。④道分：指领悟佛理的缘分。

【译文】

　　从前有个人愚昧无知。他口渴极了，急着需要喝水。远远地，他看见田野间远处蒸腾的水汽，以为那就是水，于是就追随那水汽而去，一直追到辛头河边。来到河边以后，却只是傻傻地望着河水，并不去取水喝。旁边的人问他："你如此口渴，又一直在追寻水源，现在到了有水的地方，你为什么不去喝水呢？"愚人回答说："如果能够把这些水喝完的话，我自然早就喝了。可是这里的水这么多，我是不可能全部喝光的，所以我干脆不喝了。"当时很多人听了他的这番话，都大声地讥笑他。

　　这就如同外道中人一样，偏执于事理的某一个方面，认为自己不能完全秉持佛教的戒律，便不去接受佛法，以至于后来也无法得到领悟佛理的缘分，长期流转于生死苦海之中。这就像那个愚人，口渴而不饮水，受到别人的耻笑，这些外道也是如此。

【评析】

这个故事本是劝诫人们：接受佛陀戒律精神，能接受多少算多少，切不可因为自己不能完全领悟其精髓而自暴自弃，从而无缘领受佛理，流转生死。同样，它也折射了我们现实生活中的一些道理。故事中的愚人，因为河水太多，即使口渴难忍，也不敢去喝上一口。这就像我们生活中的一些人，看到眼前的事情有点困难、任务有点艰巨，就望而却步，甚至都不敢于去尝试。他们从未想过：面对困难或许不会成功，但只要我们敢于尝试，脚踏实地地积极去做，相信一定会有很多意想不到的收获。

【故事征引】

尝试出来的才是正果

古时候，日本有一个叫柳生的人，对剑术没有什么兴趣，天赋也一般。但是他的父亲却很善于剑术，也一直希望儿子能子承父业，为家族争气。可是，无论父亲怎么教，柳生就是不开窍，进步甚微，后来父亲在一气之下，就把他赶出了家门。

柳生跟父亲一样，也是个很好强的人，他心中暗想："哼，父亲不愿意再教我，对我失去了信心，我偏要练出个名堂来不可！"下定决心后，柳生就千里迢迢投奔宫本武藏了，想要拜宫本为师。

刚刚行完拜师礼，柳生就迫不及待地问："师父，你看以我的根基，我需要多长时间才能够练成一名一流剑客呢？"

宫本想了想，然后郑重其事地说："嗯……大概需要10年时间。"

"啊！10年，这也太久了吧！"急于成名的柳生失望地说："师父，我是一个意志坚强的人，如果我从今天开始，加倍努力地修行苦练呢？"

"那么需要20年。"宫本不假思索地说了句。

柳生听后，大惑不解，继续追问道："那如果我夜以继日、废寝忘食、一刻也不停地用功呢？"

"那么，你30年也不会成功。"宫本很肯定地说。

柳生有点儿打退堂鼓了，心想："是不是越学到后面越难了呢？我啥时候才能成为一流剑客呢？"

他有点儿不安，又有点儿不甘心，于是又接着问师父："怎么会这样呢？越努力反而成功得越缓慢，您能告诉我这是什么原因吗？是不是后面的剑术越发难学了呢？"

宫本说："不是难学，关键就在于你敢不敢去尝试，只要你肯用一颗真心踏实地去做，也许用不了多久你就可以成功，来满足你的愿望。"

柳生听了这一席话，惊得满头大汗，恍然大悟。

后来，他就抱着一颗平常心努力地去练剑，不到一年就成了一名绝顶剑客。

要有抬腿的勇气

有一天，几个和尚聚到了一起，商量着要去郊外拜访禅师。拜访结束后，天已经快黑了，他们必须得赶快下山。但是如果按照来时的路返回，至少需要两到三个小时的时间才能下山，那时候天都漆黑了。和尚们焦急万分，互相讨论到底该怎么办。

这时候，有一个和尚提议说他知道另外一条捷径，不到一个小时就可以下山，但是这条路要跨过一条小沟才能走过去。

望着越来越低的太阳，他们一致同意走近路。和尚们凑到跟前一看：那小沟大概有几米深，沟里是潺潺的溪水，在四月的黄昏里发出响亮而空洞的声音，那种声音让人想到不慎掉下去的惨烈……前进还是后退？他们在沟前犹豫了很久，天也一点一点暗了下来。

等了好久，一个年轻的和尚站了出来。他拿着一根树枝在沟之间比划了一下，然后放在地上，说："沟就是这么宽的距离，大家跳跳试试看。"大家很轻易就在平地上跳过了那个和沟差不多的距离。但是面对溪水哗哗的小沟，有人还是犹豫。年轻的和尚第一个跳过去了。大家互相鼓励着，一个个也都跳过去了，就连平时胆小的和尚在大家不断的鼓励下也跳过去了。

那天傍晚，他们很快就下山了。在那条新路上，他们还发现了一大片一大片粉红嫩白的桃花。就是在这样一个时节，那绚烂的色彩难道还不能算是一道令人惊喜的风景吗？他们开心极了，一边闲聊，一边还可以观看一路的美景。

就这样，他们很快就下山了。没过多久，天居然下起雨来了，雨点是那么的大，那么的急。这时候，大家都笑着说："哈哈！其实那条小沟并没有我们想象中的可怕！真正可怕的是我们心中的想象。只要我们一抬腿，不就过来了吗？世事难料，安全也不是绝对的。如果我们当时选择熟悉的那条路回来，说不定现在一个个都成落汤鸡了。"

子死欲停置家中喻

【原文】

昔有愚人,养育七子,一子先死。时此愚人见子既死,便欲停置于其家中,自欲弃去。傍人见已①,而语之言:"生死道异,当速庄严②,致于远处而殡葬之。云何得留,自欲弃去?"尔时愚人闻此语已,即自思念:"若不得留,要当葬者,须更杀一子,停③担两头,乃可胜致④。"于是便更杀其一子,而担负之,远葬林野。时人见之,深生嗤笑,怪未曾有。

譬如比丘,私犯一戒,情惮改悔⑤,默然覆藏,自说清净⑥。或有知者,即语之言:"出家之人,守持禁戒,如护明珠,不使缺落。汝今云何违犯所受,欲不忏悔?"犯戒者言:"苟须忏者,更就犯之,然后当出。"遂便破戒,多作不善,尔乃顿出。如彼愚人,一子既死,又杀一子。今此比丘亦复如是。

【注释】

①已:语气词,相当于"矣"。②庄严:这里指按葬礼装殓整齐。③停:停放,放置。④胜致:达到平衡,胜利到达。⑤情惮改悔:指内心害怕改正悔过。惮,害怕。⑥清净:佛教用语,指修行之后,脱离种种染恶行为和烦恼的状态。

【译文】

从前有个愚昧的人,养育了七个孩子,其中一个孩子死掉了。当时这个愚人看到孩子已经死了,便想把他的尸体放在家中,自己带着家眷离家到别的地方去。别人看到这种情况就对他说:"生与死是两种不同的境界,应当赶快把他的尸体装殓整齐,送到远处去下葬。你怎么能够把尸体留在家里,自己却要离开呢?"当时,愚人听了这些话,心里思量道:"如果不能把孩子的尸体放在家里，而一定要安葬，那就要再杀一个孩子，安放在担子的两头，以保持担子的平衡，只有这样才能顺利地到达墓地。"于是，那个愚人便杀了自己的另一个孩子，一并挑在担子的两头，将他们送到远处林野安葬。当时人们看到这种行为，纷纷耻笑他，认为这样的怪事从来没有发生过。

这就如同修行的人，自己犯了一条戒律，内心害怕承认错误，便将错误偷偷地隐藏起来不肯忏悔，只说自己持戒清净。有知道内情的人就对他说："出家修行的人，遵守清规，守持戒律要像守护明珠一样，不能使它缺失、受损。你现在犯了戒律，怎么能不忏悔呢？"犯戒者说："如果需要忏悔，等我下次犯戒之后，再一起忏悔改过。"于是犯戒的人便破戒犯错，做了很多不好的事情，这时才顿悟思悔，要求改过。这正像上面讲到的那个蠢人，一个儿子死了，又去杀另一个儿子一样。

【评析】

文中的愚人为了掩盖子死欲停置家中的错误，而杀害另一个孩子以凑成一担，这种荒诞愚昧的行为怎能不让人嗤之以鼻。"人非圣贤，孰能无过。过而能改，善莫大焉。"圣人在几千年前就对此作出了精辟的阐释。然而时至今日，抱有这样荒谬想法的人仍然很多。自己犯错之后，不仅不去改正，还妄想掩盖错误，甚至一而再、再而三地犯着同样的错误，以致毁掉自己的一生。所以，我们不能像那个愚人一样被人耻笑，我们要学会正确对待错误。对待错误就要不卑、不藏，要勇于承担责任。只有这样，才不会一错再错，才能回归自信，得到人们的尊重。

【故事征引】

罪责是别人担当不了的

求那跋摩是刹帝利武士贵族，在古印度国家是世俗的统治阶级。他的家族世代为王。他的父亲迦阿难，潜身销迹，隐居于山泽。而跋摩从小就很懂事，更可贵的是他有一副慈善心肠，仁义待人，乐善好施。

有一次，他母亲想吃野味，就让他上山打猎。他心里十分为难：遵从吧，他不忍心杀生；不遵从吧，又违背了母亲的命令。于是他鼓起勇气对母亲说："这世间有生命的东西，都想享受生命的快乐，您为满足一时的口腹之欲而杀死那些小生命，这是罪过啊，这也不是仁慈人所做的事情啊。"

他母亲一听，以为他是在故意找托词，觉得小孩子家还说这些没头没脑的话，于是就斥责他说："你小小年纪就跟我这样贫嘴。你赶快去！如果真招来什么罪过，我替你承担！"母亲看儿子这样不听话，气得脸色发白。

但是，求那跋摩磨磨蹭蹭，最终也没去。为此，他心里总是念念不忘，总想找个机会说服母亲。

有一天，跋摩的手指不小心被热油烫伤了，他咧着嘴、举着手对母亲说："我的手好痛啊，请母亲替儿子受痛。"母亲看见儿子的手被热油烫得起了泡，心疼得一时不知该怎么办！跋摩看到母亲满脸无助的样子，又继续央求母亲说："妈妈，你快救救我吧！你快替我减少一点痛苦吧！"

母亲说："孩子啊，别说傻话了，我很心疼你，可是我怎能代替你受疼呀！"

跋摩一看机会来了，于是开导母亲说："妈妈，您连这点儿小事都不能替我承受，那如果有一天我真的打死猎物了，杀生的罪过您怎么能替我承担啊？"母亲被儿子说得哑口无言，默默地望着儿子，若有所悟了。

跋摩接着说："妈妈，您想过没有，我上山去打猎，万一被虎狼撕咬，丢了性命，您会不会心痛呢？"

母亲抚摸着跋摩的肩膀，爱惜地说："我当然非常心痛，我心疼你都来不及，更何况我只有你一个儿子啊！"

跋摩说："妈妈，那您要我打的野物，它们一个个也都是有父母子女的呀，杀了一个，活着的也会痛不欲生啊！"

听完跋摩的这一番话，母亲彻底被说服了。从此以后，她再也没叫儿子上山打猎。

再后来，求那跋摩因为道行很深，最终成了一位得道高僧，并到世界各地弘扬佛法。

子死欲停置家中喻

认人为兄喻

【原文】

昔有一人，形容①端正，智慧具足②，复多钱财，举世人间，无不称叹。时有愚人，见其如此，便言我兄。所以尔③者，彼有钱财，须者则用之，是故为兄；见其还债，言非我兄。傍人语言："汝是愚人，云何须财，名他为兄；及其债时，复言非兄？"愚人答言："我以欲得彼之钱财，认之为兄，实非是兄；若其债时，则称非兄。"人闻此语，无不笑之。

犹彼外道，闻佛善语，贪窃而用，以为己有。乃至傍人教使修行，不肯修行，而作是言："为利养故，取彼佛语，化道众生④，而无实事，云何修行？"犹向⑤愚人，为得财故，言是我兄；及其债时，复言非兄，此亦如是。

【注释】

①形容：指形体和容貌。②具足：充分。③尔：这样。④化道众生：指教化众生修行善法。化道，教化引导。⑤向：刚才那个。

【译文】

从前有个人，长得端正俊朗，很有智慧，而且家境殷实，世上所有知道的人，没有不对他称赞美慕的。当时也有一个愚人，看到他如此富有，便对别人说那个人是他的哥哥。愚人之所以这样说，是因为他很有钱，需要钱的时候就可以用到他，所以称他为哥哥。后来，看到那人有债务需要偿还时，愚人又对别人说那不是他的哥哥。周围的人对他说："你这人真是愚蠢的人，怎么能在需要用钱的时候，就称他为哥哥；等到他有欠债要还时，你又说他不是你的哥哥呢？"愚人回答说："我原来想得到他的钱财，所以认他为哥哥，但事实上他并不是我真正的哥哥；如果他背负了债务，那他就不再是我的哥哥了。"

周围的人听了这些话，没有不笑话他的。

这就如同那些外道的人，听到佛教中有益的道理后，就窃为己用，充当自己的言论。等到别人要求让他身体力行、行善布施时，他却又不愿亲身亲为，还说这样的话："因为有利可图，所以才选用佛的教义来教化众生，但并没有实质的东西，又如何去修行践履呢？"就好像那个愚人，为了得到钱财，就说"他是我的哥哥"；等到那人有了负债，又说"他不是我的哥哥"。这些外道人跟他是一样的。

【评析】

文中的这个愚人是被"利"字迷了心窍，到头来利益没得到，人格也一并尽失。像这样见利忘义的人遍地皆是，料想他们在落难的时候，会有谁肯帮他一下呢？这样的人总想着凭借自己所谓的"智慧"，为自己谋取更多常人望尘莫及的利益，想要不费吹灰之力就平步青云，结果利益没得到，却背上了背信弃义的罪名，使自己受到了巨大的损伤。要知道人与人的相处，是心与心的碰撞。所以我们必须对利益有所警惕，切不可成为一个只求利益不求人心的人。

【故事征引】

莫让名利成为你的束缚品

从前，有一个单身汉，没有工作，整日待在家里觉得很是无聊。

有一天，一个好心人告诉他，让他到寺庙去祈求佛陀，说不定佛陀会开恩，给他指一条明路。第二天他便来到寺院祈求佛陀："慈悲的佛陀，请保佑我有事业可做，赐我财产，赐我名位，因为我是单身汉，如果再能赐给我一个妻子和两三个孩子，我就心满意足了。"

佛陀看他衣衫褴褛的样子，十分同情他，便告诉他说："你现在回去看吧，你所希望的东西统统都有了！"单身汉赶快跑回家一看，果然在自己家后面不知什么时候已建立起了一座大工厂，里面还有好多工人在干活。他又看见一个年轻貌美的女人正在缝衣服，旁边还有三个跟自己长得很像的孩子在玩耍。

他看到这些情形，心里高兴得不得了，心里祈祷："谢谢佛陀，现在我才像个人，从明天起我要很早起来工作！"

那天晚上他很兴奋，早早地就上了床；他在幻想着将来的幸福，想就这样美美地睡一觉。可能是兴奋过了头，他很想睡，却怎么也睡不着，翻来覆去折腾好久才昏睡了一会儿。

就这样到了第二天早上，公鸡的鸣啼声叫醒了他，但无论他怎样挣扎，都起不来，他的手脚也都不会动了。

这是为什么呢？就因为昨天佛陀赐给他的事业、财产、名位、妻子和儿女等，在一夜之间变成了束缚他的绳子，将他的身体牢牢地捆缚住，使他永远也不能获得自由了。

名利不过是过眼云烟

有一天，年事已高的洞山禅师感觉自己不久将要离开人世了。这个消息传出后，许多人都从四面八方赶来，连朝廷也派人来了。

洞山禅师拖着脚步走了出来，脸上洋溢着净莲般的微笑。他看着满院子的僧众，大声地说："我在世间枉沾了一点儿闲名，如今我的躯壳也即将散坏，所以我的闲名也该去除了。你们之中有谁能够替我除去闲名？"

大家听了洞山禅师的话，一时也不懂禅师究竟是何意。霎时间，殿前一片寂静，大家都觉得束手无策，所以都默然不语。

忽然，一个小沙弥走到禅师面前，恭敬地施礼之后，高声说道："我可以替您。请问和尚法号是什么？"

话刚一出口，周围所有的人都向他投来吃惊和愤怒的目光。有的人低声斥责小沙弥，说他目无尊长，对禅师不敬；还有的人埋怨小沙弥愚昧无知。

可是谁知洞山禅师听了小和尚的问话，大声笑着说："好啊，我没有闲名了，还是你聪明呀。"说完，便坐下来闭目合十，微笑着圆寂了。

小沙弥伏地而拜，泪流满面。这时候，周围的人立刻将小沙弥围了起来，责问道："你真是岂有此理，连洞山禅师的法号都不知道，你还在这里胡闹什么？"

小沙弥看着他们，无可奈何地说："他是我的师父，他的法号我怎么能不知道呢？"

"你既然知道，为什么还要那样问呢？"有人追问。

小沙弥含泪答道："我只有这样做，才可以完成师父的心愿，替他除去他的闲名。"这时候，周围的人才若有所悟。

山羌偷官库喻

【原文】

过去之世，有一山羌①，偷王库物而远逃走。尔时国王遣人四出，推寻捕得，将②至王边。王即责其所得衣处，山羌答言："我衣乃是祖父之物。"王遣著衣。实非山羌本所有故，不知著之。应在手者，著于脚上；应在腰者，返著头上。王见贼已，集诸臣等共详③此事，而语之言："若是汝之祖父已来所有衣者，应当解著，云何颠倒，用上为下？以不解故，定知汝衣必是偷得，非汝旧物。"

借以为譬：王者如佛，宝藏如法④，愚痴羌者犹如外道。窃听佛法，著己法中，以为自有。然不解⑤故，布置佛法，迷乱上下，不知法相。如彼山羌得王宝衣，不识次第⑥，颠倒而著，亦复如是。

【注释】

①山羌：居住在山林之中，以猎、牧为生的人。羌，古代西北地区少数民族的名称。②将：带到。③详：指详细商量讨论。④法：在佛教中指佛教的真理、义理。⑤解：懂得。⑥次第：次序，本文指使用的方法。

【译文】

很久以前，有一个山羌人，偷了国王仓库中的珍贵衣物后逃到了远方。那时国王派了许多人四处追查寻找，终于把他抓住了，并把他带到了国王面前。国王责问他的衣物是从哪里来的。山羌人回答说："我的衣物是我祖父留给我的。"于是，国王就让他把衣服穿上，由于确实不是山羌人的，所以他不知道如何穿戴。应该戴在手上的，他却套在了脚上；应该围在腰上的，他却系在了头上。国王见此情况，肯定了他就是那个盗贼，便召集大臣来共同商讨这件事，然后质问那人说："如果衣服是你祖父留给你的，那你应该知道怎么穿戴，你又为什么穿颠倒了，本应该穿在上面的，你却穿到下面去了。正因为你不知道怎么穿戴，就可以肯定你的衣服必定是偷来的，绝不是你原来就有的东西。"

借这个故事作比喻：国王就像是佛陀，国库的宝藏就像是佛法真理。愚蠢无知的山羌人，就像是外道之人，窃取了一些佛教的教义，就认为已经掌握了佛法真理，自以为是自己的所有。然而因为不能理解它的实质，就妄加断言，思维逻辑颠倒，完全不认识一切事物的真实形态、相状。这就如同那个山羌人，偷了国王的衣物，却不懂怎么使用，上下颠倒着穿在身上，那些外道的人也和这个山羌人一样。

【评析】

故事中的山羌人，偷了别人的东西据为己有，还拼命地为自己圆谎。殊不知，"偷"来的东西早晚会露出破绽的。常言道："砍的不如旋的圆。"是自己的别人抢不走，不是自己的装也装不成，假的东西永远真不了。类似于这样的事生活中实在太多了，把别人的功劳归功于自己，把别人的思想说成是自己的，这样的人就是一时逞能，等到让他们把自己的东西用于实践时，他们要么不会实施，要么做得一塌糊涂，最终也是搬起石头砸自己的脚。与其被人在人格上轻视甚至践踏，还不如踏踏实实做事，堂堂正正做人。

【故事征引】

不属于你的抢也抢不来

从前，有三个人合伙做买卖，各分得五千钱。有一钱无法均分，如果分给一人，则不公平；如果破开，则不可能。这一钱如何处置呢？

这时，有一僧人路过此地，他们便有了一个共同的想法，将这一钱布施沙门。他们知道布施可以破除贪欲，还可以获得福报，于是，三人异口同声地说："将这一钱布施沙门是最好的方法。"说完，便一同把这一钱恭敬地布施沙门。沙门领受一钱，并说："祝三人今世后世同得布施之福报！"

打这以后，三人共同谋生，又一同来到罗阅国，各自都成了富豪。一人主山中采金矿，所采金皆为纯金，取之不尽，用之不竭；另一人主耕田地，地里挖出黄金，锄头所耕之处，皆出黄金；第三人主水中捞金，入水必得金。

这三人拥有黄金累累，仍广行布施，救济贫苦之人，并不断地布施沙门。因前生、今生布施之恩，三人所得黄金无量。

如此奇异之事一传十、十传百，传到了国王的耳朵里。国王贪心顿起，心想：我乃一国之主，我国所有的人、财物都应该归我一人所有。于是，他便命令数百兵将去抢夺黄金。那数百兵将个个贪婪无知，都想捞得金钱。可奇怪的是，士兵到山中采金，金子都变成了顽石，一无所获；又到田地里挖黄金，结果挖出来的都是沙土；再到水中捞金，金子都变成了瓦石。那些兵将费了九牛二虎之力，半点儿黄金也没有取到，最后狼狈而归。

国王听说此事后，大为恼火，便来到慈悲的佛陀那里请求为他开示。他问佛陀："这三人的金子应该属于我，可为什么我派兵去取却一无所获呢？"

佛听了国王的诉说，只是微笑着，随即闭上了智慧的双目。过了一会儿，他才用宁静的声音回答说："这是三人前世布施沙门所得功德，而不是国王你自己的金银，你不应该强取豪夺啊！"国王听了，似懂非懂地点了点头，然后离开了佛。

本来就不是自己的

太平洋上有一个布拉特岛，听人们说在这个岛的水域中，有一种有着特殊本领的鱼叫王鱼。这种王鱼分为两种，一种没有鳞，一种有鳞，其实有没有鳞全看它们自己的选择。

有意思的是，这种王鱼如果从小到大都没有鳞，就会生活好点儿，因为没有鳞片它们就会比较自然，自然了也就与外界更加融洽了。但是有的王鱼，却还是会选择另一条道路，就是让自己慢慢地有鳞。这样的王鱼就会使出自己的特殊本领，而去吸引一些较小的动物，让它们贴附在自己的身上，最后慢慢地吸收成为自己身上的一种鳞片。其实那也不算是鳞，只是一种附属物而已。当王鱼有了这种附属物后，就会比那些没有鳞的王鱼至少大出4倍。

而那些没有做吸附的王鱼呢，还会是老样子，看起来那么渺小。所以大多时候王鱼为了让自己壮观雄伟，就会选择让自己有鳞。可怜的是，那些吸附了外界物质的王鱼到后半生时，由于身体机能的退化，这种附属物会慢慢脱离它的身体，使它重新回到原来那个较小的外形。被剥夺了鳞的王鱼，自然是非常痛苦不堪的。它无法再适应这个世界，游动得也很不自然，觉得干什么都不像它自己了，所以它们就会绝望地挣扎，不断地跟自己过不去，最后去自残，往岩石上猛撞，挣扎数日之后便死去了。

那些凡是看过王鱼惨死的人，都觉得王鱼死得太惨，也都认为，它们不该选择附属物作为自身的鳞片，因为那原本就不是自己的。

叹父德行喻

【原文】

昔时有人，于众人中叹^①己父德，而作是言："我父慈仁，不害不盗，直作实语^②，兼行布施。"时有愚人，闻其此语，便作是念，言："我父德行，复^③过汝父。"诸人问言："有何德行，请道其事。"愚人答曰："我父小来^④断绝淫欲，初无染污^⑤。"众人语言："若断淫欲，云何生汝？"深为时人之所怪笑。

犹如世间无智之流，欲赞人德，不识其实，反致毁呰^⑥。如彼愚者，意好叹父，言成过失，此亦如是。

【注释】

①叹：赞叹。②直作实语：行为正直，说话诚实。③复：压倒。此指超过之意。④小来：自小以来。⑤初无染污：这里指从未与异性有过接触。⑥毁呰：诋毁、污蔑别人。

【译文】

从前有一个人，当着众人面称赞他父亲的品德，他这样说道："我父亲慈祥仁爱，从来不伤害别人，也不偷窃，从来不说假话，还时常关心和帮助别人。"当时有一个愚人，听到他说的这番话，便也这样讲："我父亲的品德更胜你父亲一筹。"大家就问他："你父亲的品德高在哪里，请你说说他做过的事情。"愚人回答说："我父亲从小就断绝了淫欲，从来没有与异性接触，从来不做不干净的事。"大家听了都哄笑起来，反问他："你父亲要是断绝了淫欲，又怎么会有你呢？"这种与事实相矛盾的话，成为当时在场人的笑柄。

这就像世界上那些没有智慧的人，有心想称赞别人的德行，但是好话说过了头，反倒弄成了诋毁他人。就好像这个愚人，本来是想称赞他父亲，结果却说得言过其实，反而招来人们的诋毁和议论，世上无知的人往往就是这样。

【评析】

其实这个愚人傻得挺可爱的，他听见别人在夸他们的父亲，为了维护自己的父亲，便也想夸自己的父亲一番。或许他真的不知道所谓的"淫念"为何物，只是随便那么一说，便使自己陷于尴尬的境地。佛家说："出家人不打诳语。"佛教之所以禁止妄语，就是因为它有害无益。有的时候，有的场合，我们不得不说一些赞美或恭维的话，但一定要符合实际，要发自真心地赞美别人，不要只是为了赞美而赞美。否则，让人一眼就看出你内心的虚伪，这样的赞美只会引起别人的反感。所以我们要注意：赞美或恭维绝对不可过分，一定要掌握好分寸，尽量做到恰到好处。

【故事征引】

适度赞美，一切才会更美

有一对夫妇，被好多人称为是郎才女貌，是那个时代的年轻人中的模范。妻子贤惠漂亮，丈夫精明能干，还是一个美食主义者呢！

丈夫平时最大的兴趣就是尝尽天下的美味佳肴，他尤其偏嗜鸭腿。妻子心里深爱着自己的丈夫，所以她时常陪着丈夫去各地的烤鸭店。每次开吃之前，丈夫总会在那里讲讲鸭腿的各种好处：说鸭子仅靠两条腿下水能游，上岸能行，肌肉矫健，所以鸭腿才是鸭子全身质感最好的地方。妻子每次为了陪他吃烤鸭，总是弄得一身疲惫。

于是，妻子下定决心自己研究烤鸭的技艺，准备亲自下厨，让丈夫不用总是跑出去吃烤鸭，想要他在家里就可以吃上美味的烤鸭。

终于有一天，妻子经过用心地烹调，居然也能色香味俱佳，而且觉得自己的手艺也不亚于专业的厨师。从那以后，丈夫再也不用拉着妻子去餐厅吃烤鸭，他每天回家都能够享受到妻子充满爱心的美食。

刚开始，丈夫对妻子的烹饪功夫还赞不绝口，每次都吃个精光，让妻子觉得很有成就感。可是时间一长，丈夫的赞美没有了。他每天只是按时回家吃饭，妻子呢，也本分地端上一盘烤鸭，满足丈夫的口福。

有一次，妻子还像往常一样，本分地端上一盘烤鸭，丈夫吃着吃着，突然发现盘里的烤鸭只有一条腿。他咬着汁液饱满的鸭肉，满嘴油腻，用另一只手指着盘中的鸭腿说："奇怪了！我家桌上的鸭子怎么只有一条腿呢？"

妻子一听，没好气地反驳说："我们家的鸭子本来就只有一条腿。"

丈夫一副不罢休的样子，质问道："你胡说，鸭子生下来都是两条腿。我们家后院池塘中饲养的一群鸭子，当初买来的时候也都是两条腿呀，为什么你烹煮出来的烤鸭，都只剩下一条腿呢？难道鸭腿自己会长翅膀飞了？这件事肯定有蹊跷，我要到池塘去看个明白，一定要弄个水落石出。"

于是，妻子随着丈夫来到了花木扶疏的庭院。看着池塘中三五成群的水鸭，它们有的在碧波上悠然地游荡，有的栖息在岸边闭着眼睛打盹，还有的缩着腿，躲到浓荫的树下享受清凉。

妻子指着正在睡午觉的鸭子说："你看！我们家养的鸭子就是只有一条腿。"

丈夫睁眼一瞧，原来鸭子把一只腿缩到厚厚的羽毛里面，舒舒服服地睡觉呢！从侧面看起来，好像一个金鸡独立的勇士。

丈夫听了妻子的话，心里很不服气，但当时也没说话。他继续瞅着那些睡着的鸭子，然后用双手使劲地击掌："趴！趴！"熟睡中的鸭子听到突如其来的拍掌声，从正酣的美梦中惊醒，纷纷放下另一条腿，一会儿潜入水中，一会儿浮出水面，一幅春暖鸭先知的美丽画面。

这时候，丈夫高兴地拍掌大叫，得意洋洋地说："你看，我们家的鸭子明明就是两条腿嘛！"

妻子用暗示的语气说了句："那是因为你给它们鼓掌了，因此才有两条腿。"这时候丈夫才明白了妻子的话中之意。

赞美要恰到好处

有一个家境非常贫穷的小女孩，她非常喜欢唱歌，但因为她长得又矮又瘦，所以在一次合唱时被老师排除在了队列之外。为此，小女孩躲在公园里伤心地流泪。

她想：为什么我不能去唱歌呢？难道我真的唱得很难听吗？想着想着，小女孩就低声唱了起来，她唱了一支又一支，直到唱累了才停下来。

这时候，旁边传来一个声音："谢谢你，小姑娘，你美妙的歌声让我度过了一个愉快的下午！"小女孩惊呆了，回头一看，原来在她不远处坐着一个满头白发的老人，说完这话他就离开了。

　　小女孩受到赞美后，满心欢喜，第二天她再去公园时，看见那个老人还坐在原来的位置上，满脸慈祥地看着她，还冲她微笑。于是，小女孩很自然地唱起来，老人聚精会神地听着，一副陶醉在其中的表情。最后，老人大声赞美道："谢谢你，小姑娘，你唱得太棒了！"

　　事情过去了好多年，小女孩也长成了窈窕的大姑娘，更重要的是她克服了种种困难，最终成为了一名著名的歌手。当别人问她的成功经验时，她总会说同样的一句话："是一位老人真诚的赞美改变了我的一生。"

三重楼喻

【原文】

往昔之世，有富愚人，痴无所知。到余富家，见三重①楼，高广严丽，轩敞疏朗②，心生渴仰，即作是念："我有财钱，不减于彼，云何③顷来而不造作如是之楼？"即唤木匠，而问言曰："解作④彼家端正舍不？"木匠答言："是我所作。"即便语言："今可为我造楼如彼。"是时，木匠即便经地垒墼⑤作楼。愚人见其垒墼作舍，犹怀疑惑，不能了知，而问之言："欲作何等？"木匠答言："作三重屋。"愚人复言："我不欲下二重之屋，先可为我作最上屋。"木匠答言："无有是事。何有不作最下重屋，而得造彼第二之屋；不造第二，云何得造第三重屋？"愚人固言："我今不用下二重屋，必可为我作最上者。"时人闻已，便生怪笑，咸作此言："何有不造下第一屋而得上者。"

譬如世尊四辈弟子⑥，不能精勤修敬三宝，懒惰懈怠，欲求道果，而作是言："我今不用余下三果⑦，唯求得彼阿罗汉果。"亦为时人之所嗤笑。如彼愚者等无有异。

【注释】

①三重：三层。②轩敞疏朗：轩敞，房屋高大宽敞。疏朗，空而明亮。③云何：云胡、为何，副词性结构。相当于多么、怎么样等。④解作：知道怎样修建。⑤经地垒墼：经地，丈量土地。垒墼（jī），堆砌砖块。⑥四辈弟子：指奉持佛教的比丘、比丘尼、优婆塞、优婆夷，又称为"四众弟子"、"四部弟子"。⑦三果：佛教小乘声闻修行次第有四果，分别是"须陀洹"、"斯陀含"、"阿那含"、"阿罗汉"。

【译文】

　　古时候，有一个十分富有的愚人，愚痴到什么也不懂。有一次，他到另一个富人家，看见人家一座三层的高楼，不仅高大华丽，而且宽敞明亮，心里十分羡慕，他想：我拥有的财富并不比他少，为什么不也赶快建造一座这样的高楼呢？回去后，他便立即请来了木匠，向他问道："你会建造像他家那样的高楼吗？"木匠回答："那座楼房就是我建造的。"他马上说："现在你就为我建造一座和他家一样的高楼。"于是木匠就开始丈量地基、堆砌砖坯，准备建造房屋。愚蠢的富人看见木匠在堆砌砖坯建造房屋，心里有些不解，不知道他要做什么，就问木匠："你这是要干什么呢？"木匠回答："建三层高的楼房啊。"愚蠢的富人接着说道："我不想要下面的两层，你只给我建造最上面的那层。"木匠回答："没有这样的事啊，哪能不先建最底层就能建造第二层的房屋？不建第二层，又怎能建造第三层房屋呢？"这位愚蠢的富人固执地说："我现在用不着下面两层，你必须只给我建造最上面的那层。"当时的人们听说了这件事，都觉得十分荒唐可笑，纷纷嘲笑说："怎么能不建造第一层房屋而建成上面几层房屋呢！"

　　这就如同佛的四辈弟子中，有的不能认真钻研、虔诚修持佛法教义，懒惰松懈，却又想求得佛法正果，便这样说："我现在不需要修持前三果，我只为求最高境界的阿罗汉果。"这些弟子也同样会被人们所耻笑，他们和那位愚蠢而富有的人没有什么区别。

【评析】

　　这个故事告诉我们：做什么事情都要打好基础，一步一个脚印，千万不能像那个愚蠢的人一样急于求成。他想要盖三层楼却又不想要第一、二层房屋，这实在是愚蠢之极，世上就没有这样的事。古人说："不积跬步，无以至千里；不积小流，无以成江海。"一口当然不能吃成个大胖子。如果我们跟那个愚人一样好高骛远，那只会使我们放弃更多现成的机会，使我们浮躁狂妄、投机取巧，终究会让我们一蹶不振。所以，我们应该认认真真做事，从眼前的一点一滴做起，这样才能得到最大的回报。

【故事征引】

做正当事

有一次，慧能大师看到弟子们在一起嬉戏玩乐，没有专心做事，于是他想找机会考验一下寺里众多弟子的慧根。过了些日子，他便在飞来峰的峰顶修建了一尊庄严肃穆的达摩法像，并传话出来："寺内有谁能够正大光明地触摸到祖师的慧眼，谁就能继承衣钵。"弟子们一听，便在私下里纷纷议论。有的弟子说："住持长老之所以要修建达摩金身，肯定是在为将来的事情做准备。"又有的弟子说："住持允许我们触摸祖师的慧眼，一定是想在寺内找他的接班人，住持肯定是想试探我们的智慧。"

后来，弟子们还听说通往峰顶的山路崎岖难行，更有甚者，还有不少高僧圆寂在登顶路上，可见路之艰险。可是弟子们转念一想，说不定自己还有机会担当住持一职呢，所以也就不再犹豫了。

这一天，寺内所有的弟子早已探索到了登顶的捷径，如果按照这条捷径登顶，路程可以缩短一半，到达峰顶的时间会大大提前。还有的弟子成群结队，从后山平坦的大道上缓缓而进，路程虽长但平缓，没有障碍，只有一名叫心禅的弟子决定从正面的路登顶。要知道飞来峰的正面山势陡峭，山路蜿蜒曲折、荆棘满途，心禅一步一步艰难攀行，披荆斩棘，出了不少汗，流了不少血。他花了好长时间才到达峰顶，却发现寺内的众师兄弟早已站在达摩金身的佛像前，注视着姗姗来迟的心禅。心禅呢，没有因为自己爬得慢而羞愧，而是继续缓步登上佛像触摸慧眼。这时候，高僧慧能出来宣布，只有心禅具有慧根，可继承他的衣钵，并决定将未来的住持之位传予他。

其他弟子一听觉得十分惊诧，心里很不服，有的弟子当场就抱怨说："心禅来得最晚，方法最死，没有一点儿灵性可言，怎么可以让他继承住持之位呢？"

慧能微笑着对众弟子说："人生在世修行，贵在正当二字。言正当言，思正当思，行正当行。众人都走了捷径，只有心禅从正面一步一步地攀登；众人都走了大道，也只有心禅从荆棘中血汗前来。他走的是佛的路，而你们走的却是你们自己的路。我怎么可以将我的寺院交给你们这些不正当的人？"众人听了，哑口无言。

聪明的小和尚

有两个小和尚,他们每天除了打扫寺院的卫生,还要负责寺院每个人的伙食。于是他们俩商量好,每天轮换着去附近的山溪挑水。这条山溪旁长满了野菊。秋天到来,野菊就会绽开金黄的小花,清香四溢、沁人心脾。

有一天,甲和尚挑水回来对乙和尚说:"山溪旁那些野菊花真的好美啊!"

"是啊,"乙和尚说:"我每次去都会捎回一小把,等到晾干了,装个清心安神的菊花枕用。"

甲和尚说:"挑水已经够累的了,做那些麻烦事干什么?咱又不是没枕头。"乙和尚听了,只是微微一笑。

转眼秋天过去了,有一天晚上,甲和尚和乙和尚忙完一天的活计,双双回到他俩的卧房。二人刚上床休息,甲和尚就闻到一股淡淡的清香,扭头便问乙和尚:"你闻到没?这是什么气味,这么香?"

乙和尚说:"是我的菊花枕,我已经把它装好了,枕着挺惬意的呢!"

甲和尚非常羡慕地说:"真没想到,你一小把一小把地还真装成个大枕头,等到明年秋天,我也跟你学学,每次捎回一把野菊……"

婆罗门杀子喻

【原文】

昔有婆罗门①，自谓多知，于诸星术②，种种技艺，无不明达③。恃己如此，欲显其德，遂至他国，抱儿而哭。有人问婆罗门言："汝何故哭？"婆罗门言："今此小儿，七日当死，愍其夭伤④，是以哭耳。"时人语言："人命难知，计算喜错⑤。设七日头，或能不死，何为豫哭？"婆罗门言："日月可暗，星宿可落，我之所记终无违失。"为名利故，至七日头，自杀其子，以证己说。时诸世人，却后七日，闻其儿死，咸皆叹言："真是智者，所言不错。"心生信服，悉来致敬。

犹如佛之四辈弟子，为利养故，自称得道；有愚人法，杀善男子，诈现慈德⑥。故使将来，受苦无穷。如婆罗门为验己言，杀子惑世。

【注释】

①婆罗门：古印度的贵族集团，是四种姓中的第一种姓，掌握神权，成为知识垄断者。四种姓依次为：婆罗门、刹帝利、吠舍、贱民。②星术：根据星象占卜凶吉的方法。③明达：对事理有明确透彻的认识。④愍其夭伤：愍，怜悯。伤，夭殇，未成年而死亡。⑤喜错：容易出差错。⑥诈现慈德：假装出慈善的品德。

【译文】

从前有一位婆罗门，自认为博学多识，对一切星象占卜法术没有不精通的。他依仗自己技艺高明，总想在众人面前显示一下他的能力，于是就跑到别的国家，抱着自己的儿子，在人们面前哭泣不止。有人问他："你为什么哭泣？"婆罗门说："再过七天我这小孩就要死了，我可怜他这么小就死去，所以痛哭啊！"旁边的人说："人的生命难以预料，预测很容易出差错。也许这孩子过了七天还能活着，何必预先悲痛呢？"婆罗门说："太阳和月亮都有黑暗的时候，天上的星宿也可能会陨落，而我的预言是从来不会错的。"婆罗门为了维护自己的名誉和利益，到了第七天，他便亲手杀死了自己的孩子，以此来证实自己的话。过了七天，人们听说他的儿子死了，都感叹地说："他真是一个有智慧的人，所预言的果真不错。"人们从心里对他信服，都来向他表示敬意。

这就如同佛的四辈弟子中，有人为了得到利益和供奉，就假称已经悟道，采取愚弄世人的方法，杀死一个善男子，又伪装出慈悲的德行，从而使自己在轮回中受尽苦难。就像那个婆罗门一样，为了验证自己的预言灵验，竟然亲手杀死自己的儿子来欺骗世人。

【评析】

故事中的这个婆罗门，为了满足自己小小的虚荣心，为了让别人对他刮目相看，居然亲手杀死自己的孩子。虚荣心发展到这种程度，也真是让人为之恐惧。当然，每个人多多少少都有点儿虚荣心，但万万不可过分。过分染有虚荣心的人，往往将名利作为支配自己行动的内在动力，总是很在乎别人对自己的评价，一旦得不到别人的肯定，就会认为自己失去了所谓的自尊而受不了。于是，很多人为了这个所谓的"自尊"，开始追求一种暂时的、表面的、虚假的效果，甚至弄虚作假，让虚荣吃了自己的良心，做出一些让人难以想象的事。

【故事征引】

我依旧是我

从前有一个妇人，在跟别人的一次闲聊中，得知自己是私生子，因此觉得在别人面前失尽了脸面，再加上因为此事，周围的人对她指指点点，她心中烦恼不已、痛苦不堪。于是她选择了离开，独自去了一个陌生的地方，以为只有这样，自己才会好过很多。可是没想到的是，无论她走到哪里，都甩不掉这个烦恼的影子。

终于有一天，这个妇人忍受不了了，便想投水自尽，一死了之。可是，妇人刚刚跃身跳入河中，就被一个有心人救了出来。好心人询问她轻生的原因时，她便将自己的一切一五一十地告诉了有心人。有心人听完妇人的不幸遭遇后，便劝她进入佛门，寻求解脱。于是，这位妇人便前去拜访一位禅师，并对他叙述了自己的不幸。禅师听完妇人的叙述后，没有其他表示，只是让她静默打坐。

就这样妇人连续打坐了三天，非但没有去除心中的烦恼，反倒让自己的羞耻之心更加强烈了。这位妇人气不过，便跑到禅师面前，想将他臭骂一顿。

"你是想骂我，是吗？只要你稍坐一刻，你就不会有这样的念头了。"面对禅师的未卜先知，妇人既吃惊又心生敬意，心中的怒火也慢慢消去了。于是她又依照禅师的教示，继续打坐。

又不知过了多长时间，禅师才轻声问道："在你还没有成为一个私生子之前，你是谁？"

妇人听了禅师这句话，脑子里的某根弦仿佛被拨动了一下，顿时恍然大悟。她用双手捂住脸，随后号啕大哭起来："我就是我啊，我就是我啊！"

虚荣之心要不得

有一天，森林女神通知所有的鸟儿，要它们第二天在门口集合。它准备在它们中选出一只最漂亮的鸟儿，并让它做鸟王。这下森林里热闹起来了，鸟儿们都不甘示弱，叽叽喳喳地在夸耀着自己的美丽。

在众鸟当中，只有乌鸦默不作声，悄悄地躲在一旁，因为它是大家公认的最丑的鸟儿，一身乌黑，羽毛也不鲜艳。可是，乌鸦的虚荣心又特别强，它禁不住鸟王宝座的诱惑，它想尽一切办法争取做最漂亮的鸟儿。

乌鸦想啊想，终于想出办法了。它向每个鸟儿都要了一根羽毛，鸟儿们也不知道它想干什么，纷纷给了它。乌鸦回到窝里，偷偷地把这些色彩缤纷的羽毛都粘在了自己身上。

第二天，所有的鸟儿们都梳洗打扮得漂漂亮亮，聚集在森林女神周围。女神为了防止大家闹意见，就仔仔细细地看了一遍，又逐个进行了比较。最后，它指着乌鸦说："大家看，它身上具有所有鸟儿羽毛的颜色，它是你们当中最漂亮的鸟儿，从现在起，它就是鸟王了。"鸟儿们看了，也都禁不住赞叹起来。

乌鸦听了，心里高兴极了，忍不住得意地叫了两声"呱呱"。这一叫，大家都听出来了:"原来它是只乌鸦啊!难怪它昨天向我们要羽毛呢,真是太可恶了!"

于是,愤怒的鸟儿们一起围了上去,你一口,我一口,把自己的羽毛都啄了回来,乌鸦马上原形毕露了。

煮黑石蜜浆喻

【原文】

昔有愚人，煮黑石蜜。有一富人来至其家，时此愚人便作是念："我今当取黑石蜜浆，与此富人。"即著①少水用置火中，即于火上以扇扇之，望得使冷。傍人语言："下不止火，扇之不已，云何得冷？"尔时人众悉皆嗤笑。

其犹外道，不灭烦恼②炽然之火，少作苦行，卧棘刺上，五热③炙身，而望清凉寂静之道，终无是处，徒为智者之所怪笑，受苦现在，殃流来劫④。

【注释】

①著：接触、放置。②烦恼：佛教名词，是人生欲望所带来的苦难的根源，如贪瞋痴等。③五热：佛教之外的一种苦行方法，在修炼者四周燃烧烈火的修行方法。④殃流来劫：殃流，灾难的岁月。来劫，以后久远的时光。佛教认为"劫"通常指人寿命的增减。

【译文】

从前有一个愚蠢的人正在家里煮黑石蜜，恰好有一个富人来到他家。当时愚人便想："我应当取黑石蜜浆来招待这个富人。"于是就在熬的黑石蜜浆里加了一些水，放到火上，并用扇子使劲地扇，希望黑石蜜浆很快冷却下来。旁边的人说："不熄灭下面的火，就算不停地扇，又怎能使黑石蜜浆冷却呢？"人们听到这件事后，都觉得十分可笑。

这就像那些外道人一样，不想办法灭掉燃烧的欲望之火，只是通过修苦行，将身体躺在荆棘丛中，用火来烤炙自己的身体，而希望得到清凉寂静的大道，这是绝对做不到的，这样做只能让那些洞悉真义的人们耻笑。不仅在现在的生活中遭受苦难，还会使灾难延续到未来的岁月中。

【评析】

　　这则故事使人悟到一个解决问题的方法：首先要能够透过现象认识本质。黑石蜜浆不能冷却的原因，在于其下有火，这才是问题的关键。历史经验证明，但凡能抓住问题的本质，就等于抓住了事物的要害，即使遇到再难、再复杂的问题也都会迎刃而解，取得极佳的效果。所以，在我们的工作和学习中，不能眉毛胡子一把抓，这样必然不得要领。

【故事征引】

问题的症结点在何处

　　有一天，在一所动物园里，不知道什么原因，袋鼠突然从笼子里跑了出来，动物园里一下子热闹起来了。

　　管理员们看到园子里乱成一片，随即召集大家开会讨论其原因。经过推测与判断，大家一致认为：袋鼠之所以从笼子里跑出来，肯定是由于笼子的高度不够，它们从里面跃出来了。于是，他们决定把笼子的高度由原来的10米加高到20米。

　　但是到了第二天，他们发现袋鼠还是跑到外面了。

　　于是，他们又将笼子的高度加高到30米。可是没想到的是，接下来的连续几天里，他们又看到袋鼠全都跑到了外面。

　　因为此事，管理员们很紧张，并不断地在会上一起讨论这件事。后来他们又准备将笼子的高度加高到100米。

　　当管理员们紧锣密鼓地准备再次加高笼子时，正好碰上长颈鹿和袋鼠们在那里闲聊。长颈鹿问袋鼠："依你们看，这些人会不会再继续加高你们的笼子？"袋鼠说："这个我看很难说，如果他们还继续忘记关门的话！"

透过现象要看到本质

　　有一个愚蠢的人，常常因为自己看不到人间的真实而抱怨，想了好久也没能想明白，于是就去向禅师请教。

　　"禅师，请您告诉我怎样才能看到人间的真实？我辛苦跋涉这么多年，到现在才发现，我始终走在一个表象的世界里。

"当我被她的甜言蜜语所迷惑,决定娶她为妻时,一转身,竟发现她在用相同的语言与别人约会。

"当我把我的所有积蓄赠给一个衣衫褴褛、面色忧郁的路人时,却发现他对我毫无所求。

"当我把对我笑的人当作我的朋友、把骂我的人当作我的敌人时,却发现想把我推下万丈深渊的,正是那个对我笑的人。

"为什么爱我的人偏偏不说爱我?人还在我的身边,为何心却走了?怯懦者为何总穿着勇敢的外衣?明明有求于我,为何偏要把一箱箱珍宝送给我……这些表象实在令人迷惑,禅师请您告诉我,我到底应该怎样去判断?"

禅师说:"年轻人,其实有时我们眼睛所看到的未必就是真相,耳朵所听到的也未必就是事实,即使我们用心,听到的也往往是那些扰乱心智的声音。因此,离你而去也许是真心爱你的人,送你珍宝的可能正是有求于你的人。

"当你看见一个人鲜血淋漓地躺在地上,另一个人站在旁边无动于衷时,请你不要贸然断定哪个是死者,哪个是生者。

"当你看到一个黑发者和一个白发者站在一起时,请不要在两者谁是老人的问题上妄下结论。

"当一个人口齿伶俐、声调高亢,另一个人结结巴巴、声音颤抖时,请不要盲目断定哪个是勇敢者,哪个是怯懦者。

"当你看见一个人在不停地流泪,一个人却在放声大笑时,请不要立刻断定哪一个是快乐者,哪一个是痛苦者。

"当你站在冰封雪冻的湖面上,被飘舞的雪花所环绕时,请不要认为明天还会是这样;今天的幸福可能会成为明天的痛苦,稍纵即逝的或许就是永恒的……"

痴者听了禅师的这番话后,豁然开朗了。他高兴地说:"我明白了。"

"在你对世间万物没有真正领悟之前,请不要说'我明白了'。"禅师接着说。

说人喜瞋喻

【原文】

　　过去有人，共多人坐于屋中，叹一外人德行极好，唯有二过：一者喜瞋①，二者作事仓卒。尔时此人过在门外，闻作是语，便生瞋恚②。即入其屋，擒彼道己愚恶之人，以手打扑。傍人问言："何故打也？"其人答言："我曾何时喜瞋仓卒？而此人者，道我顺喜瞋恚，作事仓卒，是故打之。"傍人语言："汝今喜瞋仓卒之相，即时现验，云何讳之？"人说过恶而起怨责，深为众人怪其愚惑。

　　譬如世间饮酒之夫，耽荒沉酒，作诸放逸，见人呵责，返生尤疾③。若引证作，用自明白。若此愚人，讳闻己过，见他道说，返欲打扑之。

【注释】

　　①瞋（chēn）：发怒、生气。②瞋恚（huì）：又生气又怨恨。恚，怨恨。③尤疾：指更加怨恨责怪。尤，更加。

【译文】

　　从前有一个人，与很多人一起坐在屋里闲聊时，感叹一个当时不在屋中的人道德高尚，品行优良，只是有两点过失：一是爱发怒生气，二是做事草率鲁莽。恰巧这个被议论的人从门外经过，听见人家在说他的缺点，立即勃然大怒，冲入屋内，抓住那个说自己短处的人，举手便打。旁边的人都纷纷责问："你为什么要打他？"这人怒气冲冲地说："我什么时候喜欢发怒、做事鲁莽了？而这个人却说我遇事经常发脾气，做事鲁莽，所以我才打他。"旁边的人说："你现在的样子，已经使你爱发怒、冲动鲁莽的行为得到验证了，为什么还忌讳别人说你的缺点呢？"被别人指出过失就怨恨不平，这恰恰是最被别人视为不可理喻的愚蠢行为。

世间许多喜好喝酒的人，他们一味地酗酒，荒废了正事，还做出种种肆无忌惮的事情。被别人批评指正，非但不思过，反而心生怨恨，而且还千方百计地收集一些材料来证明自己的清白。这就像那个冒失的人，忌讳别人说自己的过错，一听见别人议论自己的过错，就对别人大打出手。

【评析】

生活中不可理喻的事很多，其中一件就是对待批评的态度。每个人都有不足之处，可是大多数人还是喜欢批评他人，而不喜欢受人批评。故事中的这个蠢人，在听到别人的指责时，不但不思悔改，反而上前去扑打别人。他这样做不仅损坏了自己的尊严与形象，还显出了自己低劣的修养。人当然是要有尊严的，但对于尊严的维护需要自身的抗争，也需要你真心地接受别人的批评，坦白承认自己的缺点与不足。其实，生活中的批评有时就像啄木鸟，它会定期给我们除去身上的"小虫"，让我们的身体成为最终的受益者。

【故事征引】

不值得生气

从前有一个妇人，菩萨心肠，唯一的缺点就是老爱跟别人生气，哪怕是一些琐碎的小事她都会生气。她也知道自己这样不好，便特意去寻求一位高僧为她谈禅说道，以此开阔自己的心胸。

高僧听了她的讲述后，一言不发地把她领到一座禅房中，反锁了门便离开了。妇人见此状，气得破口大骂。骂了很久，高僧也没有理会。妇人又开始哀求，高僧依旧没有理会，折腾了一会儿，妇人终于安静了下来。这时候，高僧来到门口问她："你还生气吗？"妇人说："我在生自己的气，气自己怎么会跟你来到这种地方受这份罪。""连自己都不肯原谅的人，又怎么能做到心静如水呢？"高僧说完，便拂袖离去。

又过了一会儿，高僧又来问她："你还生气吗？"妇人说："不生气了。""为什么不生气了？"高僧问。"气又有什么办法呢？"妇人说。"你的气还没有彻底消去，还压在心底，要是爆发了会更加严重。"于是，高僧又离开了。

说人喜瞋喻

等到高僧第三次来到门前。妇人主动告诉他："大师，我已经不生气了，因没有必要，再说也不值得。""你还知道值不值得，可见你心中还有度量，还是有气恨。"高僧笑道，又离开了。

当高僧的身影迎着夕阳站在门外时，妇人反问高僧："大师，什么是气呀？"高僧没说话，只是将手中的茶水倾洒到地上。妇人视之良久，顿悟，随即向高僧叩谢，然后离开了。

清者自清，浊者自浊

武则天掌管天下的时候，狄仁杰任豫州刺史。他在任职期间一直都奉行办事公平、执法严明的原则，这也受到当地百姓的交口称赞。很快他的好名声就传到了武则天的耳朵里。于是，武则天便把他调回京城，升任他为宰相。

有一天，武则天召见了狄仁杰，并跟他闲聊了起来。武则天说："听说你在豫州任职的时候，名声很好，政绩也很突出，但是我听说还是有人揭你的短，说你的坏话，你想知道此人是谁吗？"

狄仁杰回答道："人家说我的不好，如果确实是我的过错，我愿意改正，如果陛下已经弄清楚不是我的过错，这是我的幸运。至于到底是谁在背后说我的不是，我一点儿都不想知道，或许这样大家可以相处得更好些。"

武则天听后，觉得狄仁杰气量大、胸襟宽，很有政治风度，是难得的人才，所以更加赏识他、敬重他，还尊称他为"国老"，后来还赠给他一条紫袍金带，并亲自在袍上绣了12个金字，以表彰他的功绩。

后来狄仁杰因病去世，武则天流着泪说："上天不公啊，早早地就夺去了我的国老，使我朝廷里再也没有像他那样的人才了。"

杀商主祀天喻

【原文】

昔有贾客①，欲入大海。入大海之法，要须导师，然后可去。即共求觅，得一导师。既得之已，相将发引②。至旷野中，有一天祠③，当须人祀④，然后得过。于是众贾共思量言："我等伴党，尽是亲属，如何可杀？唯此导师，中用祀天。"即杀导师，以用祭祀。祀天已竟，迷失道路，不知所趣⑤，穷困死尽。

一切世人亦复如是，欲入法海⑥取其珍宝，当修善法行，以为导师。毁破善行，生死旷路，永无出期，经历三涂⑦，受苦长远。如彼商贾将入大海，杀其导者，迷失津济⑧，终致困死。

【注释】

①贾客：经商的人。②发引：引导，出发。③天祠：神祠，祭祀神的祠堂。④人祀：进神祠祭祀，需杀活人以供奉。⑤所趣：趣，同"趋"，趋向，向……去。⑥法海：佛教认识人生、社会的基本教义。指一切事物、现象。⑦三涂：佛教中指地狱、饿鬼、畜生。也称"三思趣"。涂，同"途"。⑧津济：津，渡口。济，渡，此处代指靠岸的码头。

【译文】

从前有一群商人，想一同渡海去做买卖。可是想要找到渡海的道路，就必须请一位向导引路，然后才能知道去海边的路。于是大家一同寻找，请到了一位向导，这些人就在向导的引导下出发了。走到一处旷野地方，那里有一座祭祀神的祠堂，按惯例必须杀活人祭祀后，才可以通过。于是商人们共同商议说："我们结伴而行的都是亲戚朋友，怎能够杀掉谁呢？现在只有这个向导跟我们没有一点儿亲属关系，所以最适合用来祭祀神灵了。"于是他们杀了向导，用来祭祀。祭祀完毕后，他们却迷失了道路，不知该往哪儿走。结果，这些人都被困死在旷野中。

世上所有的人都是这样：他们想得到人生的真谛、智慧和财富，就应当以勤修善法为先导。但他们却常常败坏善良的品行，从而在这如同茫茫旷野的生死大海中徘徊，永远不能超脱，只会经历三恶道，受尽痛苦的折磨。这就如同那些要渡海的商人们，杀死了向导，从而迷失了方向，最终导致被困死在旷野的结果。

【评析】

读完这则寓言，让人颇有些感慨。这些商人们见识短浅，只顾眼前"不死"的利益，而忘却了另一件大事。他们不知道杀死了眼前的向导，就等于拆了自己过河的桥，就是"自掘坟墓"。虽说谁也不可能先知先觉，但完全可以三思而后行。我们千万不可以做寓言中的那些商人。未来的路还很长，我们在人生路上还会遇到不同的人，所以，必须要为以后着想，做好长远打算，这样才不会担心自己的未来。

【故事征引】

两个挑水和尚

从前，在相邻两座山上的庙里，分别住着两个和尚。这两座山之间有一条小溪，这两个和尚每天都会在同一时间到山下小溪去挑水。时间久了，他们便成为了好朋友。

时间飞逝，不知不觉，五年就过去了。突然有一天，左边这座山的和尚没有下山挑水，右边那座山的和尚心想："他估计是睡过头了。"也没有在意，自己挑了水就上山去了。哪知到了第二天，左边这座山的和尚还是没有下山挑水，第三天也没有来，又过了一个星期，还是没见他下山挑水。

直到过了一个月，右边那座山的和尚终于按捺不住了。他心想："我的朋友可能是生病了，我应该过去探望探望他，看看能不能帮上什么忙。"于是，他便爬上了左边这座山，去探望他的老朋友。

可是，当他到达左边这座山的庙，看到他的老朋友时，却大吃一惊。因为他看见他的朋友正在庙前打太极拳，一点儿也不像一个月没喝水的人，更不像是生病的样子。他好奇地问："你已经一个月没下山挑水了，难道你可以不用喝水吗？还是身体不适不能下山挑水呢？"

左边这座山的和尚笑着说："来来来，我带你去看看。"于是，他带着右边那座山的和尚来到庙的后院，指着一口井说："这五年来，我每天做完功课后，都会抽空挖这口井。虽然我们现在都还年轻力壮，完全可以自己挑水喝，但等到有一天我们都年迈走不动了，我们还能指望别人给我们挑水喝吗？所以，即使我有时很忙，但我也从未间断过我的挖井计划，能挖多少算多少嘛。如今，我终于挖出了水，所以我就不需要再下山挑水了，这样我也可以有更多的时间，来练习我喜欢的太极拳了。"

右边这座山的和尚听了，心里顿时一震。

把眼光放远一些

宋朝时，有一个名叫苏掖的常州人，是当时的监察官，他家里十分有钱，可是这个人却非常小气，经常在置办田产或房产时，不肯付足对方应得的钱。他的这一行为让当地人很是厌恶，但他毕竟是个官儿，百姓只能忍气吞声，敢怒不敢言。

有时候，他会为了少付一点儿钱，与人争得面红耳赤。更可恶的是，他还会趁别人困窘危急的时候，压低对方急于出售的房产、地产及其他物品的价格，从中牟取暴利。

有一次，他在无意中看上了一户破产人家的房屋，便又想用低价买下来。于是，他就竭力压低房价，因为价格问题，他与对方争执不休，你一句我一句的，眼看他们都有打起来的架势了，可他还是红着脖子跟人嚷嚷，很快就有人来围观了。大家心里都明白，这一定又是他想占别人便宜了。

这时候，站在身旁的儿子实在看不下去了，于是就忍不住说了句："爸爸，我觉得您还是多给人家一点儿钱吧！说不定等到将来的哪一天，我们的儿孙会处于无奈而卖掉这座房屋，希望那时候也有人给个好价钱吧。"

苏掖听儿子这么一说，顿时感到又吃惊、又羞愧，从此开始有所醒悟了。

医与王女药令卒长大喻

【原文】

昔有国王,产生一女,唤医语言:"为我与药,立使长大。"医师答言:"我与良药,能使即大,但今卒①无,方须求索。比得药顷②,王要莫看,待与药已,然后示王。"于是即便远方取药。经十二年,得药来还,与女令服,将示于王。王见欢喜,即自念言:"实是良医,与我女药,能令卒长。"便敕③左右,赐以珍宝。时诸人等笑王无智,不晓筹量④生来年月,见其长大,谓是药力。

世人亦尔,诣善知识⑤而启之言:"我欲求道,愿见教授,使我立得。"善知识师以方便故,教令坐禅⑥,观十二缘起,渐积众德,获阿罗汉,倍踊跃欢喜,而作是言:"快哉!大师!速能令我证最妙法。"

【注释】

①卒:迅速、立刻。②比得药顷:指等得药到时。比,到、等。顷,时。③敕:皇帝的诏令。④筹量:筹划,计算。⑤诣善知识:诣,到。善知识,指正直而有德行、能引人入菩提正道之人,此处指修行有道的高僧。⑥坐禅:佛教术语,是僧人的一种静虑思维的方法。

【译文】

从前有个国王,生了一个女儿后,便唤来宫中的医师,对他说道:"给我一种药,能使女儿吃了就立即长大成人。"医师回答说:"我可以给你这种药,使公主立即长大,但眼下还没有这种药,必须得去很远的地方求取。在我找药期间,国王您不要去看公主,等我找药回来给公主服下后,再请您见公主。"于是他就到远方去找药了。十二年后,他采药回来了。他给公主服下药后，然后带她去见国王。国王见了很高兴，自言自语说："他真是一位高明的医师，我女儿吃了他的药，能够一下子就长这么大！"国王便诏令左右的侍从，给医师赏赐珍珠宝物。当时的人们都嘲笑国王的无知，不懂得计算一下女儿出生后经过了多少年月，看见她长大了，便认为是药物的效力。

世上的人也是这样。当他去拜访一位修行有道的高僧时，便祈求说："我想得到明师的指点，希望我很快得到您的教诲，让我马上就能彻悟真谛。"这位有道行的明师让他从基础入门开始，教他坐禅，抛除一切尘念，领会佛教对人生社会的观察和解释，由于逐渐积累了种种修行功夫，达到了摒弃一切人生烦恼的修悟境界。这人然后欢呼雀跃，说道："真痛快啊！大师能使我如此迅速地领悟最高的境界。"

【评析】

这则故事中的国王真是愚蠢至极，连自己女儿的年龄都不会计算。世上根本不存在一蹴而就的事情，任何事情的成功都要有个过程。不管怎样，当我们期盼一件事获得成功时，就必须要以踏实的心态面对生活，好高骛远或者急功近利都只会让我们失去想要的东西。好高骛远，想一蹴而就，不仅违反了自然规律，也只会使自己失望，加深挫败感而已。

【故事征引】

凡事要量力而行，不可好高骛远

有一位道行很深的大师，平时除了参禅悟道之外，在武术上也颇有研究。由于他很向往平静幽雅的生活，所以一直隐居在山林中。即使这样，他的名声也很快远扬四方，许多人都千里迢迢来寻找他，就想跟他学些武术方面的窍门。

在人们到达深山的时候，发现大师正从山谷里挑水。可是一瞧木桶，他挑得并不多呀，两只木桶里的水都没有装满。众人感到很奇怪，在他们的想象中，这位大师应该能够同时挑起很多的桶，而且每个桶都是装得满满的。

众人非常不解地问："大师，您为什么不往木桶里装满水呢？您这是什么道理？"

大师说："挑水之道并不在于多，而在于挑得够用。如果一味地贪多，只会适得其反。"

众人听了，越发不解。

大师看到众人困惑的样子，便从他们中拉了一个人，让这个人重新从山谷里打了两满桶水。这个人挑得非常吃力，刚一挑起就左晃右摆的，没走几步，就跌倒在地，水全部洒地了，还摔破了膝盖。

众人看到这情形，有点儿紧张了。这时候，大师很平静地说："水洒了，岂不是还得回头重打一桶吗？可是膝盖破了，走路就会很艰难，那岂不是比刚才挑得还少了吗？"

众人问道："那么大师，请问具体挑多少合适呢？您是怎么估计的呢？"

大师笑道："这个不难估计呀，你们先看看这个木桶。"众人看去，发现桶里有一条水线。

大师又继续说："你们看，这条线就是底线，打水的时候水绝对不能高于这条线，如果高于这条线了，就等于超过了自己的能力和需要。不过刚开始我们需要自己画一条线在桶里，这样可以时刻提醒自己。但是，挑的次数多了，就不用总去看那条线了，凭自己的感觉就能知道是多是少。不管是画上去的还是心里记着的这条线，它都可以提醒我们，凡事要量力而行，而不可好高骛远。"

众人又问："可是我们的底线应该定多低呢？"

大师说："一般来说，越低越好。因为只有低一点的目标我们才容易实现，而我们的勇气也才不会很容易就受挫伤。相反，只要我们这样做了，就会培养起我们更大的兴趣和热情。长此以往，循序渐进，我们所挑的水自然就会更多、更稳。"

不是不熟，是不到时间

有一天，一位住在戒台寺附近的商人急急忙忙来找虚尘大师。商人见到大师时也不叙礼，劈头盖脸就责问大师：

"上次我听了你的教导后，按你所说我采取了诚信的手段，后来发觉自己的顾客确实在增多，可是我的收入却依然平平，这是什么原因呢？"

虚尘大师听了商人的责备，既没有生气，也没有着急，而是露出了微笑，他告诉商人：

"假如你有一棵苹果树，也让它按时地接受了阳光、雨露、养料，等到春天开花、夏天结果、秋天成熟的时候，但是你会发现并非所有的苹果都会同时成熟。或许有些苹果已经红透了，而有些苹果依旧青青待熟。这并不能说它不会熟，而只是时间还没有到而已。"

听完大师的话，商人开始平静下来了，他明白自己是太急功近利了，所以愉快地接受了大师的批评，并再三为自己的鲁莽行为向虚尘大师道歉，之后便离开了寺院。

一年以后，有一天，虚尘大师莫名地收到一笔捐赠，一看注的是商人的姓名，打开一看，还是好大一笔钱！商人还在信中说自己的生意"空前红火"，以致自己没有时间亲自来寺里向大师致谢。

虚尘大师看了会心一笑。

灌甘蔗喻

【原文】

昔有二人，共种甘蔗，而作誓言①："种好者赏，其不好者，当重罚之。"时二人中，一者念言："甘蔗极甜，若压取汁，还灌甘蔗树，甘美必甚，得胜于彼。"即压甘蔗，取汁用溉，冀望滋味，反败种子，所有甘蔗一切都失。

世人亦尔，欲求善福，恃己豪贵②，专形挟势，迫胁下民，陵夺财物，以用作福，本期善果③，不知将来反获其患殃。如压甘蔗，彼此都失。

【注释】

①誓言：表示一定按所说的去做。本文指双方共同约定。②恃己豪贵：依仗自己有权势。③善果：善，佛教名词，与"恶"相对，指符合教义的言行、意识。善果，依善行所得到的美好、善良的结果。

【译文】

过去有两个人一起种植甘蔗，并共同立下一个约定："种得好的有奖赏，种得不好的要重罚。"当时这两个人中的一个心里想道："甘蔗非常甜，如果把它的汁压出来，再用来浇灌甘蔗林，甘蔗定会甜美无比，肯定会超过那个人的。"于是他就压出甘蔗汁用来浇灌，希望使甘蔗更加甜美，岂知反而损坏了甘蔗苗，结果所有的甘蔗全都坏死了。

世上的人也是如此，想得到美好和富贵，就依仗自己的豪贵，专门以势压人、胁迫百姓、掠夺财物，以此用作获得善果的资财。本来希望得到福报，殊不知将来反而因此招致灾难。这就如同压甘蔗汁浇甘蔗苗一样，不仅损失了种植的甘蔗，而且连已有的甘蔗都损失殆尽。

【评析】

　　故事中的这个人，为了让甘蔗长得好，没有考虑到作物的成长规律，结果不仅损坏了种子，连原有的甘蔗都损失了。毫无疑问，他的动机是好的，但他的这种行为却与"揠苗助长"没什么不同。在我们的生活中，有许多的情况和故事里的情形相似，他们往往为了得到利益而投机取巧，不遵循事物发展的规律，不按规矩办事，还采用不正当的手段，妄图寻找捷径，最后落得两手空空。

【故事征引】

有些事是急不得的

　　有一天，佛陀和他的侍者一起出去办事。当时正是酷热的夏天，所以当他们行走了一段路后，就觉得口干舌燥。坚持到中午的时候，佛陀感觉实在是饥渴难耐，便对侍者说："刚才我们不是经过一条小河吗？你现在就去那儿弄些水来喝。"

　　于是，侍者拿着容器去那条小河盛水了。路不远，他一会儿工夫就找到了，可是碰巧的是，他刚走到那里，就看见有几个商人骑着马正从那条小溪经过，溪水被他们弄得浑浊不堪，根本不能喝！侍者看到这一情形，转身就回去了。

　　佛陀看见他空手而归，正想责怪侍者，谁知侍者抢先一句告诉佛陀说："小河我找到了，可是刚才我亲眼看见溪水被一些商人弄脏了，根本不能喝，我们还是重新找条小溪吧！我知道前面就有一条小溪，而且溪水非常清澈，离这里也不远，两个时辰就可以到。"

　　佛陀已经口渴至极，说了句："何必这样呢？我们离这条小溪近，况且我早已口渴难耐，要是去找前面那个小溪，不还得走两个时辰的路吗，我可忍受不了。你还是到刚才的那个小溪盛点儿水吧。"

　　侍者听了，满脸不高兴，很不情愿地拿着容器又去了，在路上，他就想："师父也真是的，刚才不是看见了吗？水那么脏，怎么能喝呢？现在又让我去，这不是白白浪费时间吗？"

　　想到这儿，侍者停住了脚步，决定不去了，转身对佛陀说："我刚刚就已经告诉你了，溪水已经被别人弄脏了，你为什么非要我白跑一趟呢？"

佛陀什么也没向他解释，说道："做任何事都要有耐心，千万不要投机取巧，等一会儿你就知道是怎么回事了。现在你只需要听从我的，我保证你肯定不会白跑一趟。"

听完佛陀所说，侍者再次不太情愿地去了，可让他惊讶的是，当他再次来到这条小溪边的时候，看到的却是清澈、纯净的溪水，那些污浊的泥沙早已经不见了。

没有耐心等待成功

从前有一位著名的推销大师，曾在许多行业中创造了辉煌的成绩，但是随着年龄的增大，他想要结束自己的职业生涯，从此安度晚年。当时有无数人盛情相邀，于是他答应给他们做最后一场演说。

大师演说的日子到来了，全场座无虚席，人们都在台下焦急地等待着，盼望能早点一睹大师的风采。讲台的大幕徐徐拉开了，人们看到舞台的正中央放着一个高大的铁架，铁架上吊着一只巨大的铁球。一位老者在热烈的掌声中走了出来，站到铁架旁边。让人们感到奇怪的是，他今天是来演说的，应该以一副西装革履报告者的模样出现在舞台上，可是他为什么身着一套红色运动服，穿一双白色运动鞋呢？

人们看了他这一身打扮，不知道他究竟要做什么，于是都好奇地注视着他的一举一动。过了一会儿，工作人员又拿来一个大铁锤，放到了老者面前。接着主持人又请了两名身体强壮的小伙子到台上来，这时候大师请他们用铁锤去敲打那个大铁球，直到把它荡起来。

两个小伙子使出全身的劲儿，抬起大铁锤用力向吊着的大铁球砸去，顿时传来震耳欲聋的响亮声，但是铁球却纹丝不动。他们又用大铁锤连续砸下去，很快小伙子累得气喘吁吁，但是铁球仍旧没有动。

会场上所有的人都不明白这到底是怎么一回事，只是静静地看着。这时，大师从衣服口袋中掏出一个小锤，开始对着大铁球连续敲打，一下接着一下。敲一下，便传出"咚"的一声，一个短短的停顿，接着又是一声。

人们依旧奇怪地看着他，而大师却一直全神贯注地敲打着那个球，连续不断的"咚咚"声也不停响起。10分钟过去了，20分钟过去了，会场上的人已经等得有点儿不耐烦，开始骚动了，他们扭动着身子或出声抗议表示不满。而此时的大师却像入定一般，一小锤一个停顿地敲着，对于场下人们的反应像是根本没看见。半个小时过去了，那个铁球还是没有动，许多人愤愤地离开了，一会儿工夫，会场上已经空出了许多座位。

40分钟过去了，坐在最前排的一个小伙子突然叫道："球动了！球动了！"刹那间，喧闹了半天的会场一下子寂静下来了，人们把目光紧紧盯在了铁球上。他们看到那个铁球已经开始缓缓摆动，幅度很小，不细看是难以察觉到的。大师呢，仍然保持着那个姿势，一小锤一小锤敲着，不时有咚咚的声音传来，人们在台下默默地听着。

又过了一会儿，铁球开始越荡越高，甚至拉动那个铁架子"哐哐"作响，它的巨大威力震住了在场的每一个人。就是那两个小伙子用大铁锤也没有打动的大铁球，居然在大师一小锤一小锤的敲打中剧烈地荡起了秋千。人们觉得不可思议，场上终于爆发出了热烈的掌声。

灌甘蔗喻

债半钱喻

【原文】

往有商人，贷①他半钱，久不得偿，即便往债②。前有大河，雇他两钱，然后得渡。到彼往债，竟不得见，来还渡河，复雇两钱。为半钱债而失四钱，兼有道路疲劳乏困，所债甚少，所失极多，果被众人之所怪笑。

世人亦尔，要少名利，致毁大行③；苟容己身，不顾礼义。现受恶名，后得苦报。

【注释】

①贷：借给。②往债：去索取欠债。③大行：行，佛教名词。大行，最重要的教义和修行。

【译文】

从前有一个商人，借给别人半文钱，那个人很久都没来还，于是，他决定到借钱的人那儿要债。在半路上遇到一条大河，他花了两文钱雇了一条船，这才渡过河去。到了借钱人那里，却又没见到那人，只好回来，过河又花了两文钱。为了讨回半文钱的债而花掉了四文钱，再加上来回路上又奔波劳顿，很是辛苦。借给别人的很少，但损失的却很多，而且还招来众人的嘲笑。

世上很多人也是这样，为了追求极少的名誉和利益，而毁坏了最重要的教义和修行。为了一点儿私利，便不顾礼义廉耻，这样不仅会招来恶名，而且还要尝受到苦海无边的报应。

【评析】

因小失大是很多人都容易犯的错误，故事中的这个商人就是这样，为得小钱而花大钱，真是得不偿失，他这一生最大的悲哀就是永远也不知道他所丢弃的是究竟是什么东西。生活中的一些人也往往为了得到极小的名誉和地位，而付出了大代价，最终造成更多看得见的、看不见的、有形的、无形的损失。

【故事征引】

省下的是钱，丢掉的是人格

从前有一个国王，既想好好享受生活，却又不肯多花一分钱，吝啬至极。可是，他总是喜欢以势压人，总想让别人侍候他，又不愿意付工钱，大家都知道他这脾性，所以大多时候都不愿意为他效劳。

在这个王国里，有一个很有名气的歌女，她不但人长得漂亮，更有一副好歌喉，还弹得一手好琴。由于她色艺双绝，所以很多有钱人都愿意出高价请她去弹唱助兴。

没过多久，歌女的美名就传到了国王的耳朵里，他也很想听听这位歌女的演奏。有一天，国王叫来一个侍臣，说道："我听说有一个歌女，不但人长得美，歌唱得好听，琴弹得更好，我想请她来弹奏几曲。你去告诉她，我愿意出一千两银子请她来。"

使臣一听，觉得国王难得做一件如此大方的事，急忙爽快地应了句："是！"随后小跑着去找这个歌女，见着之后，就讨好地告诉她说："你可真有福气啊！我们国王愿意出一千两银子请你去表演，这可是难得的好事啊，你可一定得去啊！"

其实歌女早就听说国王是一个吝啬的人，一点儿都不想去，可是为了自己能过上安定的生活，也不敢轻易得罪国王，况且国王这次出的价钱也不低，就只好去了。

歌女跟着使臣来到宫殿，行完拜后就准备演奏了。国王说道："我听说你琴弹得很好，歌也唱得不错，所以出一千两银子请你来，你可要好好为本王演奏几曲呀！"歌女点了点头。

准备好了一切之后，歌女便开始演奏了。她使尽平生所学，用心地弹奏起来，边弹边唱，歌声清丽，琴声悠扬，让国王和一旁的大臣都听得如痴如醉。

大臣们都拍打着手，说道："啊！可真像仙乐般的美妙呢！"国王也禁不住连声称赞："太好了，我活了几十年，第一次听到这么美妙的乐曲，你今天可是让我大饱耳福了呢！"不一会儿，一曲演奏完了，歌女谢过了国王的夸奖，在一旁等待着。

过了大半天，国王见歌女还没走，于是挥挥手说："今天先演奏到这儿，你先回去吧，今后可一定要常来弹琴给我听啊！"歌女犹豫了一下，最后还是壮着胆子问："可是，国王您还没给我赏钱呢？""嗯？什么赏钱？"国王假装糊涂地回了句。"您之前不是说出一千两银子让我为您演奏吗？""噢！是这个呀，不是我说你，你这个人做事也太认真了吧。你弹琴给我听，只是让我听了感到高兴，实际上并没有带给我什么呀。我说出一千两银子，也只是为了让你听了高兴，实际上也不必给你什么啊！"歌女听了他这番话，拿他也没什么办法，只好无奈地回去了。

在场的大臣和侍臣听了，不禁摇头叹息："国王虽然保住了一千两银子，却让民众失去了对他的信任，更重要的是失去了自己的良心和人格，真是因小失大啊！"

商人的悲哀

有一个富商，一直居住在济水南面。有一次，他独自一人渡河时不小心把船弄丢了，于是他便停留在水中的浮草上哀号求救，叫了半天也没人过来。

过了好大一会儿，有一个渔夫路过看见了，便用自己的船去救他，他还没有靠近，商人就急忙叫道："我是济水一带有名的富翁，你如果救了我，我可以给你百两金子。"

渔夫真的把他救上了陆地，商人却只给了他十两金子。渔夫说："当初你答应给我百两金子的，如今却只给了十两，你这不是不讲信用么？"

商人听了勃然大怒："你就是个打鱼的，每天起早贪黑，一天的收入又能有多少呢？今天一下子就得到十两金子，难道你还不满足吗？"渔夫不想再跟他争执什么，于是失望地离去了。

后来，这个商人乘船顺吕梁而下，船正好碰到石礁，又在水中动不了，那个渔夫恰好又在那里。

这一次渔夫没有去救他，而是把船靠了岸，远远地看着那个水中的商人，商人挣扎了好久，随后就沉没了。

事后有人问渔夫："救人一命胜造七级浮屠，你当时为什么不去救他呢？"

渔夫说："他是一个答应给百两金子却又言而无信的商人。我宁可遭受菩萨的怪罪也不愿意救这样的小人！"

就楼磨刀喻

【原文】

昔有一人，贫穷困苦，为王作事。日月经久，身体羸①瘦。王见怜愍②，赐一死驼。贫人得已，即便剥皮，嫌刀钝故，求石欲磨。乃于楼上得一磨石，磨刀令利，来下而剥。如是数数往来磨刀，后转劳苦，惮③不能数上④；悬驼上楼，就石磨刀，深为众人之所嗤笑。

犹如愚人毁破禁戒⑤，多取钱财，以用修福，望得生天⑥。如悬驼上楼磨刀，用功甚多，所得甚少。

【注释】

①羸：瘦。②怜愍：愍，同"悯"，怜悯，表示同情。③惮：畏惧、害怕。④数上：多次上下楼。⑤禁戒：佛门戒律，亦即不能违犯的律条。⑥生天：佛家指死后更生于最美好、清静的境地，即天界。

【译文】

从前有一个人，十分贫困，他给国王当了多年的差使，弄得身体很瘦弱。国王见了以后，觉得他很可怜，就赏给他一头死骆驼。这个穷人把骆驼送回家后，就动手剥骆驼皮。可是他嫌刀刃不锋利，就到处找磨刀石来磨刀。后来在阁楼上找到了一块磨刀石，将刀刃磨利后，下楼继续剥皮。就这样反复上楼去磨刀刃，弄得疲惫不堪，他担心爬不动楼梯，干脆把骆驼吊上楼阁，挨着磨刀石磨刀。人们都嘲笑他的愚笨。

这就好比那些愚蠢的人，破坏清规戒律，用不正当手段牟取钱财，再用这些钱为自己谋福利，还渴望将来能够得到升天的好报。这种行为正像为了磨刀的方便把骆驼吊上楼去，气力花了不少，好处得到的却不多。

【评析】

　　读完这则寓言，我们不禁哑然失笑。这个愚人宁可上下楼来回地磨刀，甚至费九牛二虎之力把骆驼吊上楼去，也不换个思路，把磨刀石搬下来。其实，我们在想问题、做事情的时候，也往往会用最常用的思路、最习惯的思维，以致形成定式思维，出现走死胡同的情况。这时候，我们就应该考虑一下这究竟是怎样的一条路，到底值不值得去走。或许你会发现，那是一条钻牛角尖的路，目标是遥不可及的。

【故事征引】

学会打破自己的定式思维

　　在一个阳光灿烂的一天，有位禅师把他的弟子们召集到一起，说有问题要考考大家，随后写下两句话："绵绵阴雨二人行，怎奈天不淋一人。"说要让弟子们互相参研，最后公布结果。

　　弟子们很是好奇地凑过来，看看究竟是个什么样的题目，看完之后便纷纷议论了起来。

　　没过一会儿，第一个弟子就说："两个人走在雨里，有一个人却没有淋到雨，那他一定是穿了雨衣。"

　　禅师对于这个解释不予置评，只是缓缓地摇了摇头。

　　第二个弟子接着说："那天一定是局部阵雨，一边下着雨，一边没下雨，虽然这种景观不常见，但也有可能发生。所以他们走在雨地里，就会有一个淋不到雨，因为他恰好走在没有下雨的这边。"说完，他看了看禅师。

　　禅师仍然沉默不语。

　　这时候，第三个弟子便得意地说："你们都说错了，什么穿雨衣、局部阵雨都是乱猜。"他嗤之以鼻地继续说道："你们说的那些都太牵强了，其实道理很简单，一定是有一个人走在屋檐下，所以才没有淋到雨。"

　　说完，他便洋洋自得地准备接受禅师的赞赏。

　　禅师微笑着看了看他，然后对弟子们说："你们都执著于'不淋一人'这一点上，但却偏偏是钻了牛角尖。其实，所谓的'不淋一人'，不就是两个人都在淋雨吗？"

　　弟子们一听，顿时明白了。

打破常规才会别有洞天

一位著名的禅师，懂得许多人生的奥秘，所以他的弟子们总喜欢坐在周围，听师父讲人生的奥秘。

禅师并没有一开始就跟他的弟子讲人生的奥秘所在，只是提问他们一些问题，他说："你们有什么好的办法能够除掉旷野里的杂草呢？"

弟子们目瞪口呆，没想到禅师会问这么简单的问题。一个弟子抢着答道："可以用铲子把杂草全部铲掉。"

禅师听完微笑地点了头，没有说话。

另一个弟子说："放一把火就可以将旷野的杂草烧掉啊！"

禅师依然微笑，沉默不语。

第三个弟子说："把石灰撒在草上也能铲掉杂草！"

禅师脸上还是那样微微地笑，没有发表任何意见。

第四个弟子接着说："他们的方法都不行，那样不能除掉的，都说斩草就要除根，所以我们必须把草根都挖出来。"

弟子们讲完后，禅师说："你们讲得都很好，要不这样吧，我们可以亲身实践一下，看到底谁的方法可行。你们看寺庙后面的那块地，已经荒芜很久了，杂草丛生。现在我将这块地分成几块，你们每一个人，包括我在内，都将分得一小块地。从明天起，你们就按照自己的方法除去地上的杂草，而我也同样运用我的方法。到明年的这个时候，我们就在寺庙后的那块地相见吧。"弟子们都点头表示同意。

第二年的这个时候，弟子们如约相聚在那块地旁边，他们之前用尽了各种方法都不能除去地上的杂草，早已放弃了这项任务，如今来相聚，只是为了看看禅师的方法是什么。

果然，他们看到禅师所处理的那块地，已经不再是一片杂草丛生的景象了，而是金灿灿的一片庄稼。

这时候，弟子们才领悟到：原来只有在杂草地里种上庄稼，才是除去杂草的最好方法啊！

乘船失钎喻

【原文】

　　昔有人乘船渡海，失一银钎①，堕于水中，即便思念："我今画水作记，舍之而去，后当取之。"行经二月，到师子诸国②，见一河水，便入其中，觅本失钎。诸人问言："欲何所作？"答言："我先失钎，今欲觅取。"问言："于何处失？"答言："初入海失。"又复问言："失经几时？"言："失来二月。"问言："失来二月，云何此觅？"答言："我失钎时，画水作记。本所画水，与此无异，是故觅之。"又复问言："水虽不别。汝昔失时，乃在于彼，今在此觅，何由可得？"尔时众人无不大笑。

　　亦如外道，不修正行③，相似善④中，横计苦困，以求解脱。犹如愚人失钎于彼，而于此觅。

【注释】

　　①钎：同"盂"，僧人之食器。②师子诸国：名叫师子的国家及其附近地区。师子，即狮子。狮，古作"师"。③正行：即以佛的教化为准则的正当行为，与邪行、杂行相对。④相似善：指似是而非的善。

【译文】

　　从前有一个人乘船渡海，一不小心把银制的盂掉到海里了。当时他想："我现在对着水面做个记号，暂时不用去管它，以后有时间再来捞取。"过了两个月，他到了师子国，看到一条河，便跳到水中寻找那只丢失的盂。旁边的人问道："你这是做什么？"他回答说："我以前丢失了一只盂，现在想找回来。"旁人又问："在什么地方丢的？"回答说："在刚渡海的时候。"旁人接着问："丢了多长时间了？"回答说："丢了两个多月了。"旁人又问：

"丢失两个月了，为什么在这里找呢？"他回答："我丢失盂时，曾对着水面做了记号。这里的水面和我画记号的水面完全一样，所以在这里寻找。"旁人接着再问："水虽没有不同，但你丢东西是在那个地方，现在找东西却在这个地方，怎么可以找到呢？"周围的人都对此大笑不止。

这就像那些外道中人一样，不去参悟佛理，只觉得自己所修方法与正行很相似，便刻意苦行，以此去求解脱。这就像愚人在海中丢失了盂，却又在河中寻找，是没有区别的。

【评析】

这个故事与我们上小学时学过的《刻舟求剑》有异曲同工之处。故事中的这个愚人在渡海时丢失了盂，却在两个月之后到一个相似的地方寻找他的盂，当然不可能找到了。因为这个人根本没有顾及到时间、地点的不同，也就是没有抓住事物的本质，更没有用发展的目光去看待事物，所以必然会一事无成。我们一定要记住：世上的事情总是在不断地发生变化，有些事情必须抓住时机，及时去做，绝不可犹豫不决。如果等到时过境迁才想起去做，那一切便已是物是人非、沧海桑田了。

【故事征引】

不要只想而不去做

从前有两个和尚，一个很贫穷，一个很富有。

有一天，穷和尚与富和尚在一块儿聊天，穷和尚说："我想去南海朝圣，你觉得怎么样？"富和尚听了，冷笑了一声，然后又认真地打量一番穷和尚，禁不住大笑起来。

穷和尚无辜地问："怎么了，不好吗？"

富和尚说："我耳朵没有问题吧？你什么都没有还想去南海？你能说说你凭借什么东西去南海呢？"

穷和尚说："一个水瓶、一个饭钵就足够了。"

富和尚大笑，说："这儿距离南海来回要好几千里路，路上的艰难险阻肯定不少，这可不是闹着玩儿的。我是几年前就做准备去南海的，等我准备充足了粮食、医药、用具，再买上一条大船，找几个水手和保镖，就可以去南海了。你现在就凭一个水瓶、一个饭钵就想去南海,怎么可能呢?我看你还是算了吧,别白日做梦了。"

穷和尚不想再与富和尚争执什么,第二天一大早就只身踏上了去南海的路。这一路上,他的确尝尽了艰难困苦。有时候口渴难耐,他就在有水的地方盛上一瓶水备着;有时候饿到发晕,他就到有人家的地方去化斋备着。即使如此辛苦,但他一点儿也没想到过要放弃,始终向着南海前进。很快,一年过去了,穷和尚终于到达了梦想的圣地:南海。

两年后,穷和尚从南海归来,手里依旧只带着一个水瓶、一个饭钵。在去南海的两年里,穷和尚在南海学习了许多知识,回到寺庙后便成了一个德高望重的和尚。

而那个富和尚,至今还在为去南海做各种准备工作呢!

生产思想垃圾

从前有个人,一直有一个未了的愿望,他希望有一天也能像圆通和尚那样被万人敬仰,于是他就上山去请教圆通和尚:"您能告诉我要想成为一位得道高僧,成功的关键是什么吗?"

"多思多想。"圆通和尚就回答了他四个字。这个人满怀"心得",回去就躺在床上,整天望着天花板,一动也不动,开始多思多想。

一个月以后,圆通和尚在回寺庙的路上,碰见了那人的妻子,她祈求圆通和尚说:"师父,求你去见一见我丈夫吧,他从你那儿回来之后,整个人就像中了魔一样。"

圆通和尚同意了,跟着那人的妻子到了他家,看到他整个人变得骨瘦如柴、一脸憔悴的样子。他看到圆通和尚来了,拼命挣扎着想要爬起,又有气无力地说:"自从那天回来,我每天除了吃饭,就一直在思考,你看我现在离得道还有多远呢?我什么时候才能实现我的愿望呢?"

圆通和尚说:"你每天只知道想不去做,你思考这么久,到底思考出了些什么呢?"

那人说道:"我想的东西太多了,以至于头脑里都塞满了。"

"我看你除了脑袋上长满头发,收获的全是垃圾。"圆通和尚失望地说了句。

"垃圾?"那人追问道。

"那些只想不做的人只能生产思想垃圾。"圆通和尚答道。

人说王纵暴喻

【原文】

　　昔有一人，说王过罪，而作是言："王甚暴虐，治政无理。"王闻是语，即大瞋恚，竟不究悉谁作此语，信傍佞人①，捉一贤臣，仰使剥脊②，取百两肉。有人证明，此无是语。王心便悔，索千两肉用为补脊。夜中呻唤，甚大苦恼。王闻其声，问言："何以苦恼？取汝百两，十倍与汝，意不足耶？何故苦恼？"傍人答言："大王。如截子头③，虽得千头，不免子死。虽十倍得肉，不免苦痛。"

　　愚人亦尔，不畏后世，贪渴现乐，苦切众生，调发百姓，多得财物，望得灭罪而得福报。譬如彼王，割人之脊，取人之肉，以余肉补，望使不痛，无有是处④。

【注释】

　　①佞人：专门取媚于人的小人。②仰使剥脊：仰，命令。剥脊，割背上的肉。③截子头：砍下他的头。截，截取、切断之意。④是处：办法、方法。

【译文】

　　从前有一个人，议论国王的过失和罪恶，他说："国王非常凶残暴虐，治国无道。"国王听到这些话，十分恼怒，也不追查是谁说的这句话，只听信身边那些诽谤献媚的小人挑唆，就把一位贤能的大臣抓了起来，又下令从他的脊背上割下一百两肉。后来有人证明这个贤臣并没有说过国王的坏话，国王心里很后悔，命令用一千两肉为这位大臣修补脊背。这位大臣在夜里痛得大声喊叫，国王听到他的叫声，就去问他："你还有什么痛苦吗？我从你背上割了一百两肉，已经还给你十倍的肉，你还不满足吗？为什么还痛苦呢？"旁边的人回答："大王，如果砍掉一个人的头，即使给他一千个头来作为补偿，也不能使这个人免死；他虽然得到十倍的肉补偿，但他仍然是很痛苦的啊。"

那些愚蠢的人也是这样，不考虑将来，只图一时快乐，把痛苦推向大家，盘剥百姓，掠夺财物，还想要消除罪孽，从而得到福报。这就好比国王割下别人脊背上的肉，用别的肉来补救一样，还希望使人不痛苦，这是毫无道理的。

【评析】

有这样一句话：冲动是魔鬼。这句话时时刻刻在警醒我们。但今天还是有人犯这样的错误，只为贪图一时痛快，不考虑后果，结果事情做得不怎么样，还坑害了别人。正如故事中这位暴虐而愚蠢的国王，只因一时愤怒，便不辨真伪，割了贤臣后背的肉，后来发现自己错了，居然想到用割肉还肉的办法来弥补过错，真是蠢到极点了。

【故事征引】

怒气来时放一放

有一个年轻人因为一件小事和邻居争吵起来，俩人争得面红耳赤，谁也不肯让着谁。最后，那人气呼呼地跑去找禅师给他评理，因为禅师是当地最有智慧、最公道的人。

"禅师，您来帮我们评评理吧！你不知道，我那邻居简直就是一堆狗屎！他竟然……"那个人怒气冲冲，一见到禅师就开始了他的抱怨和指责，正要大肆指责邻居的这不对那不对时，就被禅师打断了。

禅师说："对不起，碰巧我今天有事要出去，麻烦你先回去，明天再说吧。"

第二天一大早，那人又愤愤不平地来了，不过显得没有昨天那么生气了。

"今天，您一定要帮我评出个是非对错，那个人简直是……"他又开始数落起邻居的劣行。

这一次，禅师不快不慢地说："我看你的怒气还是没有消除，等你心平气和的时候再说吧，正好我昨天的事情还没有办好。"

接下来的一连好几天，那个人都没有来找禅师。禅师在前往布道的路上遇到了那个人，他正在农田里忙碌着，看起来他的心情平静了许多。

禅师走上前去问他："现在，你还需要我来替你评理吗？"说完，微笑地看着对方。

那个人羞愧地笑了笑，说："我已经心平气和了。现在想来也不是什么大事，不值得生气的。"

禅师仍然不快不慢地说："这就对了，其实我不急于和你说这件事情，就是想给你时间消消气啊！一定要记住：不要在气头上说话或行动。"

生气时绕着房地走三圈

从前有一个叫爱地巴的人，特别爱跟人生气。可是当他每次跟人发生争执的时候，他就会以很快的速度跑回家，然后绕着自己的房子和土地跑三圈，之后便坐在田地边喘气儿。于是，当地人都知道他这一特点了。

爱地巴是一个工作非常努力的人，因为他的勤劳，他的房子越来越大，土地也越来越广，但是不管他的房地有多大，只要与人争论生气，他还是会绕着房子和土地绕三圈。

所有认识他的人都很疑惑，也非常想知道爱地巴为何每次生气时，都会绕着房子和土地跑三圈。时间一天天过去了，还是没有人知道这是为什么，因为爱地巴从不跟人说起。

直到有一天，爱地巴老了，他的房、地又已经太大太广。他生气时，还是会拄着拐杖艰难地绕着土地和房子，等他好不容易走完三圈，太阳已经下山了，然后爱地巴就会独自坐在田边喘气。

后来，他的孙子心疼他，于是恳求他："阿公，您已经一大把年纪了，这附近地区也没有谁的土地比您的更大了，您不能再像以前那样，一生气就绕着房地跑啊！你可不可以告诉我这个秘密，为什么您一生气就要绕着房地跑上三圈呢？"

爱地巴禁不起孙子的再三恳求，终于说出隐藏在心中多年的秘密，他说："在我年轻时，我一和别人吵架、争论、生气，就会绕着房地跑三圈，边跑边想，我的房子这么小，土地也这么小，我哪有资格去跟人家生气呢？一想到这里，我的气就消了，于是就会把所有的时间用来努力工作。"

孙子问道："阿公，可是您现在年纪这么大了，又变成最富有的人了，为什么还要绕着房地跑呢？"

爱地巴笑着说："我现在还是会生气，生气时绕着房地走三圈，边走边想，我的房子这么大，土地这么多，我又何必跟人计较呢？一想到这儿，我的气也就消了。"

妇女欲更求子喻

【原文】

往昔世时，有妇女人，始有一子，更欲求子，问余妇女："谁有能，使我重①有子？"有一老母语此妇言："我能使尔求子可得，当须祀天。"问老母言："祀须何物？"老母语言："杀汝之子，取血祀天，必得多子。"时此妇女便随彼语，欲杀其子。傍有智人，嗤笑骂詈②："愚痴无智乃至如此！未生子者，竟可得不，而杀现子。"

愚人亦尔，为未生乐，自投火坑，种种害身，为得生天。

【注释】

①重：重复，即"再"之意。②骂詈（lì）：狠狠责骂。

【译文】

从前有一个妇女，已经生了一个儿子，但还想再生个儿子，就去问其他的妇女："谁有办法能让我再生一个儿子呢？"一个老妇人对她说："我有办法可以让你求得儿子，但你必须先祭奠天神。"她问老妇人："祭奠天神需要用什么东西呢？"老妇人说："把你儿子杀了，用他的血来祭奠天神，一定会再生很多儿子。"这个妇女听了，就依照她的话，准备杀掉自己的儿子。旁边一位聪明的人，就嗤笑着责骂她："你怎么糊涂到这个地步！儿子没有生下来，将来能不能生，现在还不知道，你反而要杀掉现在已经生下的儿子！"

有些蠢人也是如此，为了得到还没有得到的快乐生活，自己先往火坑里跳，做种种有害于自己健康的事，总是为了能够升天得道。

【评析】

　　寓言中这个妇女的行为，真是令人啼笑皆非。他居然为了想再得到一个儿子，而忍心杀掉现在的儿子。生活中的有些人虽不至于蠢到这种地步，但是为了自己想要却还没有得手的东西，他们往往会放弃目前拥有的东西，这是人的通病。人们都认为没得到的总是最好的，或者认为别人手中的东西就是最好的，所以总想不顾一切地去追求那些还没得到的东西，甚至把思想全部集中到那些东西上去。当然，有理想、有追求是好事，但我们必须要有分析和鉴别的能力，切不可去追求那些虚无缥缈的东西，而搭上自己的一生。

【故事征引】

活着就是一种幸福

　　有一个年轻人，因为家庭贫困，所以他埋怨自己没有本事。他一时也找不到发泄之处，只能每天在寺庙里唉声叹气，慨叹命运对他这不公、那不平的。

　　有一天，禅师看他一脸愁容，告诉他说："你明年的这个时候会交好运。"年轻人听了，特别高兴地回去了，回家后就等着自己好运的到来。他等啊等啊，从一月初等到十二月末，也没等来好运。

　　好不容易熬到除夕那天，他高兴了，心想：今天是最后一天了，肯定是今天交好运。可是等到第二年正月初一了，仍然没有什么好运的事情发生。

　　于是，他沉不住气了，大年初一就跑去找禅师，刚一见到禅师，就露出一副凶神恶煞的样子，冲禅师吼道："你撒谎！你骗人！你不是说我去年能交好运么？我苦等了一年怎么没交好运啊？白白浪费我一年时间！"

　　禅师没有因为他那无理的样子生气，而是慢悠悠地说了句："你这不是已经交了好运了么？"

　　"好运在哪儿？我还是这么穷，这一年我连一文钱都没捡到。"年轻人立马反驳道。

　　禅师淡淡一笑，说："难道你不知道在这一年里有多少人死于非命，有多少人妻离子散，又有多少人家破人亡，还有多少人遭受着生离死别的痛苦？而你却好好地活着，子女孝顺、夫妻恩爱，难道这不算是最大的好运和幸福吗？"

　　年轻人这才明白了禅师的言外之意。

懂得取舍，懂得珍惜

从前有一个富翁，生平悭吝，既不修身又不修心。他娶了四个夫人，最宠爱的就是四夫人，他们终日恩恩爱爱，从不离开；其次是三夫人，她也很有魅力，使富翁相会欢喜，别离忧愁；再其次是二夫人，当初在穷困的时候，很是相爱，但到了富贵时就渐渐淡忘了；最不为富翁关心的是原配夫人，这位富翁对大夫人从不理睬，只是让她做家务。

突然有一天，这个富翁患了不治之病。临终前，他对最心爱的四夫人说："四夫人，平日里，我待你最好，一刻也不想和你离开，现在我的生命已经维持不了多久，我想请求你陪我一道死好吗？一个人死该有多孤单寂寞啊，财产妻儿虽多，可我一个也带不走。"

四夫人一听，花容失色，大惊道："你怎么会这么想？你年纪大了，死是当然的，我年纪这么轻，怎么能就这样陪你死呢？"

唉！富翁叹了一口气。

过了一会儿，富翁把三夫人叫来，也对她讲了同样的话。

三夫人一听，吓得直发抖，连忙说："这怎么可能？我的年纪还这么轻，你去世了，我还可以再改嫁他人！"

唉！富翁只得又叹了一口气，摆摆手，叫三夫人退去。

三夫人走后，富翁又把二夫人叫来，对她说："我一个人死去太不甘心，希望二夫人你能够陪我一同死。"

二夫人一听，连忙摆手道："不能！不能！我怎么能陪你死呢？四夫人和三夫人平时什么事也不肯做，家中大小事情都要我管，所以我不能陪你死。不过你放心，等你死去的时候，我一定会送你到坟场的。"

唉！富翁无可奈何地又是一声感叹。

富翁没有办法，只得把平时最不关心的大夫人叫到跟前，对大夫人说道："大夫人，我真的对不起你，过去是我对你太冷落了，但现在我一个人死去，在阴曹地府一个伴儿都没有，你肯陪我一起死吗？"

大夫人听后，非但不惊慌，而且很郑重地回答道："嫁夫随夫，现在夫君要走了，做妻子的活着也没意思，还不如跟你一起死去的好呢。"

"你……你……你真的愿意陪我一起死？"富翁意外地问大夫人，并继续感叹地说道："唉！过去我不知道你对我这么忠心，一直不肯理睬你。我对四夫人、三夫人爱护得比我的命还重要，二夫人我待她也不薄，可是到今天，她们个个忘恩负义，当我要死的时候，却那么狠心。想不到平时我待你那么不好，你反倒愿意永久和我在一起。唉！我太辜负你了，为什么不早些对你好呢？"富翁说完，流下了悔恨的泪水。

入海取沉水喻

【原文】

昔有长者子，入海取沉水①，积有年载，方得一车。持来归家，诣②市卖之。以其贵故，卒无买者。经历多日，不能得售，心生疲厌，以为苦恼。见人卖炭，时得速售，便生念言："不如烧之作炭，可得速售。"即烧为炭，诣市卖之，不得半车炭之价直。

世间愚人亦复如是，无量方便③，勤行精进，仰求佛果④，以其难得，便生退心："不如发心，求声闻果⑤，速断生死，作阿罗汉。"

【注释】

①沉水：水中的香木。木心与节坚硬而黑，又为沉香的别名。②诣：到、去。③无量方便：各种引导信众的方法。方便，佛教名词，指"利他"、利人的方法。④佛果：佛为万行之所成，故云佛果，这里指发菩提心，修菩萨道，广度众生，自利利他，功德圆满而成佛，是佛教修行最高的果位。⑤声闻果：听佛言而悟道，是小乘佛教的一种修行方式。

【译文】

很久以前，有一位长者的儿子，到大海里去打捞沉香这种木料。经过好几年，才打捞了一车。把它运回家后送到集市上去卖，因为价格昂贵，所以一直没有人过问。过了好多天，这车香木都没能卖出去，他感到很疲劳厌烦，心里十分苦恼。他看到卖木炭的，都很快将木炭卖了出去，便想："不如把沉香烧成木炭，这样就可以很快卖出去了。"于是他就把沉香木烧成木炭，送到集市上去卖，结果只卖了不到半车木炭的价钱。

世上的愚人也是这样，在广大圆融的佛教教义中，努力精勤地修行，为了上求佛果，因为难以达到，于是就产生了退转的念头："不如发心，去求小乘声闻果位，快速了断生死，证得阿罗汉果。"

【评析】

故事中这位长者的儿子真是一个败家子，他花好几年时间才采集到一车沉香木，却又因香木价格昂贵不好卖，而把它们烧成低贱的木炭，最后换得不到半车木炭的价钱。很显然，此人不懂得宁缺毋滥的道理，最终使自己多年的辛劳化为乌有。任何事物都有其独特的价值，所以我们不必急于获得眼前利益，而失去今后获得更丰厚回报的可能。这样不坚持自己的目标、半途而废的行为，不仅永远得不到理想的结果，还浪费了自己先前已经付出的努力，真是极不明智的作为。

【故事征引】

穷人依旧是穷人

从前有个富人，看到一个穷人每天过着穿不暖、吃不饱的日子，觉得他很可怜，就想着帮助他脱贫致富。

有一天，富人去看望那个穷人，手里还牵着一头牛，说是要送给他的。富人临走前嘱咐他要好好开荒，到春天的时候撒下种子，等到秋天就可以收获了，那时候就会过上衣食无忧的日子了。

穷人满怀希望开始奋斗。可是坚持了没几天，他就觉得好累：既要给牛吃草，自己还要吃饭，日子过得比以前还要艰难。于是他想，倒不如把牛卖了，再买回来几只羊，先杀一只吃，剩下的可以生小羊，长大了就可以卖更多的钱。

穷人的计划如愿以偿，可是他吃了一只羊之后，小羊还迟迟没有生下来，日子又艰难了，他忍不住又吃了一只。穷人想：这样下去怎么行呢？不如现在把羊卖了再去买些鸡，鸡生蛋的速度要快一些，说不定日子立刻就能好转。

穷人的计划再次如愿以偿，但是日子并没有改变。他又忍不住杀了鸡，终于杀到只剩下一只鸡时，穷人的理想彻底崩溃。心想：看来要致富无望了，不如把鸡卖了，打壶酒，一醉解千愁吧！

很快春天来了，富人兴致勃勃地来给穷人送种子，推开房门却发现穷人醉卧在地上，房子里依然一贫如洗。富人看穷人无可救药的样子，转身走了。那个穷人酒醒之后，继续过着贫穷的日子。

贼偷锦绣用裹氀褐喻

【原文】

昔有贼人，入富家舍，偷得锦绣，即持用裹故弊氀褐①、种种财物，为智人所笑。

世间愚人亦复如是，既有信心，入佛法中，修行善法及诸功德②。以贪利故，破于清净戒③及诸功德，为世所笑，亦复如是。

【注释】

①弊氀（lú）褐：弊，破旧。氀，毛织品。褐，粗麻编的袜子或做的衣服。②诸功德：指读诵佛典、礼佛、布施等。③清净戒：佛教远离罪恶和世间烦恼的戒律、条例。

【译文】

从前有一个小偷，到一个富豪家里行窃。他偷了一些绫罗锦缎和精美的刺绣，回去后却用它们来包裹他那些破烂的毛织衣服，聪明人都讥笑他的行为。

世上愚昧的人也是这样。虽然有信心听从佛陀的教导，也做了很多好事，积了许多功德，但又由于贪图世俗的利益不能割舍，毁掉了自己好不容易才修来的功德，最终受到世人的嘲笑，就像这个小偷用绫罗锦缎去包裹一堆破烂一样。

【评析】

小偷，被今天的人看成是品质低下、道德败坏的人，但这则故事的作者却把小偷看成是有信心进入佛门修行佛法、做了很多好事、积了许多功德的人。本该是有机会修成正果的人，却因一时贪小便宜，破坏了佛门戒规，用好不容易修来的功德之身去包容那些丑恶的东西，以致使自己染上罪恶，前功尽弃。所以我们做事一定不能像那个小偷一样经不起诱惑，无论以后成就事业还是做善事，都要自始至终、锲而不舍，绝不能为了贪一时之利而毁了自己一生的名节。

【故事征引】

善恶只在一念之间

七里禅师是有名的得道高僧，每天晚上就只有他在佛堂念诵佛经。

有一天晚上，七里禅师像往常一样，在佛堂念诵佛经。突然，有一个强盗闯了进来，手里还拿着一把尖刀，看到七里禅师在，便持刀走上前去威胁禅师，吼道："快点儿把钱拿出来，否则我就杀了你。"

七里禅师依然闭着眼睛坐着，没有回头，只是用非常平静的语气对他说："施主，请不要打扰我，钱就在我那边抽屉里，你自己去拿吧。"

强盗在抽屉里乱翻一气，果然找到了银子，然后急急忙忙地把银子都塞进了自己的口袋。正当他转身离开时，七里禅师又说："你不是把所有的银子都拿走了吧？你给我留下些明天的饭钱好吗？"

禅师的镇定本来已经让强盗心里很惴惴不安了，现在又听禅师说这么一句，他便二话没说，留下一些碎银子，准备悄悄地离开。可是他又被七里禅师一句"回来"给叫住了："难道你就想这么走了吗？收了人家的礼物连起码的一声'谢谢'也不说吗？"

这时候，强盗真是啼笑皆非，尴尬地立在当地，酝酿半天才说了一声"谢谢"，然后飞也似的离开了。

后来那个强盗因为其他案子被捕了，经过审问后才知道他曾经偷过禅师的东西。衙门便又邀请禅师前来指认，并让禅师详细讲述具体的犯案经过。

可是，想不到的是，禅师来了之后，依然很平静地说了句："至于别的案子我不清楚，但是他并没有抢我的东西，那些钱是我给他的，而且他已经向我道过谢了。"

强盗听了非常感动，在服刑期间也不断反省。等到他的刑期满后，他便特地去找七里禅师，并执意要求禅师为他剃度，发誓一定要成为禅师门下的一名得道弟子。

名誉是一点一滴树立起来的

有一位青年画家，在他还未成名之前，一直住在一间狭隘的小房子里，靠画人像为生。

一天，一个富人经过此地，看到他的画工精致，很是喜欢，于是便请他帮忙给自己画一幅像，双方约好酬劳是一万元。

过了一个星期，这位画家就把人像画完了，富人依约前来拿画。这时富人心里起了歹念，欺他年轻又未成名，所以不肯按照原先的约定付给酬劳金。富人心想："画中的人像是我，这幅画如果我不买，那么绝对没有人会买。我又何必花那么多钱来买呢？"

富人死赖账，一个劲儿地说他只愿意花三千元买这幅画。青年画家傻住了，这么多年来他从没碰到过这种事，当时心里有点儿慌，费了许多唇舌，向富人据理力争，希望富人能遵守约定，做个有信用的人。

可是富人认为自己占据着上风，用很强硬的口气说："你别再啰唆了，我只能花三千元买这幅画！最后，我再问你一句，三千元卖不卖？"

青年画家看出来这个富人是在故意赖账，心中愤愤不平，他便以坚定的语气说："不卖！我宁可不卖这幅画，也不愿受你的屈辱。今天你失信毁约，将来一定让你付出二十倍的代价。"

"笑话，二十倍，二十万呐！我才不会笨到花二十万来买这幅画。""我们等着瞧好了！"青年画家对悻悻然离去的富人说道。

经过这一事件的刺激后，画家搬离了这个伤心地，重新拜师学艺，日夜苦练。终于皇天不负有心人，又过了十几年后，他终于闯出了一片天地，在艺术界成为一位知名的人物。

而那个富人呢？自从离开画室后，第二天就把画家的画和话都给淡忘了。

直到有一天，富人的几位朋友不约而同地来告诉他："有一件事好奇怪哦，这些天我们去参观一位成名艺术家的画展，其中有一幅画不二价，画中的人物跟你长得一模一样，标示价格二十万。好笑的是，这幅画的标题竟然是'贼'。"

富人好像被人当头打了一棍，想起了十多年前画家的事，这件事对自己的伤害太大了，他立刻连夜赶去找青年画家，向他道歉，并且花二十万买回了那幅人像画。这位青年画家就是凭着一股不服输的志气，让富人低了头。

种熬胡麻子喻

【原文】

昔有愚人,生食胡麻子①以为不美,熬而食之为美,便生念言:"不如熬而种之,后得美者。"便熬②而种,永无生理。

世人亦尔,以菩萨旷劫③修行,因难行苦行,以为不乐,便作念言:"不如作阿罗汉,速断生死,其功甚易。"后欲求佛果,终不可得。如彼燋种,无复生理。世间愚人亦复如是。

【注释】

①胡麻子:即芝麻。在我国西北地区,有些地方把油用亚麻也叫作胡麻,其子亦可食,油渣可作饲料。②熬:炒熟。③劫:佛教中极大的时间单位。

【译文】

从前有个愚蠢的人,吃了生的胡麻子,觉得味道不好,就把胡麻子炒熟了吃,感觉味道很好,于是心想:"我为什么不把胡麻子炒熟后种到地里,以后就可以得到味道很好的胡麻子了。"于是他就将胡麻子炒熟后种下去,但是胡麻子始终没有生长出来。

世上也有类似这样的人,认为菩萨修行要花很久的时间,还要做别人做不到而自己一定要做到的苦行,这是多么艰难的苦行,所以觉得没有乐趣,随即产生了这样的想法:"不如做个阿罗汉,尽快脱离在人世间生死的轮回,这倒是件很容易的事。"后来他又想去求佛果,结果还是不可能达到。这就如同把炒熟的种子播到地里,是永远不可能生出胡麻一样。世上愚昧的人,也是如此。

【评析】

　　故事中这个人的做法也太荒谬了。他只是凭空想象，根本没想过炒熟了的种子到底还能不能生长，最终会不会有收获。在还没有考虑好一切实际情况之下，他便盲目地行动了，这便从一开始就注定了要失败。脱离了实际预示着没有了成事的依托，没有了依托也注定了那终究是行不通的。所以我们必须要抛开一切荒谬的想法，学会理智地思考问题，这才是最有意义的。

【故事征引】

鬼点子也是一种智慧

　　从前，有两个和尚是死冤家，见了面老吵架，几天不见又会想起。

　　有一天，小和尚像往常一样，一边走，一边还揉着惺忪的眼出了门。老和尚呢，早就在庭院里小步跑呢。这时候，小和尚才发现太阳已经从庙墙那头升起来了，他又起晚了，气得拍了一下自己的脑袋。

　　老和尚一看他那还没睡醒的样子，就想逗逗他，于是故意大声地说："夏日就该早起，在清新凉爽的田园里走上几圈，就仿佛仙气附身，全身都感觉美妙轻松啊。"

　　其实小和尚也一直想美妙美妙，每天晚上都想着第二天能早起，可总是睡不醒。小和尚也常为此苦恼不堪，也没少跟老和尚因为不能起早而拌嘴。

　　"哈！你又赖床了吧！"老和尚一边活动腿脚，一边取笑小和尚，"可别怪我没有叫你，有本事你就自己起来。指望我叫，人家会说你没有出息的。"

　　看看老和尚神清气爽的样子，小和尚心里想：哼！看来我得想个法子，要不然，他天天笑话我。

　　到了第二天清晨，老和尚照例早早醒来，看看小和尚，正在做着美梦呢。老和尚偷偷笑了，轻手轻脚地从被窝爬起来，伸脚穿鞋准备下床。咦，奇怪！他两只脚够半天鞋子也没够着，低头才发现，他的鞋子怎么不见了！

　　这下，老和尚急得叫起来："小和尚，醒醒啊，你知道我的鞋子去哪儿了吗？"小和尚听到老和尚的叫声，这才睁开迷迷糊糊的双眼，看见老和尚还在床上坐着，情急之下便跳下床，撒腿就往外面跑，一边跑一边喊着："哈！

我早起了，我早起了！"

老和尚眼见着小和尚跑出去了，也没有办法，只好又从箱子里取出一双新鞋子穿上。可是等他出了屋子，小和尚已经大摇大摆地从外面回来了，还在那儿一本正经地伸胳膊踢腿呢。

小和尚见老和尚从屋里走出来，便问道："你没看到我一身仙气吗？"老和尚没搭理他，他又说："我可是自己起来的啊，没有人叫我！"老和尚依旧没有搭理，在做自己的事。这时候，小和尚心里有点儿发虚了，放低声音说了句："不过，你的鞋子还是给我帮了一点儿忙。可是，你的鞋子也真该洗洗了，我帮你洗了，这你可得好好谢谢我哦！"

老和尚一听，扭头看看，他那双找不着的鞋子，正晾在门廊里，洗得还蛮干净的嘛！老和尚笑了，摇摇头说："你这小和尚，其他没学到，鬼点子倒是学了不少啊！"

小和尚也笑嘻嘻地说："这不是拜你所赐嘛，平时你总是教导我一定要靠智慧解决问题，这哪里是鬼点子，这是一种智慧，也是一种本领。"

老和尚听后，满意地笑了。

学会用逻辑做事

从前在一个遥远的国家，有两个非常杰出的木匠，他们的手艺都很好，很难一分高低。

有一天，国王突发奇想："到底哪一个才是最好的木匠呢？不如我来办一次比赛，然后封胜者为'全国第一木匠'。"

于是，国王召来两位木匠，为他们举办了一次比赛，限时三天，看谁刻的老鼠最逼真，谁就是全国第一的木匠。获胜的一方不但可以得到许多奖品，还可以得到册封。

在这三天里，两个木匠都在不眠不休地工作。到第三天，他们便把已经雕刻好的老鼠献给国王。随后，国王把大臣全部找来，要他们一起做本次比赛的评审。

第一位木匠刻的老鼠栩栩如生、纤毫毕现，甚至连鼠须也会抽动。

而第二位木匠刻的老鼠则只有老鼠的神态，却没有老鼠的形貌，远处看勉强像一只老鼠，近处看则只有三分像。

很快胜负即分，国王和大臣一致认为是第一个木匠获胜。

但第二个木匠当庭抗议，他说："大王的评审不公平。"

第二个木匠说："要决定一只老鼠是不是像老鼠，应该由猫来决定，猫看老鼠的眼光可比人锐利多了呀！"

国王想想也有道理，就叫人到后宫带几只猫来，让猫来决定哪一只老鼠比较逼真。

没想到，刚把猫放下来，猫都不约而同地扑向那只看起来并不像老鼠的"老鼠"，并为之相互啃咬、抢夺，而那只栩栩如生的老鼠却完全被冷落了。

事实已经摆在眼前，国王只好把"全国第一木匠"的称号给了第二个木匠。

事后，国王把第二个木匠找来，问他："你是用什么方法让猫也以为你刻的是老鼠呢？"

木匠说："大王，其实很简单，我只不过是用鱼骨刻了只老鼠罢了！猫在乎的根本不是像与不像，而是鱼的腥味呀！"

水火喻

【原文】

昔有一人,事须火用及以冷水。即便宿火①,以澡灌②盛水,置于火上。后欲取火,而火都灭;欲取冷水,而水复热,火及冷水二事俱失。

世间之人亦复如是,入佛法中,出家求道。既得出家,还复念其妻子、眷属、世间之事、五欲③之乐。由是之故,失其功德之火,持戒之水。念欲之人亦复如是。

【注释】

①宿火:过夜的火。②灌:本作"盥",洗,通指清洗用的器皿。③五欲:佛教名词,财欲、色欲、名欲、食欲、睡欲,称为"五欲"。佛教认为五欲是难以脱离苦海的主要原因。

【译文】

从前有一人,因为有家务事需要用火和冷水。他便取来了火,又用澡盥盛了水放在火上。后来他想用火时,火都灭了;再想用冷水时,水又烧热了。火和冷水,两样东西都失却了。

世上的人也是如此啊。皈依了佛法,出家求道。出家以后,又惦念妻子、儿女、父母、眷属、俗世万物,以及财、色、名、食、睡这五欲的快乐,因为这个缘故,他们失却了求取功德和戒持己身的甘露。那些念恋情欲的人,两样都失去了,同那个愚人一样。

【评析】

这则故事是用来讽刺那些出家的人,既然已经剃度出家,心里却又总惦记着自己的妻子儿女以及那些俗世生活，让自己不能专心修行，到最后也无法修成正果，这对我们现实生活也很有教育意义。我们既然选择了，就要执著一心地去完成，这才是最重要的。如果分心的事情太多，关注的目标又不止一个，那么精力是无法集中的，最后可能什么也做不成。所以我们应该明确自己的主要目标，一步一个脚印地走下去，专心地只做一件事，相信必会大有收益。

【故事征引】

莫要给自己树立太多目标

从前，有一个年轻人，在学有所成之后，曾豪情万丈地为自己树立了许多目标。可是几年下来，依然一事无成。他为此很是苦恼，便去找一位禅师，请求禅师帮他脱离苦恼。

年轻人去找禅师时，禅师正在河边小屋里读书。禅师听完年轻人的倾诉，笑着对他说："来，你先帮我烧壶开水吧！"

年轻人看见墙角放着一把超大个的水壶，旁边还有一个小火灶，可就是没有柴火，于是他便出去寻找柴火。他在外面拾了一些枯枝回来，又在那个超大个的水壶里装满了水，放在灶台上，然后在灶内放了些柴火便烧了起来。可是壶太大，眼见着那捆柴快烧完了水还没动静。于是他又跑出去找柴火，等他找到足够的柴火回来时，那壶水已经凉得差不多了。这一次他学聪明了，没有急于点火，而是再次出去找了些柴火，等柴火足够了才点火开烧。由于柴火准备得足够，不一会儿水就烧开了。

这时候，禅师问他："如果没有足够的柴火，你要怎样做才能把水烧开呢？"

年轻人想了一会儿，摇摇头没有说话。

禅师又说："如果真是那样，你就应该把壶里的水倒出来一些！"

年轻人听了，若有所思地点了点头。

禅师接着说："你一开始踌躇满志，给自己树立了太多的目标，就像这把大壶一样，装的水太多了，而又没有足够多的柴火，所以还是不能把水烧开。要想把水烧开，你或者倒出一些水，或者先去多准备一些柴火！"

年轻人顿时大悟。回去后，他便把计划中所列的目标划掉了许多，只留下最迫切的几个。同时，他还抓紧时间学到了很多其他方面的知识。

几年以后，这个年轻人不仅实现了自己的目标，还懂得了许多人生的道理。

射箭的秘诀

春秋时期，楚国有个名叫养叔的人，非常擅长射箭，每次射箭，他都能够百步穿杨、百发百中。楚国上下没有人不佩服他的箭术的。

楚王得知了养叔的箭术高超，便决定要拜其为师。楚王在养叔的教导下，苦苦练习了几天，几天之后，楚王自认为已经学会了，于是就约养叔一块打猎，想以此显示一下自己的本领。

他们来到野外，楚王瞄准了一只肥大的野鸭，刚要搭箭射时，突然从左边又跳出一只黄羊，楚王觉得射黄羊比射野鸭容易，便连忙将箭瞄准了黄羊。

说时迟，那时快，楚王正要射时，这时右边又跳出了一只梅花鹿。楚王又觉得梅花鹿比黄羊有价值，于是又想射梅花鹿。他的心里矛盾极了：到底射什么好呢？在他犹豫之时，突然一只老鹰从面前飞过，楚王又觉得射老鹰最有意思，就向老鹰瞄准，可是弓还没有张开，老鹰已经飞远了。

这时候，刚才从此跑过的野鸭、黄羊、梅花鹿早已经不知去向了。楚王拿着弓箭比划了半天，最后什么也没射到，心里懊恼极了。

养叔在一旁看得非常真切，看到楚王一副不开心的样子，便对楚王说："要想射得准，就必须有专一的目标，而不应当三心二意。如果我们在百步以外放十片杨树叶，要是我将注意力集中在一片杨树叶上，我就能射十次中十次；如果我拿不定主意，十片都想射中，那就没有十足的把握了。"

楚王听了养叔的分析，一股敬佩之意油然而生。

人效王眼𥅴喻

【原文】

昔有一人，欲得王意①，问余人言："云何得之？"有人语言："若欲得王意者，王之形相，汝当效之。"此人即便往至王所，见王眼𥅴②，便效王𥅴。王问之言："汝为病耶？为著风③耶？何以眼𥅴？"其人答王："我不病眼，亦不著风，欲得王意，见王眼𥅴，故效王也。"王闻是语，即大瞋恚。即便使人种种加害，摈令④出国。

世人亦尔，于佛法王欲得亲近，求其善法，以自增长。既得亲近，不解如来法王为众生故，种种方便，现其阙短。或闻其法，见有字句不正，便生讥毁，效其不是。由是之故，于佛法中永失其善，堕于三恶⑤。如彼效王亦复如是。

【注释】

①欲得王意：想得到国王的赏识。②眼𥅴（rún）：眼皮跳动。③著风：受风后眼部痉挛。④摈：抛弃。这里有驱赶之意。⑤三恶：即地狱道、饿鬼道、畜生道，又名三恶趣。

【译文】

从前有一个人，想得到国王的赏识，便问别人："怎样才能得到国王的赏识呢？"有人就告诉他说："如果想得到国王的赏识，你就必须时时效仿国王的举止。"这个人随即来到国王的住所，恰巧看见国王在眨巴眼睛，他便立即仿效国王不停地眨眼。国王问道："你是生眼病了还是受风寒了呢？为什么不停地眨眼？"他回答国王说："我的眼没病，也不曾受风，只是想得到国王您的赏识，刚看到国王您在眨眼睛，所以我故意仿效国王您啊。"国王听了这话，怒目圆睁，立即叫人对他施加各种刑罚，并下令把他赶出国门。

世上有的人也是这样。他们想要亲近佛陀，以求得到佛的教诲，使自己的道行增长。虽然他们已经亲近了佛陀，却又不能理解佛为了众生，有意提供了各种各样很容易掌握佛法的方便之门，为此难免会有一些不当之处。有的佛徒在聆听如来佛讲解佛教教义时，听见有的说教前后不一致，就对佛陀讥讽诋毁，故意仿效佛法的种种不足之处。正是由于这种缘故，他们在佛学的义理中，就永远失去了利人利世的东西，最终堕落到地狱、饿鬼和畜生的三恶道中。这样的人就好像仿效国王眨眼，最终被逐出国门的人一样可笑。

【评析】

故事中的蠢人为了能得到国王的赏识，居然效仿国王眨眼，殊不知他所效仿的正是国王的不足之处，盲目的效仿惹怒了国王不说，最终还落得被赶出国门的下场。这样的例子在我们现实生活中也不少，我们身边的每个人内心都可能有一个崇拜的对象，总想把他们当成自己唯一可以效仿的标杆，哪怕是他的一言一行也不放过。但是如果我们只盲目地照单全收，而不懂得扬长避短，就真的不会有进步。记住"择其善者而从之，其不善者而改之"，这才是我们的治学之道。

【故事征引】

其实自己才是最厉害的

有一只老鼠，看着自己的小女儿一天天长大，眼见也快到结婚的年龄了，于是开始着手给女儿找个好婆家。

有一天，老鼠正在院子里琢磨女儿出嫁的事，猛一抬头，看到了散发着红光的太阳。它心中一喜，自言自语道："太阳力大无比，光芒四射，为什么不让它做我的女婿呢？"

于是，老鼠匆匆赶到太阳宫，用缓慢的语气跟太阳说："太阳，你是这个世界上最强壮、最俊美的，我想让你做我的女婿，你觉得怎么样呢？"

太阳听了，觉得很不好意思，就谢绝说："可是，我并没有你想象的那样好。你看看那边的云彩，它们要是围住我，我马上就会黯然失色。我觉得你还是去找云彩吧，也许它更适合你的女儿。"

老鼠听了太阳的话，就去找云彩。

云彩一听，谦虚地对老鼠说："我哪里有什么大本事，只要让风儿一刮，我立马就会七零八落，你还是去找风吧。"

老鼠听了云彩的话，就去找风，这一次它怕风也拒绝它，于是就亲自带着女儿前往。见了风，老鼠说明了自己的来意，风听了，也谦和地说："你的好意我心领了，可是你还不知道吧，我吹了几百年的塔，塔都没有被我吹倒，你还是找塔比较合适。"

老鼠有点儿失望，无奈之下又怀着最后一点希望去找塔，见到塔之后，说明了自己的来意。塔停顿了半响，然后说："你难道没有听见我墙里面有'沙沙'的响声吗？那就是你们在打洞。风虽然吹了百年也没有吹倒我，但遇到你们，我迟早会被你们弄塌的，现在你说说究竟谁厉害呢？"

老鼠这才恍然大悟：折腾了半天，原来世上还数俺们最厉害。这时候它才觉得把女儿嫁给自己的同类才是最好的归宿。

治鞭疮喻

【原文】

昔有一人，为王所鞭。既被鞭已，以马屎拊①之，欲令速差②。有愚人见之，心生欢喜，便作是言："我决得是治疮方法。"即便归家，语其儿言："汝鞭我背，我得好法，今欲试之。"儿为鞭背，以马屎拊之，以为善巧。

世人亦尔。闻有人言："修不净观③，即得除去五阴④身疮。"便作是言："我欲观于女色及以五欲。"未见不净，返为女色之所惑乱，流转生死，堕于地狱。世间愚人亦复如是。

【注释】

①拊：同"敷"，涂上，搽上。②差：同"瘥"，病痊愈。③不净观：佛教中以治贪心为目的的修行方法。主要内容是观想自身与他身的污垢不净，来消除修行人对人世的眷恋，坚定出世修行的决心。④五阴：又称"五蕴"，佛教专用名词，大致包括色、受、想、行、识五方面的内涵。

【译文】

从前有一个人，遭到国王的鞭打。被鞭打后，他就用马粪敷治伤口，想让伤口早点儿痊愈。有个愚蠢的人看见了，心里很高兴，便自语道："我很快就学到治疗创伤的方法了。"他立刻回到家里，对儿子说："你用鞭子抽打我的背，我找到一个很好的治疗方法，现在想试一下。"于是他儿子就用鞭子抽打他的背，然后用马粪敷在背上，觉得这真是一个很好的妙方。

世上有人也是如此。听到别人说，通过修不净观，就可以除去"五阴"所产生的身心痛苦。他就这样说："我现在就来修习不净观，专观女色以及色、声、香、味、触五欲。"结果非但没有领悟到女色和五欲的烦恼和不洁净，反而为女色所害，沉沦生死，饱受地狱的苦难。世上愚昧的人也同样如此。

【评析】

寓言中的这个人真是没病找病，实在可笑。他只看到别人用马粪治好了伤口，却不知道为什么要这样做，便盲目模仿别人的治疗方法，破坏了自己原本很健康的身体，真是得不偿失、多此一举。这则故事也告诉我们：对待事物不仅要知其然，最重要的还是要知其所以然。只知其一不知其二的做法，充其量只是治标不治本，最终恐怕会自寻烦恼，弄巧成拙。

【故事征引】

坚信自己

大梅禅师学禅已经有好多年了，尽管他一直都在非常努力地学习，但还是没有悟道，他也常因为此事而苦恼不已。

有一天，他去请教马祖禅师，说道："师父，你能告诉我什么是佛吗？"

马祖禅师回答："即心即佛。"大梅禅师听了这四个字，顿时恍然大悟。

开悟后，大梅便离开马祖禅师，独自下山弘扬佛法。过了没多久，马祖禅师便听说了大梅开悟的事情，有点儿不太相信，心想："以前他学了那么多年佛法都没有开悟，如今怎么一下子就开悟了呢？不妨我叫一个人去试试他！"于是马祖禅师便派自己的弟子前去试探大梅。

这个人见到大梅禅师，就问道："师兄，师父说了什么话让你一下子就顿悟了呢？"

大梅回答："就四个字，'即心即佛'。"

这个人说："师兄啊，师父现在已经不说'即心即佛'了！"

大梅惊奇道："哦！那他现在说什么呢？"

那个人说："师父现在经常说'非心非佛'这四个字。"

大梅听了以后，笑着说："这个老和尚，不是存心找人麻烦吗？我才不去理会他的什么'非心非佛'，我依然坚持我的'即心即佛'。"

这个人回去了，将事情的经过告诉了马祖禅师，马祖禅师激动地说："看来大梅真的成熟了，他是真的开悟了啊！"

从"临摹"中找到自己

从前有一个小和尚，非常喜欢书法，便想让老和尚教他书法。老和尚让他从"我"字开始练习，并给小和尚提供了几个前辈和名家们的"我"字字帖。

小和尚开始耐心地观摩并练习了一个上午，挑拣了其中一个比较满意的"我"字，拿去让老和尚指点。老和尚斜了一眼说："太潦草了，接着练。"

小和尚接着练了一个星期，他自己也记不清究竟练了多少个"我"字。看着满屋的"我"字，便又挑拣了几个自己满意的，拿去让师父看。老和尚随手翻了翻那几个字，一边背过身去一边轻声说："太漂浮了，接着练吧。"

小和尚沉住气，接着又苦练了半年，基本上能把前辈和名家们的几个"我"字临摹得惟妙惟肖了，便又拿去请教师父。老和尚静静地看了一阵那几个字，拍拍小和尚的肩膀说："有长进，有出息，不过还得接着练，因为你还没有真正掌握'我'字的要领。"

这一次小和尚得到了师父的承认和鼓励之后，终于静下心来，仔细地揣摩着师父的开导，一遍遍、一天天地练下去。又过了半年之后，小和尚又来找师父了。这次他只拿来唯一的一个"我"字，不过，这个"我"字不再是泛写和临摹了，每个笔画都是异样的一种新写法。很显然，小和尚熟能生巧，终于独创了一种书法新体。老和尚看完后，满意地笑了，他意味深长地对小和尚说："你终于写出自己的'我'、找到'自我'了。"

为妇贸鼻喻

【原文】

昔有一人,其妇端正,唯有鼻丑。其人外出,见他妇女,面貌端正,其鼻甚好,便作念言:"我今宁可截取其鼻,著①我妇面上,不亦好乎?"即截他妇鼻,持来归家,急唤其妇:"汝速出来,与汝好鼻。"其妇出来,即割其鼻,寻②以他鼻著妇面上,既不相著,复失其鼻,唐③使其妇受大苦痛。

世间愚人亦复如是,闻他宿旧沙门、婆罗门,有大名德,而为世人之所恭敬,得大利养,便作是念言:"我今与彼,便为不异。"虚自假称,妄言有德,既失其利,复伤其行,如截他鼻,徒自伤损。世间愚人亦复如是。

【注释】

①著:附着。②寻:当即。③唐:唐突、荒唐。

【译文】

从前有一个人,他的妻子相貌很美,只是鼻子不太好看。有一次这个人外出办事,看到一个长得很俊美的妇人,尤其是鼻子长得很好,心里就想:"我现在要是把她的鼻子割下来,换到我妻子的脸上,不是很好么!"于是他便将那女人的鼻子割下来,拿回家去,急急地叫妻子,说:"你快出来,我给你换个好鼻子。"他妻子刚一出来,他就割了她的鼻子,然后将另一个鼻子安在妻子脸上。可是却怎么也安不上去,原来的鼻子没有了,还白白地让妻子受了很大的苦痛。

世间的愚人也是这样。听说那些年高的修行人和婆罗门享有盛德大名,因而受到世人的敬重,给他们丰富的供养,便这样想:"现在我和他们一样了。"于是就自吹自擂,假称自己修行有德,这样既得不到好处,又损及了自身的品行，就像割他人鼻子的蠢人一样愚蠢。

【评析】

"金无足赤，人无完人"，世界的真实就在于它充斥着不可胜数的残缺，而完美的事物也只能存在于人的幻想之中。故事中的那个人为了让自己的妻子相貌完美，而去割他人的鼻子，真是荒谬至极。他不知道面貌是天生的，是不能改变的，而能改变的只有人的素质和思想。虽然追求完美没有什么过错，但在现实生活中，我们注定要与"缺陷"相伴，而与"完美"相差甚远。一味追求完美，不但会影响自己以后的发展，使自己过于疲惫，也会使周围的人倍感压力。所以我们必须消除存留心中的完美主义，去寻找一些真实的东西。

【故事征引】

不要刻意去追求完美

从前有一个国王，生了七个漂亮的女儿，她们称得上是本国的七大美人。国王呢，每天看着这七位漂亮的公主，心里别提有多美了。要知道，她们不仅模样儿俊俏，就连她们那一头乌黑亮丽的头发也让许多人着迷，远近皆知。所以国王还给她们每人准备了一百个漂亮的发夹，而她们也对这些发夹爱不释手。

有一天早上，大公主早早醒来了，一如往常地坐在梳妆台，用发夹整理她的头发，突然间发现自己少了一个发夹，于是她偷偷溜到二公主的房间，从她那里拿走了一个发夹。等到二公主梳妆时，发现自己少了一个发夹，便偷偷到三公主房里拿走一个发夹。接着三公主也发现少了一个发夹，也去四公主房间拿走了她的一个发夹。四公主又如法炮制地拿走了五公主的发夹。五公主也毫不客气地拿走了六公主的发夹。六公主又只好拿走七公主的发夹。到最后，七公主的发夹就缺了一个，成了九十九个。

过了几天，不知道因为什么事，邻国王子忽然来到皇宫，这个王子英俊潇洒，只跟这七位公主有过一面之缘，公主们就认定他就是心目中的白马王子。

王子告诉国王说："昨天，我养的百灵鸟在皇宫钓回一个发夹，我想这一定是哪位公主的，或许这真是一种奇妙的缘分，不知道是哪位公主掉了发夹呢？"

很快，公主们听说了这件事，都在心里说："是我掉的，是我掉的。"可是自己头上却完整地别着一百个发夹，她们一个个为此事懊恼不已，但却又说不出口。

这时候，只有七公主走出来说："是我掉了一个发夹。"话刚说完，一头漂亮的长发因为少了一个发夹，全部披散了下来，王子不由得看呆了。

后来，王子再次到皇宫，请求国王把七公主赐予他，从此王子与公主在一起过着幸福快乐的日子。

贫人烧粗褐衣喻

【原文】

昔有一人,贫穷困乏,与他客作,得粗褐衣①,而被著之。有人见之而语之言:"汝种姓②端正,贵人之子,云何著此粗弊衣褐?我今教汝,当使汝得上妙衣服,当随我语,终不欺汝。"贫人欢喜,敬从其言。其人即便在前然火,语贫人言:"今可脱此粗褐衣,著于火中,于此烧处,当使汝得上妙钦服③。"贫人即便脱著火中,既烧之后,于此火处,求觅钦服,都无所得。

世间之人亦复如是,从过去身修诸善法,得此人身,应当保护,进德修业,乃为外道邪恶妖女之所欺诳:"汝今当信我语,修诸苦行,投岩、赴火,舍是身已,当生梵天④,长受快乐。"便用其语,即舍身命,身死之后,堕于地狱,备受诸苦。既失人身,空无所获,如彼贫人亦复如是。

【注释】

①粗褐衣:粗糙低劣的衣服。②种姓:古印度阶层等级的划分。③上妙钦服:这里指上等的服装。④梵天:佛教将梵天列为色界的初禅天。这里指进入清静、不灭的最高境界。

【译文】

从前有一个人,非常贫穷。他给别人做短工,得到了一件粗布衣,就经常穿在身上。有人看见了就对他说:"你是上等家庭出身的人,高贵人的儿子,为什么要穿这种粗布衣服呢?我现在教你一个方法,保证你可以得到一件上好的衣服。不过你要照我的话去做,我是绝对不会骗你的。"穷人听了十分欢喜,表示愿意照他的话去做。那个人就在穷人前面烧了一堆火,对他说:"现在快把你的衣服脱下来扔到火里,一会儿在这烧完衣服的地方,你就能得到一件上好的衣服。"穷人就把衣服脱下来扔到了火里。衣服烧掉以后，他就到火堆里去找上好的衣服，结果什么也没找到。

世上有些人也是如此。过去他们一直认真修行佛家善法，才得到了现世的人身，本应该要好好保护、加强修持、提高德业，但却被外道的邪恶妖女欺骗，说什么："你应该相信我的话，去修各种苦行，或从悬崖跳下去，或跳到火中焚身，舍去现有的身体以后，你就可以超生天界，享受到永远的快乐。"于是就听从了这些骗人的鬼话，舍去了性命。他们死了以后，自然堕落在地狱中受各种苦楚。人身既失去，结果一无所获，这和那个烧衣服的穷人没有什么两样。

【评析】

故事中的穷人，本来还拥有一件粗布衣服，但是禁不住别人的花言巧语，相信了那人的鬼话，结果烧掉了自己的衣服，却什么也没得到。这个故事对我们的现实生活有很大的启示。世界并不是处处美好的，世上的人也并不都是充满善意的，总会有一些别有用心的人存在。当他们要利用你时，必然会抓住你的弱点，在言辞和神态上下一番功夫。所以，我们在与人交往时，务必保持清醒的头脑和敏锐的判断力。否则，就有可能被一些人的花言巧语所迷惑，以致做出糊涂的事，到那时便是悔之莫及。

【故事征引】

在诱惑面前不可以动摇

有一天早晨，洞山禅师在门外踱步，恰巧碰见了云居禅师正用竹箩筛豌豆，于是停下了脚步，两人开始闲聊起来。突然，洞山禅师问云居禅师道："你爱色吗？"

云居正在专心做手中的活，听到洞山这样一问，吓了一跳，筐里的豆子也洒了出来，滚到了洞山的脚下。洞山看到云居紧张的举动，笑着弯下腰，把豆子一粒一粒地捡了起来。

云居禅师一动不动地坐在那儿，脑中依然回想着洞山禅师刚才所问的话，却又不知道该怎么回答，脑子里产生了一大串疑问："色"有女色、颜色、脸色，包含的范围太大了……我们穿衣服不得挑颜色吗？我们吃佳肴、喝美酒不得看重菜色、酒色吗？我们选宅第房舍不得注意墙色吗？我们会看着别人的脸色行事吗？我们会贪恋黄金白银的财利吗？

……

云居禅师思考了好久，这才放下竹篓，回答道："不爱！"其实在云居思考期间，洞山禅师就一直在旁边看他从受惊到闪躲，最后到逃避。他惋惜地说："你在回答这个问题之前都想好了吗？你能保证你在真正面对考验的时候，依然能够从容地去面对吗？"

云居大声说道："当然能！"然后向洞山禅师的脸上看去，希望能得到他的回答。可是洞山只是笑了笑，没有说任何话。

云居禅师等了半天，洞山还是默默不语，他感到又奇怪又焦急，忍不住反问了一句："那我可以问你一个问题吗？"

洞山爽快地说道："你问吧！"

云居问："你爱女色吗？当你面对诱惑的时候，你能从容应付吗？"

洞山禅师哈哈大笑起来，说道："我早就想到你要这样问我了，我看她们只不过是美丽外表掩饰下的臭皮囊而已。你问我爱不爱，爱与不爱又有什么关系呢？只要心中有自己坚定的想法就行了，何必要去在乎别人怎么想呢！"

云居禅师这才长出了一口气，一下子轻松了好多，随即跟着哈哈大笑起来。

不为金钱所惑

从前有一个国王，他张榜求贤，准备选一个诚实的人，为他收税。为了保证这个人对国王尽忠尽力，不贪污、不弄虚作假，谋士们纷纷出谋献策。

其中一个谋士对国王说："陛下，等那些应征者来到宫内，您只要如此这般，我就能从中给您寻觅到最诚实的人。"国王听后连声叫妙。

第二天，所有应征者都被招至王宫，应征者看着这富丽堂皇的建筑，啧啧称奇，他们对税官这块肥缺早已垂涎三尺，今天总算有个自由竞争的机会，可国王究竟要考他们些什么呢，谁也没有数。

这时候，谋士告诉他们，他们需要穿过走廊，单独去见国王。即使走廊里光线暗淡，但所有应征者还是顺利走过了走廊，来到国王面前。

国王说："来吧，先生们，拉起手来跳个舞。我想知道你们诸位中，谁的舞姿最优美。"

豪华的宫殿上，吊着蓝色的精巧的大宫灯，灯笼上微微颤动的流苏，配合着闪光的地板和低低下垂的天鹅绒的蓝色帷幔，给人一种迷离恍惚的感觉，当音乐响起时，绝大多数应征者顿时傻了眼，脸色渐渐由白变红，羞愧难堪。这时，只有一个人毫无顾忌地跳起欢快的舞，显得那么轻松自如。

聪明的谋士指着那个正在翩翩起舞的人说："陛下，这就是您要找的老实人。"

原来，谋士在光线暗淡的走廊上放了好几筐金币，凡是单独穿过走廊在自己衣袋中装有金币的人，就不敢跳舞。如果一跳舞，衣袋中的金币就会作响。因此，不敢跳舞的人就是不诚实的人。而那个诚实的人单独穿过走廊时，没有把金币私自装入腰包，当然就不怕跳舞露馅了。

国王走下宝座，拉着那个诚实的人，高兴地说："你能够不为金钱所动，真是好样的！你很诚实，你会过上好日子。"说着，便命人赐予这个诚实的人许多珍宝。

牧羊人喻

【原文】

　　昔有一人，巧于牧羊。其羊滋多，乃有千万。极大悭贪①，不肯外用。时有一人，善于巧诈，便作方便②，往共亲友，而语之言："我今共汝，极成亲爱，便为一体，更无有异。我知彼家，有一好女，当为汝求，可用为妇。"牧羊之人闻之欢喜，便大③与羊及诸财物。其人复言："汝妇今日，已生一子。"牧羊之人未见于妇，闻其已生，心大欢喜，重与彼物。其人后复而语之言："汝儿生已，今已死矣。"牧羊之人闻此人语，便大啼泣，嘘欷不已。

　　世间之人亦复如是，既修多闻，为其名利，秘惜其法，不肯为人教化演说。为此漏身④之所诳惑，妄期世乐。如己妻息，为其所欺，丧失善法，后失身命并及财物，便大悲泣，生其忧苦，如彼牧羊之人亦复如是。

【注释】

　　①悭贪：吝啬而贪财。②方便：随机行事。③大：大量，很多的意思。④漏身：有漏之身。肉体是流转生死的，所以是有漏的，因而有烦恼。

【译文】

　　从前有一个人，很会牧羊，他养的羊越来越多，没过多久就有成千上万只。但他却非常吝啬，从不肯让外人沾一点儿光。当时有一个人精于诡计，就找机会去跟他交朋友，并对他说："如今我和你是最要好的朋友了，就像一个人一样不分彼此。我知道有户人家有一个漂亮姑娘，我会替你去说媒，让她来做你的妻子。"牧羊人听了，十分高兴，便给了他许多羊和各种财物做聘礼。几天之后这人又对他说："你妻子今日为你生了一个儿子。"牧羊人还没见到妻子，就听说妻子已生了儿子，心中更加高兴，又给了他好多财物。后来，这人又对他说:"你儿子生了之后,可今日却死了。"牧羊人听到这个消息,便大哭起来,十分悲痛。

世上的人也是如此。他们虽然修习了经文,却为了获得名利,把学到的佛法隐匿起来,不肯为众人演说佛教真实义理。这是受了有漏之身的迷惑,妄求世间的欢乐,比如自己的妻子、儿女,受了这些欢乐的欺诳,从而丧失了善法,后来就丧失了性命以及财物,极为悲伤难过,处于忧愁痛苦的境地。这与那个牧羊人的做法没有什么不同。

【评析】

牧羊人因为自己的贪心,希望世间的一切福禄都归自己所有,所以最终被这些私心杂念所蒙蔽,为人所骗,失去了珍爱的财物和身体性命。俗话说:"天上不会掉馅饼。"而那个骗子就是利用了牧羊人的贪心,投其所好,才得以诈骗得手的。这则寓言告诉我们:为人切勿有任何贪心杂念,不图小便宜,这样才不会被恶人抓住弱点。

【故事征引】

贪心终究害了自己

一天傍晚,两个非常要好的朋友在林中散步,俩人正聊得火热。忽然,一位僧人从树林中蹿出来,一副惊慌失措的样子。俩人见状,好奇心一下子上来了,走上前去,拉住了僧人的胳膊,问道:"大师,你为何如此惊慌,前面到底发生什么事了?"

僧人气喘吁吁地说:"刚才,我正在移植一棵小树,却忽然发现了一坛子黄金。"

两个人觉得很好笑,说:"你这个人真蠢,我当是发生什么大事了呢!你挖出了黄金还被吓得魂不附体,真是太好笑了。"接着,他们又问道:"大师,你是在哪里发现黄金的,告诉我们吧,我们不害怕。"

僧人说:"你们最好还是别去了,这东西会吃人的。"

两个人异口同声地说:"我们真的不怕,你告诉我们黄金在哪儿吧。"

在两个人的万般纠缠下,僧人才说出了具体的地点。那两个人高兴极了,急忙奔向树林,果然在那个地方找到了,好大一坛子黄金呐!

其中一个人说："我们等到天黑再把黄金运回去吧，现在行动不太安全。要不这样，现在我留在这里看着，你先回去拿点儿饭菜来，我们在这里吃完饭，等到半夜再把黄金运回去，怎么样？"另一个人同意了，于是立即回去取饭菜了。

那个人刚走，留下的这个人心想："要是这些黄金都归我，那该多好呀！等他回来，我一棒子把他打死，这些黄金不就都归我了吗？"

而走在半路的那个人也在想："我回去先吃饱饭，然后在他的饭里下些毒药。他死了，黄金不就都归我了吗？"

过了一会儿，回去的人提着饭菜刚到树林里，就被另一个人从背后用木棒狠狠地打了一下，当场毙命了。然后，那个人拿起饭菜，狼吞虎咽地吃了起来。没过多久，他的肚子就像火烧一样的疼，这才知道自己中毒了。

临死前，他才想起那个僧人的话，悔恨地说："僧人的话真是应验了，我当初怎么就没有明白呢？"

贪吃的和尚

从前有一个和尚，已经修行了很久，可是一直都无法得道。其实他也没有其他的毛病，就是贪吃贪喝。别人吃一钵饭就够了，可是他总觉得不够，吃了还想再吃。有时明明已经吃不下去了，还是要求别人施舍给他。

眼看着比他晚进来的师弟们都一一得道，他因为此事而非常苦恼。有一天，他终于鼓足勇气去请教师父："师父，为什么我这么认真刻苦地修习佛法，却一直无法得道呢？"

这位禅师回答说："正是因为你贪吃，所以一直没有得道。你现在不用着急，这样吧！明天我为你准备一餐饭，等你吃完后我再为你说法。"

第二天他一起床，便急忙赶到师父那里。老禅师端出一钵满满的小米粥，旁边放着一个空盆。钵里的粥还在不断冒着热气儿，时不时散发出一阵诱人的香味，看得出来是刚做好的小米粥。

老禅师说："这一钵小米粥归你了，你可以把它吃得精光，吃得像旁边的空盆一样空。不过这是刚出锅的粥，等它稍微凉一点儿你再吃吧。"

可是他一闻到小米粥的香味，就控制不住自己了，很想马上就把它喝掉，免得一会儿有人来分享。于是他低下头对着那钵热腾腾的小米粥使劲吹着，想让粥快点儿凉下来。

刚吹了一会儿，他就急着问禅师："这粥已经凉了，我可以吃了吧？"

禅师盯着他说："小米粥就算被你吹凉了，可是你的心还是热的。你应该把粥看作是不干净的东西或者一碗清水，这样你才能使自己的心冷却下来。"

他茫然地听着禅师的话，似乎听懂些什么，可还是迫不及待地端起钵开始喝小米粥，结果小米粥太烫，他不得不吐出来，刚好吐在面前那个空盆中。

这时，禅师指着他刚吐出来的小米粥对他说："你现在再把它吃掉。"

他惊讶地回答说："这已经是不干净的东西了，怎么能再吃下去呢？太恶心了。"

这时禅师便对他说："只要你把一切饮食看作是别人的鼻涕或呕吐物，你的心自然就会清静下来，内心清静才能深入了解佛法要义，才能修得正道。"

和尚恍然大悟，很快改掉了自己贪吃的恶习，刻苦用功，后来果然进步神速，没过多久便成了一位高僧。

雇倩瓦师喻

【原文】

昔有婆罗门师，欲作大会①，语弟子言："我须瓦器，以供会用。汝可为我雇借②瓦师，诣市觅之。"时彼弟子往瓦师家。时有一人，驴负瓦器，至市欲卖。须臾之间，驴尽破之，还来家中，啼哭懊恼。弟子见已，而问之言："何以悲叹懊恼如是？"其人答言："我为方便③，勤苦积年，始得成器，诣市欲卖。此弊恶驴，须臾之顷尽破我器，是故懊恼。"尔时弟子见闻是已，欢喜而言："此驴乃是佳物，久时所作，须臾能破，我今当买此驴。"瓦师欢喜，即便卖与。乘来归家，师问之言："汝何以不得瓦师将来④，用是驴为？"弟子答言："此驴胜于瓦师。瓦师久时所作瓦器，少时⑤能破。"时师语言："汝大愚痴，无有智慧。此驴今者适可能破，假使百年，不能成一。"

世间之人亦复如是，虽千百年受人供养，都无报偿，常为损害，终不为益。背恩之人亦复如是。

【注释】

①大会：较大规模的宗教法会。②借：请求别人为自己做事。③方便：这里是维持生计的意思。④将来：领来、带走。⑤少时：顷刻、瞬间。

【译文】

从前有一位婆罗门法师，想召开一个大法会，便对他的一个弟子说："我需要一些瓦制器皿来供法会使用，你去给我雇一位做陶器的师傅来，你要到集市上去寻找。"于是他的弟子就到瓦师家去了。这时瓦师正赶着一头驴子，驴背上驮着陶器，到集上去卖，但不一会儿工夫，那头驴子就将背上所驮的瓦器给摔碎了。这个人回到家中，痛哭流涕，十分懊恼。这个弟子见了，就问他："你为什么如此伤心烦恼啊？"那个人回答："我为了制作这些瓦器，辛辛苦苦干了很多年，这才做成了这些瓦器，本想到集市上将它们卖掉，不料这可恶的驴子一下子全给摔碎了，所以我才如此烦恼啊！"这个弟子听完他说的话，十分高兴，说道："这头驴子可是个好玩意儿，经过很长时间制作出来的瓦器，它一会儿工夫就能将其全部打破，我现在就要买下这头驴子。"瓦师听说有人要买他的驴，心里十分高兴，立即就将毛驴卖给了婆罗门弟子。这个弟子骑着驴回到了家中，婆罗门师问他："你怎么没把瓦师找来？骑这头驴子来干什么？"弟子回答说："这头驴子的本领要胜过瓦师，瓦师花很长时间做成的瓦器，它在很短的时间内就能将其全部打破。"婆罗门师说："你真是愚痴至极，没有一点儿智慧。这头驴子现在是能摔碎瓦器，但是即使给它一百年的时间，它也造不出一件瓦器啊。"

世间的人也是这样。千百年来，他们一直受到别人供养，但都不曾回报补偿，而且还经常做一些伤害人的事，始终不做有益于别人的事。忘恩负义的人正是这样。

【评析】

从故事中弟子的行为来看，法师明明交代他去找做瓦器的师傅来，他却牵来了砸瓦器的驴子，做事不清楚目的，不知道根本，南辕北辙，真是愚昧至极；从佛理教义来看，讽刺了那些忘恩负义、不知恩图报之人。人就活这一生，应该懂得感恩，更应该把报答之举付诸实施。

【故事征引】

一份面包换得一颗真心

从前，有一个家境很不错的佛教徒，在诵读佛经之余还对制作面包有一定研究，他是佛教徒中唯一的面包师。他心地善良，只要听到别人有困难，他都会第一个前去帮忙。

正碰上有一年闹饥荒，许多人都在忍受着饥肠辘辘的痛苦。他又大发善心，可是又不可能帮到所有人，于是他就把城里最穷的几十个孩子聚集到一块儿，然后拿出一个盛有面包的篮子，对他们说："这个篮子里面的面包你们每人拿一个。在佛祖还没有带来好光景以前，你们每天都可以从这里拿走一个面包。"

话刚说完，这些饥饿的孩子就一窝蜂地涌了上来，他们围着篮子推来挤去，还大声地叫嚷着，谁都想拿到最大的面包。可是当他们每人都拿到了面包后，竟然没有一个人向这位好心的面包师说声谢谢就走开了。

在这堆孩子中，有一个女孩却例外，她既没有同大家一起吵闹，也没有与其他人争抢。她只是谦让地站在一步之外，等别的孩子都拿到以后，才把剩在篮子里最小的一个面包拿起来。她也没有急于离去，而是向面包师表示了感谢，并亲吻了面包师的手，之后才向家走去。

第二天，面包师又把盛面包的篮子放到孩子们的面前，其他孩子依旧如昨日一样疯抢着，而这个羞怯、可怜的小女孩依旧站在旁边等其他孩子拿完，到最后只得到一个比第一次还小一半的面包。她再次向面包师表示谢意，然后才回家。回到家后，妈妈切开面包，居然从里面掉出许多崭新、发亮的银币。

妈妈惊奇地叫道："你赶紧把钱给人家送回去，一定是他们揉面的时候不小心揉进去的。"小女孩在妈妈的催促下赶紧去找面包师。

当小女孩把妈妈的话告诉面包师的时候，面包师面带笑容地说："孩子，这没有错，是我把银币放进小面包里的，这些银币是我奖励你的，希望你永远保持这样一颗平安、感恩的心。回家去吧，告诉你妈妈，这些钱是属于你的。"

小女孩激动地跑回家，把这个令人兴奋的消息告诉了妈妈。妈妈抚摸着她的头说："孩子，这是你的感恩之心换来的回报，一定要珍惜。"小女孩似乎明白了什么，使劲地点了点头。

要懂得感恩

从前有一个大富翁，看着他在镇上盖的房子快要落成了，心里高兴极了，于是大宴宾客，邀请了好多人，老和尚和小沙弥也受到了邀请。

这时候，小沙弥看见平时高傲自大的富翁居然会那么热情地招呼盖房子的叔叔们，而对自己的儿子十分冷淡。

小沙弥不解地问老和尚："师父！为什么富翁要对那些盖房子的叔叔那么亲切呢？"

老和尚摸摸小沙弥的头，只是大笑，没有回答。

在老和尚和小沙弥回程的路上，他们必须要经过一座桥才能到家。看着桥下湍急的流水，师徒二人小心翼翼地走过这座桥。过了桥之后，老和尚便对着桥礼拜。

小和尚又不解地问他："师父！这里没有佛，也没有别人，您这是在拜谁呢？"

"我在感谢造这座桥的人，感谢他们辛苦地造桥，这样我们才能够顺利地渡过这条河。既然我们接受了别人的恩惠，就应当要懂得报答别人。"

"现在我明白了，因为要心存感恩，所以大富翁才会对盖房子的叔叔那么好。"

"对！这就是所谓的滴水之恩涌泉相报！只有懂得了感恩，才能创造更加富有的人生。"

估客偷金喻

【原文】

昔有二估客①，共行商贾，一卖真金，其第二者卖兜罗绵②。有他买真金者，烧而试之。第二估客即便偷他被烧之金，用兜罗绵裹。时金热故，烧绵都尽，情事既露，二事俱失。

如彼外道，偷取佛法著己法中，妄称己有，非是佛法。由是之故，烧灭外典，不行于世。如彼偷金，事情都现，亦复如是。

【注释】

①估客：即贾客、商人。②兜罗绵：兜罗，是树的名称，绵从树果中生出来，亦即木绵。另外野蚕茧也叫兜罗绵。

【译文】

从前有两个商人在一起做买卖。一个人卖真金，另一个人卖兜罗绵。有一位顾客来买真金，把金子放在火上烧，来测试金子的纯度。另一个商人就立即偷了这块试烧的金子，包在兜罗绵里。因为当时金子烧得很热，把绵烧尽了，偷金的事情也就败露了，两样东西最后都失去了。

这就好像那些外教徒，偷取了佛教的学说，放到自己的学说中，还谎说是自己的东西，并不是佛教的学说。因为害怕暴露，反而毁灭了外道的典籍，使它湮没于世，没有流传下来。正像那个偷金的人，事情全败露了，金、绵都失去一样。

【评析】

故事中的这个卖兜罗绵的商人，为了占点儿小便宜，居然用兜罗绵包灼热的金子，自以为很聪明，却没想到灼热的金子烧了自己的兜罗绵，损人害己，最后财物两空。由此看来，做人还是要堂堂正正，千万不要一时犯糊涂，干出违反道义的事情来。俗话说，"纸是包不住火的"，歪念和恶行终究不会长久，总有一天这些人会彻底地暴露并失败。所以我们做事时不要只想着从别人身上取得利益，因为结果可能会搬起石头砸了自己的脚，得不偿失啊！

【故事征引】

歪念招致的祸患

有一个人穷困潦倒，连一张床都买不起，他家里也只有一条长凳。他每天晚上都在这条长凳上睡觉。周围的人也一直很同情他，可是接触时间久了，发现这个人不但穷，还很贪。所以，慢慢地别人也不怎么搭理他了。他自己也知道这个毛病不好，但就是改不了。

有一天，他突然想到佛祖了，就去面见佛祖，并向佛祖祈祷："如果有一天我发财了，我绝对不会像现在这样贪婪了。"

佛祖看他可怜，于是就递给他一个钱袋子，说："这个袋子里只有一个金币，如果你把它拿出来以后，里面会再生一个金币。但是有一个前提条件，当你想花钱的时候，必须把这个钱袋子扔掉，你才可以花钱。"

那个穷人听后，高兴极了，拿着钱袋迫不及待地跑回家了。他坐在那条凳子上，开始不断地往外拿金币，整整一个晚上他都没有合眼，地上到处都是金币。他想："这一辈子就是什么也不做，这些钱也足够我花了。就这样，他整日整夜坐在那里往外拿钱，也顾不上吃饭。直到有一天他被饿得发晕时，还是舍不得扔掉那个钱袋子，很快屋子里就装满了金币。

可是他还是对自己说："我现在还不能把袋子扔了，等到钱更多一些的时候再把袋子扔掉吧！"

到了最后，他虚弱得已经没有把金币从口袋里拿出来的力气了，但他还是不肯把袋子扔掉，最后死在了钱袋旁边。

斫树取果喻

【原文】

昔有国王,有一好树,高广极大,当生胜果①,香而甜美。时有一人来至王所,王语之言:"此之树上将生美果,汝能食不?"即答王言:"此树高广,虽欲食之,何由能得?"即便断树,望得其果,既无所获,徒自劳苦。后还欲竖,树已枯死,都无生理②。

世间之人亦复如是,如来法王有持戒树③,能生胜果;心生愿乐,欲得果食,应当持戒,修诸功德;不解方便,返毁其禁。如彼伐树,复欲还活,都不可得,破戒之人亦复如是。

【注释】

①胜果:美好的果实。②生理:活下去的理由。③持戒树:持戒,信守戒律而不触犯。此处以树比喻持戒生长功德。

【译文】

从前有一个国王,他有一棵好树,长得高大、树冠宽广,还经常结出香而甜美的果子来。当时有一个人来到国王居住的地方,国王对他说:"这棵树很快就要结出甜美的果子了,你想吃吗?"那人回答说:"这棵树高大宽广,虽然想吃,可是怎么才能够摘得到呢?"国王听完就叫人把树砍倒,期望能摘到树上的果子。可是却一无所获,徒然地劳苦了一番。后来国王又想把树栽回去,可是树已枯死,没有再生的希望了。

世上的人也是这样。如来法王持戒功德获得很多利益,希望能够修证出圆满的佛果,如果发出愿心,想要得到这果子,就应当持受戒律,修行种种功德。然而有些人不懂这个道理,反而破了戒。这正如那个砍了树还期望树木能够复活的人一样，什么都得不到。破戒的人，也常常是这样的结果。

【评析】

　　这则寓言讽刺了那些只顾眼前利益，而不讲究方法的人，他们从来不顾因果相生的道理，最终不仅破坏了能取得成功的必要条件，还弄巧成拙，永远失去了获利的机会。故事中那个愚蠢的国王为了得到果子，居然想到砍树，很显然他未曾想过，枯死的树木，哪里会有果实呢？在我们的生活中，也会遇到此类情况。有些人就喜欢放纵自己，任意妄为，不考虑事情的后果，最终会因为犯下不可挽回的错误而抱憾终身。

【故事征引】

何不看远一点呢

　　有一天，佛光禅师准备外出化缘。临走前他叮嘱弟子们，说："你们要在我回来之前，每个人都做出一件劝募功德的事。"

　　傍晚时分，佛光禅师回来了，弟子们都争先恐后地向禅师报告自己劝募功德的成绩。

　　第一个弟子普道得意地说："师父！今天有一位大施主，布施了一百两银子，他说我们可以拿这些银两兴建一座大雄宝殿。"

　　第二个弟子普德听了，也报告说道："师父！今天城内的陈居士来拜望您，我带他巡游了各处的殿堂，他给我们奉献了全年的道粮！"

　　接着，寺中的香灯师、知客师等都向佛光禅师说明了信徒的善心。轮流说完之后，弟子们都在等待佛光禅师的赞赏。

　　可是，佛光禅师的脸色却越来越差，停顿了好半天，这才皱起眉头开示弟子们说："看来你们大家都很辛苦了，可惜你们化缘太多，自然就没有一点儿公德心了。"

　　大家听了很是不解，问道："师父！为什么化缘越多反而越不好了呢？"

　　佛光禅师说道："你们动脑筋仔细想想，如果我们把现有的钱财都储存起来，然后给予信徒，信徒才能够富有起来，那样佛教也会跟着富有起来。"说到这儿，禅师看了看弟子们。

　　弟子们都略懂一二地点了点头，佛光禅师又继续说道："我们不可能经常去要求这个信徒捐献这个功德，要求那个信徒赞助那项佛事，这不成杀鸡取卵了吗？你们真的是太愚蠢了呀。假如有一天信徒们不胜负担了，那佛教还能指望谁来护法呢？"弟子们听了，一个个都惭愧地低下了头。

养花如同育人

有一位虔诚的信徒来到寺庙的后花园散心，恰巧看到园头正在修剪花草，于是就停下脚步观看。他看见园头不是把繁茂的枝叶剪去，就是把花草连根拔起，然后再移植到另一盆中。他一会儿给枯枝浇水，一会儿又忙着松土施肥，看起来十分辛苦。

信徒不解其意，便走到跟前问他："园头禅师，您为什么把好的枝叶都剪去了，现在却又给这些枯枝败叶浇水施肥呢？本来长势很好的花草，为什么非要把它移植到另一盆中？你这样做有什么意义吗？"

园头禅师回答道："其实照顾花草，就如同育人。人要怎样教育，花草就需要怎样照顾。"

信徒听后不以为然，说："花草树木，怎么能与人相提并论呢？"

园头禅师边抚弄花草，边解释说："照顾花草，怎么不能够跟人相比呢？你看，"说完，他拿起一株长得很好的花，示范道，"这株花看似枝叶繁茂，但是它开的花太多，有一些开得不好，有一些样子也长得太杂乱了，所以我们要淘汰掉不好的花，就一定要去掉多余的枝蔓，摘除杂叶，免得它们浪费养分。这就如同让年轻人收敛嚣张的气焰，去掉他的恶习，使他走入正轨的道理一样。"

信徒敬佩地点了点头，接着问道："那你为什么还要去管那些枯枝呢？那不是白费力气吗？"

禅师慈悲地说道："其实那些枯枝看似已死，却蕴藏有无限生机。照顾得当，它们一样会开出美丽的花朵。不要把不良子弟都视为不可救药之人，其实每个人都有善良的一面，只要悉心照顾，教育得法，一定能够使其重生。"

说完，禅师又拿起一株花，移植到另一个盆中，解释道："将花连根拔起的目的是使植物离开贫瘠的土壤，再把它放入肥沃的土壤中，就如同使年轻人离开不良环境，到另外的地方接触良师益友、求取更高的学问一般。"

接着，禅师又拿起锄头，说道："至于我松动泥土，是因为泥土中有种子等待发芽。就如同那些身处逆境而有志向的学生，为其提供一片土壤，就可能使其有机会茁壮成长。"

信徒听后非常欣喜地感叹道："园头禅师，谢谢您的教诲，您让我明白了许多育人的道理！"

送美水喻

【原文】

昔有一聚落，去王城五由旬[①]，村中有好美水，王敕村人常使日日送其美水。村人疲苦，悉欲移避，远此村去。时彼村主语诸人言："汝等莫去，我当为汝白王，改五由旬作三由旬，使汝得近，往来不疲。"即往白王，王为改之作三由旬。众人闻已，便大欢喜。有人语言："此故是本五由旬，更无有异。"虽闻此言，信王语故，终不肯舍。

世间之人亦复如是，修行正法，度于五道，向涅槃城[②]，心生厌倦，便欲舍离，顿驾生死，不能复进。如来法王有大方便，于一乘[③]法分别说三。小乘之人闻之欢喜，以为易行，修善进德，求度生死。后闻人说："无有三乘[④]，故是一道。"以信佛语，终不肯舍。如彼村人亦复如是。

【注释】

①由旬：古印度计算距离的单位，以帝王一日行军的路程为一由旬，相传为三十里。②涅槃城：这里指安乐解脱的圣人居住之地。③一乘：即指佛乘。佛教教义乃唯一真理，以其能教化众生悉皆成佛，故称一乘。④三乘：指声闻乘、缘觉乘、菩萨乘。

【译文】

从前有一个村子，距离国王所在的都城大约五由旬远，这个村子的水非常甜美。国王就命令村里人每日给他送美水去。村里人疲苦不堪，全都想移居到别处去，远离这个村子。这时村长对村民说："请大家不要搬走，我会替你们去向国王请求，把五由旬的路程改为三由旬，使你们能距离王宫近些，你们来来回回送水也就不那么疲苦了。"于是村长就去向国王请求，国王同意了他的请求，将路程改为三由旬。村民听了这个消息以后，无不欢天喜地。当时就有人提出："这仍然是原来的五由旬路程呀，一点儿也没有变。"村民们虽是听了这话，却仍然相信国王的金口玉言，从此不肯搬走了。

世上的人也是这样。他们修行正法，正从地狱、饿鬼、畜生、人、天这五道中超脱，向泯灭了生死因果的涅槃城走去，然而却很快对此产生了厌倦的心情，想半途而废，希望立刻凌越出生死的轮回，不想再进一步地修行正法了。如来法王对佛法了如指掌，能够把纯粹一乘的正法分开说成声闻、缘觉、菩萨三乘。具有小乘根性的人听了，很是欢喜，以为容易实行，便继续修行善德，以求渡过生死苦海。后来又听人说没有三乘，只是一乘佛法一分为三。这时他们却因为信奉法王的话，始终不肯放弃小乘这条修行之道。就像那些村民信奉国王的话一样。

【评析】

从本故事来看，这个村里的人实在是愚昧至极。他们不知路还是原来的路，国王只是换了个名称，实际上路程根本没有缩短，但村民却从此信以为真。这则故事告诉我们，做事千万不要被事物的名称、表面现象所欺骗、迷惑，而要抓住事物的实质和本原，这样才会使最终的判断正确，也不至于被蒙蔽。同时，也批评了那些只想修成正果而不肯下苦功的人。那些小乘佛法修行者认为已经找到了捷径，只不过是自欺欺人罢了，他们被心中不良的意念所困扰，从而让自己距离所定的目标越来越远。

【故事征引】

莫让肉眼蒙蔽了你的心眼

有一天，云岩禅师正坐在寺院编织草鞋，这时候，洞山禅师正好从他身边经过，他一见面就问云岩禅师："老师，我可以跟您要一样东西吗？"

云岩禅师放下手中的活，饶有兴趣地说道："你说来我听听！"

洞山禅师不客气地说："我想要借您的眼珠一用，您看怎么样？"

云岩禅师听了，很平静地反问道："借我的眼珠？那你自己的眼珠呢？"

洞山禅师说："我没有眼珠啊！"

云岩禅师淡淡一笑，说道："如果你有眼珠的话，你准备怎么安置它呢？"

洞山禅师听他这么一问，一时间无言以对。

这时候，云岩禅师严肃地对他说："你想借我的眼珠，应该不是我的眼珠，而是你自己的眼珠吧？"

洞山禅师改变了口气，说："事实上我想借的不是眼珠。"

云岩禅师听了他这种前后矛盾的说法，终于忍不住心中的怒火，对洞山禅师大喝一声："你给我出去！"

洞山禅师看到云岩禅师的这一举动，并不惊讶，仍然非常诚恳地说："我出去可以，可是我没有眼珠，看不清前方的道路呀。"

这时候，云岩禅师用手摸了摸自己的心，然后说："这不早就给你了吗？还说什么看不到啊！"

听了这话，洞山禅师终于省悟了，站在那儿自言自语道："我一张口就向别人要眼珠，这本来就是件很怪异的事，况且我碰到的是高明如云的云岩禅师，他当然只能告诉我，我的眼睛长在自己额头上，为什么还要向别人借呢？而在自己无言以对的时候，我又解释说要的不是'肉眼'，而这时云岩禅师才提示我'心眼'的妙道，我才有所领悟了。"

分清表象与本质

有一天，小和尚跟着老和尚去云游，傍晚的时候他们来到一个富有的家庭借宿。这家人对他们非常不友好，一听说他们要在家留宿，也没有直接拒绝，只是让他们在冰冷的地下室居住，而没有让他们在舒适的卧室过夜。

当天晚上，他们铺床时，老和尚发现墙上有一个洞，就顺手把墙修补好了。小和尚看见了问："为什么要替他们补墙啊？你没看见人家对我们的态度呀？"老和尚答道："有些事并不像它看上去那样。"

第二天晚上，他们又来到了一个非常贫穷的农家借宿。主人夫妇俩对他们非常热情，把家里仅有的一点儿食物都拿出来款待他们，然后又让出自己的床铺给他们。他们自己则在地上铺了些稻草睡下。

第二天一早，他们发现农夫和他的妻子在哭泣，原来他们唯一的生活来源——那头奶牛死了。小和尚看到这种情况非常愤怒，他质问老和尚为什么会这样："第一个家庭什么都有，你还帮助他们修补墙洞；第二个家庭如此贫穷还热情款待了我们，而你却眼睁睁地看着奶牛死亡！"

老和尚笑了笑，回答道："有些事并不像它看上去的那样。那天我们在地下室过夜时，我从墙洞看到墙里面堆满了古代人藏于此地的金块，就知道这家主人被贪欲迷惑，不愿意让人分享财富，所以我把墙洞填上了。而昨天晚上，死亡之神本来是召唤农夫的妻子的，我想不出其他好办法，只好让奶牛代替了她。现在你可以明白'有些事并不像看上去的那样'的含义了吗？"

　　小和尚点了点头。

宝箧镜喻

【原文】

昔有一人,贫穷困乏,多负人债,无以可偿。即便逃避,至空旷处,值①箧,满中珍宝。有一明镜,著珍宝上,以盖覆之。贫人见已,心大欢喜,即便发之,见镜中人,便生惊怖,叉手语言②:"我谓空箧,都无所有,不知有君在此箧中,莫见瞋也。"

凡夫之人亦复如是,为无量烦恼之所穷困,而为生死魔王债主之所缠著,欲避生死,入佛法中,修行善法,作诸功德。如值宝箧,为身见镜之所惑乱,妄见有我,即便封著,谓是真实。于是堕落,失诸功德、禅定、道品③,无漏诸善、三乘道果一切都失。如彼愚人弃于宝箧,著我见者亦复如是。

【注释】

①值:遇见,拾到。②叉手语言:拱着手说道。③禅定、道品:由修习四禅而达到的品味以及获得的果报。

【译文】

从前有一个人,贫穷潦倒,欠了人家许多债,没有办法偿还,于是就逃走避债去了。他跑到一个空旷的地方,却在那儿拾到一只箱子,里面装满了珍宝,还有一面明镜放在珍宝上面,遮蔽着珍宝。穷人看见这宝箱,心中异常高兴,即刻打开一看,忽然发现镜中有个人,他顿时又惊又怕起来,连忙拱手说道:"我以为是个空箱子,里面什么都没有,却不知您在这箱子中,您不要生气啊。"

世间的人也是这样。被无法计数的烦恼困扰着,被生死轮回、魔王、债主纠缠着,就想要逃避生死而进入佛法中。修行善法,积累种种功德,就像遇见了宝箱一样，却又被明镜中的自我所迷惑，把虚幻中的自我误以为是真实的我，马上盖上箱子，以为是有人看守宝箱，不敢再去动它，即将到手的珍宝也全部失落。失去了修来的功德，也丧失了那些经过若干年禅定才获得的道行，出离了烦恼的种种善法，历经三乘由菩提之道证得涅槃之果，所有这一切都失去了。就如同那个愚人放弃了宝箱一样，陷入自我偏执的人也是这样。

【评析】

人在高兴过度的时候就会忘乎所以，甚至连自己姓什么都不知道了。故事中的那个穷人，为了躲避债务而出逃，却又因祸得福拾到了价值连城的珍宝，这本是件好事，但他居然连镜子中的自己都不认识了。或许是因为大量的珍宝冲昏了头脑，也或许是他本身就非常愚蠢，以致迷失了自己，迷失了本性，所以即将到手的珍宝终究也不会得到。世上的有些人也是这样，他们也常常被一些事情所惑乱，在无常、无我中妄执有我，这样丢了自己，也丢了钱财。所以他们更应该提高认识，千万别在物欲横流的社会中丢失了自己，迷失了努力的方向。

【故事征引】

因为心魔而忽略了自己

从前，有一对夫妇感情一直很好，都离不开彼此，让身边的好多人羡慕。可是有一天，不幸的事发生了，年轻的太太突然生了重病，临终前她抚摸着丈夫的手，依依不舍地说："老公，我太爱你了，真的非常舍不得离开你。我死后你可不能忘了我而去找其他女人，要是让我知道了，我做鬼也要跟你算这笔账！"

过了没多久，这位年轻的太太就离开人世了。刚开始的一段日子，丈夫整日整夜沉浸在丧妇的悲痛之中，茶不思、饭不想、还睡不好。

转眼间过了四个月，一次偶然，他又遇见了一个女人，两人一见钟情，没多久就定了终身。

可是自从他们订婚那天开始，他每晚都会做噩梦，梦到一个女鬼来骚扰他，还骂他不守诺言，将他与新人之间发生的事说得一清二楚。这样的梦折腾得他几日几夜都睡不好。

有一次，他送给未婚妻一件礼品，到了晚上他又做梦了，梦见那个女鬼将那件礼品作了一番详细的描述，甚至还复述了他俩之间的对话。这使他更加烦恼和恐惧，以致难以入眠。

　　这事让他的一个朋友知道了，那人看他一脸憔悴的样子，就劝他去请教一位住在村旁的禅师。他也过够了这种整日担惊受怕的日子，只得听朋友的建议，去向那个禅师求助。

　　到禅师那里，他把事情的经过一五一十地告诉了禅师，禅师说道："那个女鬼肯定是你前妻变的，你在这里的一举一动她都知道。不论你做什么、说什么、送什么东西给你的意中人，她都可以知道，可见她一定是个精灵鬼。"

　　他听了禅师的话，心里一颤，问道："那我要怎样做才能彻底摆脱她呢？"

　　禅师很平静地继续说道："你等到她下次再来的时候，你不妨和她交谈，夸她聪明绝顶，说她无所不通，告诉她你对她也不想有什么隐瞒。最后，你还可以跟她提一个问题，让她回答。假如她能回答上来，你就答应她跟那个新人解除婚约，这辈子绝不再娶。"

　　"可是我要问她一个什么样的问题呢？"他困惑地问。

　　禅师答道："你可以握一大把黄豆在手里，然后问她手里究竟有多少粒黄豆。如果她回答不出的话，你就该明白，她只是你自己主观想象的，她也就不会再来骚扰你了。"

　　当天夜里，他夜深的时候才有点儿睡意，刚一眯着，女鬼再度出现了。于是他镇定了一下，然后依照禅师教给他的计，夸奖了她一番，说她真是无所不知，无所不晓。

　　女鬼听了，自负地说："一点儿不错，你今天去面见了一位禅师，这个我也知道。"

　　这时候，丈夫随手抓了一把黄豆，然后问女鬼道："你既然什么都知道，那你现在告诉我，我手里究竟有多少粒黄豆？"

　　说完，他便半睁着眼睛坐在床上，他等啊等，一直等到天大亮了，却还是没听到女鬼的回答，也是从那夜起，他再也没有见到那个老来找他的女鬼了。

宝箧镜喻

破五通仙眼喻

【原文】

　　昔有一人，入山学道，得五通①仙，天眼彻视②，能见地中一切伏藏③、种种珍宝。国王闻之，心大欢喜，便语臣言："云何得使此人常在我国，不余处去，使我藏中得多珍宝？"有一愚臣，辄④便往至，挑仙人双眼，持来白王："臣以挑眼，更不得去，常住是国。"王语臣言："所以贪得仙人住者，能见地中一切伏藏。汝今毁眼，何所复任？"

　　世间之人亦复如是，见他头陀⑤苦行，山林旷野，冢间、树下，修四意止⑥及不净观；便强将来，于其家中，种种供养毁他善法，使道果不成，丧其道眼；已失其利，空无所获，如彼愚臣唐毁他目也。

【注释】

　　①五通：又作五神通。一般所谓五通，指修四根本静虑所得五种超自然之能力。②彻视：看得透彻深远。③伏藏：指深埋于地下的东西。④辄：立即、就。⑤头陀：意为"抖擞"，修习此行，能将各种烦恼、贪念一一去除掉。⑥四意止：又称四念住、四念处。即以自相、共相，观身不净、观受是苦、观心无常、观法无我，以次第对治净、乐、常、我等四颠倒之观法。

【译文】

　　从前有一个人，到深山里去学道，修炼了五种神通仙法，获得了天眼通，能看见深埋在地下的一切宝藏。国王听说了这件事后，心里非常高兴，就对臣下说："怎样才能让这个人常留在我国，不到别处去，好让我库藏中的珍宝源源不断地增加？"有一位愚蠢的大臣，听完国王的话后，不加考虑就跑到那有天眼通的人的住处，把他的双眼挖了出来，拿回来给国王说："我现在已经把他的两只眼睛挖了出来，他再也无法到别的地方了，将会常住在我们国家了。"国王对大臣说："我之所以渴望仙人留在这儿，只是因为他能看见深埋在地下的一切宝藏。如今你毁了他的眼睛，他凭什么去发现宝藏呢？"

世人也是这样。看见那些佛教徒在山林旷野、坟间树下苦行，修习四意止和不净观，便硬把他拉到家里，好生供养起来。但却不知道这样做是毁了他的善法，使道果不能成就。既使他丧失了道眼，也使他失去了既得的利益，从而失去苦行的意义，最终一无所获，就像那个愚臣平白地毁掉了五通仙人的双眼一样。

【评析】

故事中的这个大臣，简直就是个彻头彻尾的傻瓜。他的本意虽然是想帮助国王留住五通仙人，但他却没有考虑到国王的真正用意，以致帮了国王一个倒忙，剜了仙人的双眼，真是让人好气又好笑。生活中也有不少"好心办坏事"的事例，或许他们的出发点都是好的，但就是因为没有注意方式方法，草率行事，最后才会落得个费力不讨好，使人们在不知不觉中也扮演起了故事中这个大臣的角色。

【故事征引】

无心之过，需要以慈悲为怀

在很久以前，有一个穷苦的老人和他的儿子相依为命，日子过得很是辛苦，但也十分平静。

突然有一天，这个老人受到佛陀教义的一句启发，于是他决定带着儿子一起出家。老人当了比丘，他的儿子当了小沙弥，就这样他们成了师徒。

这天清晨，老比丘像往常一样，带着小沙弥出去化缘。师徒俩顺着道儿一直往前走着，不知不觉越走越远，等他们想要回去时，天已经快黑了。

走了一整天，师徒俩都有些累了，加上师父年纪已大，所以他们越走越慢。徒弟随着师父的步伐走，到后来他便搀着师父走。

天色越来越暗，当他们穿过一片树林时，天已经很黑了，黑得什么都看不见。整个树林只听见师徒两人行走的脚步声和树叶的沙沙声，偶尔还从远处传来各种野兽凄厉而恐怖的叫声。小沙弥知道每到傍晚时分，树林中就会有野兽出没。他为了保护师父,就紧紧拉住师父的手臂,连扶带推地快步行走,想用最快的速度穿过树林。

可是师父年老力衰,又东奔西走了一整天,早就累得走不动了,再加上是漆黑的夜晚,更加看不清楚道路了。徒弟既担心野兽追上来,又怕累坏师父。情急之下,徒弟推了师父一把,师父一个踉跄跌倒在地,头正好磕在旁边一块硬石头上,当即就死去了。

小沙弥急了,看到师父倒在地上,手摸着把他拉起来,可是见他没什么反应,才发觉师父已经死了,不禁大吃一惊,失声痛哭起来!

折腾到天亮,小沙弥独自一人回到了寺庙。寺里的比丘们知道了这件事情的经过后,纷纷谴责小沙弥:"你看!都怪你不小心,才害死了我们的师兄、你的父亲。"

比丘们都在那儿抱怨道:"就是啊,竟然把自己的父亲推去撞石头,真是个不孝子!"

小沙弥面对他们的群攻,觉得真是有口难辩,心里委屈极了,就上山去找佛陀诉苦。

佛陀听完小沙弥的哭诉,示意小沙弥坐下,说道:"你想要对我说的话我早就知道了,我知道,你师父的死根本就不是你的错。"

话虽如此,可是小沙弥还是皱着眉头,一副没精打采的样子,心里想:再怎么说父亲也是因我而死,我怎么能够推卸责任呢!

佛陀看了看小沙弥,仿佛猜透了他的心思,继续说:"我讲个故事给你听吧!从前,有一个人的父亲得了重病,儿子非常担心,于是到处求医问药。每天他都亲自服侍父亲吃药,吃完药就扶父亲上床躺下,好让父亲睡个安稳觉。可是由于他们当时的住所很简陋,仅仅是一间茅草屋,遇到刮风下雨就要遭殃,而那里的地面又很潮湿,时间一久,就招来了许多蚊蝇,整天在屋子里嗡嗡地飞来飞去,吵得人睡不好觉。

"儿子望着生病的父亲,又担心又心疼。为了不让可恶的蚊蝇打扰父亲睡觉,儿子马上找来了苍蝇拍,到处追打蚊蝇,可是蚊蝇飞来飞去,就是打不着,儿子又急又气,转身捡起了一根大棍子挥舞着,对着空中的蚊蝇拼命追打。这时候,恰巧有一只蚊蝇落在了父亲鼻子上,儿子一时没看清楚,慌忙打过去,没想到打中的是父亲的头,父亲被棍子重重揍了一下,当即就死去了。"

佛陀停顿了一会儿,继续说道:"其实,孝顺的儿子在无意中伤人性命，只能算是一个意外，因此我们不能指责儿子就是杀人犯，否则可就冤枉他了。"小沙弥专心地听着，似乎有所感悟了。

佛陀又进一步问："你回想一下，当时你使劲儿推你的师父，不就是怕师父遭到野兽的袭击，想赶快离开树林吗？你又不是心存恶念，故意要伤害他的性命，是吗？"

小沙弥这才有把握地说道："是。"

佛陀又补充说："当然了，我给你讲的故事，和你所亲身经历的事有些不同，但道理都是一样的。你没必要揪着每个错误不放，对于无心之过，需要理解和体谅。佛法是慈悲的，你就安心修行吧。"

小沙弥听了佛陀的一番话，心中获得了安慰，从此更加勤奋地修行了。

到底是谁的罪过？

有一位居士在江边散步，看到一个船夫将沙滩上的渡舟推向江里，正准备载客渡江。这时候刚好有一位禅师路过，于是这个居士一个箭步上前，作礼请示道："请问禅师，刚才船夫将舟推入江时，将沙滩上的螃蟹、虾、螺等压死不少，请问这是乘客的罪过，还是船夫的罪过？"

禅师先是一愣，然后随口说了句："既不是乘客的罪过，也不是船夫的罪过！"

居士听了非常不解，怀疑地问道："你说的两者都没有罪过，那么究竟是谁的罪过呢？"

禅师两眼圆瞪，大声说道："是你的罪过！"

居士更加困惑了，抓耳挠腮想了半晌，也没明白禅师的言外之意。

过了一会儿，禅师才解释说："佛教虽然讲六道众生，但是以人为本，站在人本的立场，真理不能说破，事相有时也不能说破。船夫是为了生活赚钱，乘客是为了事务搭船，螃蟹是为了藏身被压，这是谁的罪过？要追究起罪过来，这不但是两者的罪过，而且是船夫、乘客、螃蟹三者的罪过。但也不是三者的罪过，因为这三者都是无心。无心怎能造罪？即使有罪，也是无心之罪。"

居士听了，好像若有所悟：我作为旁观者，只知道妄自分别，无中生有，难怪禅师说是我的罪过呢！

杀群牛喻

【原文】

昔有一人,有二百五十头牛,常驱逐水草,随时喂食。时有一虎,噉①食一牛。尔时,牛主即作念言:"已失一牛,俱不全足,用是②牛为?"即便驱至深坑高岸,排著坑底,尽皆杀之。

凡夫愚人亦复如是,受持如来具足之戒③,若犯一戒,不生惭愧清净忏悔,便作念言:"我已破一戒,既不具足,何用持为?"一切都破,无一在者。如彼愚人尽杀群牛,无一在者。

【注释】

①噉:吃或给别人吃。②用是:因此。③具足之戒:出家人应该遵奉的所有戒律。

【译文】

从前有一个人,养了二百五十头牛,他经常赶着这些牛到水草丰美的地方,让它们能随时随地得到饲料。后来有一只老虎吃掉了一头牛,牛主人便想:"我已经失去了一头牛,数目已经不足二百五十头了,还要这些牛做什么呢?"于是他就把其余的牛驱赶到一个深坑里,将它们推到坑底全部杀死了。

世上的愚人也是这样。当他们受持了如来二百五十条具足之戒,但如果违反了其中一条戒规,心中非但没有产生惭愧之情,也没去真诚地忏悔,反而这样想:"我已破了一戒,已经不是具足受持了,那我还持戒干什么呢?所以就将一切戒律都破掉,不再受持任何一条。就像那个愚蠢的放牧者,把牛全部杀掉,没有留下一头。

【评析】

　　从这则短小的故事中，我们足以看出牛主人的愚昧，这种极端主义是极不可取的。以小见大，任何事物都存在两个极端，不要因为看到人家的一点小过失，就认为这个人无可救药。我们不可吹毛求疵，也不可求全责备，一定要记住：没有十全十美的事物。

【故事征引】

其实回头并不难

　　有一天，师父吩咐大和尚与小和尚结伴下山，要他们去镇上购买粮食。去镇上有两条路可选：一条是远路，需要绕过一座大山，趟过一条小溪，一个来回就得花一整天的时间；另一条是近路，只需要沿山路下来，再过一条大河即可，不过河上只有一座年久失修的独木桥，谁也不知道哪天就会桥断人翻。

　　大和尚和小和尚自然走的是近路，他们轻轻松松就到了山下，正准备过这个独木桥。这时候，细心的大和尚发现独木桥的前端有一丝断裂的痕迹。他赶紧拉住小和尚说："慢点儿，这桥恐怕是不能过了，太危险了，看来今天我们得回头绕远路了。"

　　小和尚经大和尚的提醒，也看到了桥的断痕，但他甚是迟疑，说："回头？我们都走到这儿了，还能回头吗？过了桥可就是镇上了。"

　　大和尚知道小和尚性格倔强，便不再言语，只是走到了小和尚的前面，并随手捡了一块石头扔到木桥上。"砰"的一声，腐朽老化的独木桥应声而落，坠入湍急的河流中。

　　在回头的路上，小和尚感激地对大和尚说："师兄，刚才幸亏你投石问路，要不然我可要葬身鱼腹了。"大和尚不无深意地说："只要懂得放弃，其实回头并不难。"

饮木筒水喻

【原文】

昔有一人,行来渴乏,见木筒中有清净流水,就而饮之。饮水已足,即便举手语木筒言:"我已饮竟①,水莫复来。"虽作是语,水流如故,便瞋恚言:"我已饮竟,语汝莫来,何以故来?"有人见之,言:"汝大愚痴,无有智慧。汝何以不去,语言莫来?"即为挽却②,牵余处去。

世间之人亦复如是,为生死渴爱,饮五欲咸水③。既为五欲之所疲厌,如彼饮足,便作是言:"汝色、声、香、味,莫复更来使我见也。"然此五欲相续不断,既见之已,便复瞋恚:"语汝速灭,莫复更生,何以故来使我见之?"时有智人而语之言:"汝欲得离者,当摄汝六情④,闭其心意,妄想不生,便得解脱。何必不见,欲使不生?"如彼饮水愚人,等无有异。

【注释】

①饮竟:喝完了。竟,完毕。②挽却:有拉开、退走之意。"挽"是拉的意思。"却"是推的意思。③五欲咸水:佛教认为,人们放纵自己的感官欲求,像饮盐水一样越喝越渴,永不满足。④摄汝六情:制止住追逐外物的各种欲望。摄,收敛、制约。

【译文】

从前有一个人,一路走来又乏又渴,看见路旁的木筒里流着清净的泉水,便走过去就着木筒喝起来。等到喝足了,他便举手指着木筒说:"我已经喝够了,泉水你就不要再流出来了。"虽然他这么说,可水依然流个不停,这人就大怒道:"我已经喝够了,你不要再流出来了,你为什么还要来?"有人看见了说:"你真是愚痴,没有一点儿智慧,你自己为什么不离开这里,却让水别再流出来？"说完，就把他拉走了。

世上的人也是这样。他们渴望人间的各种欲望，就贪恋着色、声、香、味、触这五欲的快乐。但当他们对五欲这些快乐感到满足时，就如那人饮水饱足了，便说："你们这些色、声、香、味、触不要再让我见到。"然而，五欲的诱惑却是无处不在的。当他再见到时，又呵斥道："我叫你们别再出现，为什么还要来让我见到呢？"这时一位有智慧的人就对他说："你想要离却五欲，就应当控制住你的六根，关闭心中的思量，不生妄想，这样便可以得到解脱，何必一定要五欲不出现，才能不生贪恋呢？"就种想法同那个饮水的愚人一样。

【评析】

寓言中流淌不息的泉水就像世间无处不在的诱惑，是不可能消失不见的。但故事中的愚人却没有认识到这一点，在口渴时就期待泉水的存在，等到满足了喝水的欲望后却又抱怨泉水流淌不止。人的欲望是不同的，我们不可能让世间的诱惑不再产生，而唯一可以做的，就是收敛和制止自己的贪欲之心，这样才可能解除烦恼，解脱自己。

【故事征引】

想成佛的皇帝

唐朝时期有一位南阳慧忠禅师，唐肃宗听说他道行高深，特意下诏封他为"国师"。

有一天，皇帝问禅师："朕如何可以得到佛法？"

慧忠答道："佛在自己心中，他人无法给予！陛下看见殿外空中的一片云了吗？您能让侍卫把它摘下来放在大殿里吗？"

皇帝说："我看见那片云了，可是根本不可能把它摘下来的！"

慧忠又说："世人都在痴心求佛，有的人是为了让佛祖保佑他取得功名，有的人是为了求财富、求福寿，有的人是为了摆脱心灵的责问。真正为了佛而求佛的人能有几个？"

皇帝接着问："怎样才能有佛的化身呢？"

慧忠露出一副无奈的样子，接着说："就是欲望让陛下有了这样的想法，不要把生命浪费在这种无意义的事情上，几十年的醉生梦死，到头来不过是腐尸与白骨而已，何苦呢？"

皇帝又问："那如何能不烦恼、不忧愁呢？"

慧忠答道："那您踩着佛的头顶走过去吧！"

"这是什么意思？"

"不烦恼的人，看自己很清楚，即使修成了佛身，也绝对不会自认是清净佛身。只有烦恼的人才整日想摆脱烦恼。修行的过程是心地清明的过程，无法让别人替代。放弃自身的欲望，放弃一切想得到的东西，你得到的将是整个世界。"

"可是得到整个世界又能怎么样呢？依然不能成佛！"皇帝说。

慧忠问："您为什么一定要成佛呢？"

"因为我想拥有那样至高无上的力量。"

"现在您贵为皇帝，难道还不够吗？人的欲望总是难以得到满足，怎么能成佛呢？"

不知足的财主

古时候有个财主，家里养着好多羊，这已经让同村的人羡慕、嫉妒了，可是他却总是一副闷闷不乐、心事重重的样子。

有一次，跟他关系不错的朋友问他："你为什么看起来那么不开心呢？家里都有这么多羊了，你应该高兴才是啊！"财主却说："就是因为羊，才让我不开心的，自从我拥有99只羊的那一天起，我就眼巴巴地望着能再添上1只羊，好凑够100只。"他朋友无语了，周围人也懒得劝他了。

一天深夜，财主又为添一只羊的事辗转反侧睡不着觉。忽然他想起村后的山上有一座寺院，寺院里有一位得道的禅师养了一只羊。于是，第二天一大早，财主便前去恳求禅师慈悲为怀，将那只羊让给自己。当时，禅师正闭目静思，眼皮也没动一下，就淡淡地说了句："牵走吧！"

一个月之后，财主又来求见禅师。禅师又见他愁眉苦脸、面容憔悴，便问："你为何如此心焦？"

财主苦笑着说："大师，现在我已经有105只羊了。"

禅师平静地说："既然如此，应当高兴才是啊，为什么还一脸愁苦呢？"

财主摇头叹息，说："唉，可我什么时候才能拥有200只羊呢？因为此事，我好多天茶不思、饭不想啊！"

禅师听后默默不语，转身端来一杯水，递到他的手中。

财主刚喝了一口，便大叫起来："这茶水为什么这么咸呢？"

禅师不动声色，只冷冷地说："其实，你给自己喝的也一直是咸水呀！"

见他人涂舍喻

【原文】

昔有一人，往至他舍，见他屋舍，墙壁涂治①，其地平正，清净甚好，便问之言："用何和涂，得如是好？"主人答言："用稻谷麨②，水浸令熟③，和泥涂壁，故得如是。"愚人即便而作念言："若纯以稻麨，不如合稻而用作之，壁可白净。"泥始平好，便用稻谷和泥，用涂其壁，望得平正，返更高下，壁都劈裂。虚弃稻谷，都无利益，不如惠施，可得功德。

凡夫之人亦复如是，闻圣人说法，修行诸善，舍此身已，可得生天及以解脱。便自杀身，望得生天及以解脱，徒自虚丧，空无所获。如彼愚人亦复如是。

【注释】

①涂治：涂抹平整。②麨（yì）：指碎麦谷或碎谷壳。③令熟：此指将碎稻谷加水浸泡，使其变软。

【译文】

从前有一个人，到别人家去做客，他看到人家的墙壁涂得既平整又白净，于是就问房主："你用什么涂抹的墙壁，使它看起来这么好呢？"主人回答道："是用稻谷皮加水浸泡、使其变软和上泥涂的，因此是这个样子。"这个愚蠢的人却自作聪明地想：如果用碎稻谷皮还不如用稻谷，那样涂出来的墙壁一定更加白净美观。于是，他便用完整的稻谷加水和泥，再来涂墙壁和地面。他觉得这样一定能使墙壁和地面平整光洁，却没想反而到处开裂，表面更加凹凸不平。白白浪费了稻谷，却没有一点儿益处。这还不如把稻谷施舍给别人，倒能得到点儿功德。

凡夫俗子也都是这样。听说圣人传道说法，修行积累各种善业，在观念上舍弃自己的身体，就能够升天，得到解脱，于是就真的自我了断，希望能够摆脱生死苦海，升天成佛。这样的人不过是白白地丢掉了性命，到头来却一无所获，就像那个涂墙的蠢人一样。

【评析】

故事中的这个愚人，自以为很聪明，结果却适得其反，白忙活了一场。这个人失败的原因就在于他没有抓住事物的主旨，也没有领会事物的精华，只是抓住了"皮毛"之类表面化的东西，就以为自己已经是专家了。殊不知骄傲就是跌跤的前奏，我们只有虚心求学，智慧才会随着勤奋与日俱增，也才会得到理想中的结果。

【故事征引】

骄傲的人十有九空

苏轼出身书香门第，从小就喜欢读书。他天资聪明，记忆力也特别强，每看完一篇文章，都能一字不漏地背出来。经过几年苦读，年轻的苏轼已是饱学之士，许多人对他佩服三分，有的甚至要拜他为师。

这样一来，苏轼便洋洋得意起来。启蒙老师看见了，很是担忧，特地送给他一张"学无止境"的条幅。可苏轼看后却不以为然，认为启蒙老师是在嫉妒自己，就把条幅丢在书房的一个角落里。

有一天，苏轼借着酒兴，挥笔写了一副对联，并命家人贴在大门口：读遍天下书，识尽人间字。很快有好多人来看这副对联，有的人见了点头称赞，有的人却连连摇头。启蒙老师知道了这件事，气得饭也吃不下，觉也睡不安。

不知怎的这事儿惊动了仙界，于是观音大士决定装扮成一个老太婆，下凡间来找苏轼。

这天，苏轼正在家里看书，忽听有人在门外求见。他出来一看，是一位白发苍苍的老太婆，便问道："老人家您有什么事吗？"观音指指门上的对联，问道："先生，您真的已经读遍天下书、识尽人间字了？"

苏轼一听，傲慢地说："难道我还能骗人？"

观音从口袋里摸出一本书，递上前说："我这里有一本书，请先生帮我识识看，那上面写的是什么？"

　　苏轼心想：这有什么难的！于是他接过书，看都没看，就说了句："你听着，我现在念给你听！"可是他仔细一看，从头翻到尾，又从尾翻到头，那书上的字他竟一个也不认识。

　　苏轼急得满头大汗，吞吞吐吐地说："这……这……"这书上的字他从来没有见过，怎么能念得出来呢？苏轼满脸通红，只好回答说："我没有读过这本书。"

　　"你这本书都没有读过，那为什么要贴这副对联呢？"观音问道。

　　苏轼听了，顿时羞愧万分，伸手想把门上的对联撕掉。观音忙上前阻止道："且慢！我帮你把这副对联改一下吧。"边说边把对联改成：发奋读遍天下书，立志识尽人间字。

　　苏轼看了观音修改的对联，茅塞顿开。他回到书房，立刻找出启蒙老师赠的条幅，然后把它张贴起来。

　　从此以后，他谦恭苦读、勤奋学习，终于成为一位有名的大学问家。

治秃喻

【原文】

昔有一人,头上无毛,冬则大寒,夏则患热,兼为蚊虻之所唼食①,昼夜受恼,甚以为苦。有一医师,多诸②方术。时彼秃人往至其所,语其医言:"唯愿大师为我治之。"时彼医师亦复头秃,即便脱帽示之,而语之言:"我亦患之,以为痛苦。若令我治能得差③者,应先自治,以除其患。"

世间之人亦复如是,为生、老、病、死之所侵扰,欲求长生不死之处。闻有沙门、婆罗门等世之良医,善疗众患,便往其所,而语之言:"唯愿为我除此无常生死之患,常处安乐,长存不变。"时婆罗门等即便报言:"我亦患此无常生、老、病、死,种种求觅长存之处,终不能得。今我若能使汝得者,我亦应先自得,令汝亦得。"如彼患秃之人,徒自疲劳,不能得差。

【注释】

①唼(shà)食:此处指被蚊虫等叮咬。②多诸:精通而博学。③差:同"瘥",指病愈、治愈之意。

【译文】

从前有个人,头上没有毛发,冬天则大受寒冷,夏天则受晒热之苦,再加上蚊虫叮咬,昼夜不得安宁,他非常苦恼。当时有一位医生,医术很高。这个秃子便到医生的住所去,说道:"恳求您替我治好秃头病。"恰巧那医生也是个秃子,他便脱下帽来给他看,说:"我也有这个病,也很痛苦。如果我能医得好的话,我就先把自己治好了,以免除这般苦恼啊。"

世上的人也是这样。受到了生、老、病、死的侵害,很是苦恼,想要找个长生不死的地方,听说沙门、婆罗门等是世间的良医,善于疗治多种疾病,就跑到他们那里，说："恳求您能替我消除人生无常、生死痛苦的忧患，使自己永远处于安乐的状态，长存不变。"这时婆罗门等就告诉他："我也遭受着无常、生老病死的痛苦，到处寻求安乐长存的地方，然而终究没有找到。如今我要是能让你得到，我自己也应先得到了，然后才可能让你也得到。"世上的人也像那苦于秃头的人一样，白让自己耗费气力，却未能使自己得到治愈。

【评析】

这则故事讲的是一个秃子为了治好自己的顽疾，而"病急乱投医"这一可笑之举。他没有考虑到客观事实，即使他找到的是一个可以治百病的医生，而这位医生又偏偏不会医治秃头病，那么他终究也是白忙一场。世上的人也都是这样，因为有生老病死的苦恼，便想寻求那长生不死之道，可到头来也还是一场空。所以，我们要想求得好的果报，别人是无法帮助的，最终还是要靠自己的修行。

【故事征引】

别人是救不了你的

从前，有个放牛娃上山砍柴。突然有一天，放牛娃在半道上遇到了一只凶猛的老虎，还瞪着一对圆眼睛瞅着他，随即向他扑来。放牛娃一看这架势，当时吓坏了，抓起镰刀撒腿就跑。

他没命地跑呀跑，可是跑了没多远，发现前方已经是悬崖！眼见着老虎一步步向他逼近，他没有其他办法了，为了生存，放牛娃只好做了一个冒险的决定：和老虎决一雌雄。正当他鼓足勇气转过身面对张开血盆大口的老虎时，不幸一脚踩空，向悬崖下跌去。

说时迟那时快，放牛娃或许因为求生的欲望，本能地抓住了半空中的一棵小树。可是握着又细又长的丫枝，放牛娃觉得真是刚出虎穴、又入狼口，心想：如果树枝断了，我就会被摔个粉身碎骨，与其被这样活活摔死，还不如跟老虎搏斗一番，那样也值了！可是现在，上面是虎视眈眈、饥肠辘辘的老虎，下面是阴森恐怖的深谷，四周又到处是悬崖峭壁，即使来人也无法救助。吊在悬崖中的放牛娃想了想自己的处境后，禁不住绝望地大哭起来。

这时候，他一眼瞥见对面山腰上有一个老和尚正经过这里，一下子兴奋起来，高喊："救命啊！"老和尚听见了，顺着声音向对面瞅了瞅，又看了看四周的环境，长叹了一声，冲他喊道："我也没有办法呀，现在只有你自己才能救自己啦！"

放牛娃一听这话，以为老和尚就是见死不救，哭得更厉害了："你说我这样子，怎么能救得了自己呢？"

老和尚说："与其那么死揪着小树等着饿死、摔死，不如松开你的手，或许还是有一线希望呀！这一切只能靠你自己！"说完，老和尚又叹了口气走开了。

放牛娃眼看着老和尚离开了，觉得自己真的是没有一丝存活的希望了，在那里哭了一阵，又骂了一阵老和尚。终于他哭也哭累了，骂也骂累了，肚子也开始咕咕叫了，手也抓得酸痛了。

就这样，他坚持了好久，天都快要黑了，放牛娃又饿又累，抓小树的手也感到越来越没有力气了。怎么办？他在心里琢磨道。现在上面的老虎还在死盯着他不肯离开，或许侥幸上去了也是没有活命的机会。接着他又想起了老和尚的那番话，仔细想想，觉得他的话也有一定的道理。是啊，现在只能靠自己了。这么下去，只能是死路一条，而松开手落下去，也许仍然是死路一条，也许也会有获得生存的可能。反正怎么都是死，不如再冒一次险试试。

于是，放牛娃再次鼓足了勇气，艰难地扭过头，朝脚下瞅了瞅，最后才选择了跳跃的方向。他觉得他所选的地方，下面一定是块草地。心里也在不断地为自己祈祷：希望真的是块草地，我跳下去了或许就不会被摔死，或许还有一丝活着的希望。

于是，他咬紧牙关，在双脚用力蹬向绝壁的一刹那，他松开了紧握着小树的那只手。顿时，他感觉到身体在飞快地向下坠落，耳边还有风声在呼呼作响。他害怕极了，但他又告诉自己现在绝不能闭上眼睛，必须瞪大眼睛选择自己落脚的地点。哈！奇迹还是出现了——他落在了深谷中唯一的一小块绿地上，然后昏迷过去了。

后来，放牛娃被乡亲们发现了，背回家去养伤。两年以后，他又重新站立了起来。身边的人在聊到放牛娃当时的险境时，觉得他能够活下来真的是奇迹啊！

放牛娃听了，得意地说了句："其实这很简单，只要你们记住，在有些处境下，别人是救不了你的，只有靠你自己。"

总有代替不了的事

　　法一和尚是大慧禅师的弟子，他参禅几十年了还是没有悟道，心中很着急。

　　有一次，禅师让他出门办事，大约需要一年的时间，法一想：需要这么长的时间，而自己参禅还没有什么进展，这不是荒废时间吗！于是心里十分苦恼。

　　他的朋友宗谦和尚听他诉说了这些苦恼，安慰他说："我和你一起去吧！路上我也可以帮助你参禅！"法一和尚十分高兴，于是二人就出发了。

　　在路途中，法一和尚受不了跋山涉水的疲困，几次三番闹着要回去。

　　宗谦和尚就安慰他说："既然我们已经立志出来参学，就应该坚持下去，况且我们已经走了这么远的路，多不容易啊，如果现在半途而废，实在是太可惜了。"

　　法一和尚说："可是这样走下去我们会很辛苦的，我怕我受不了，会在中途死去呀！"

　　宗谦和尚安慰他说："不会的，要不这样吧，从现在起，一路上如果有可以替你做的事情，我一定为你代劳，不过有五件事，我是想帮也帮不上的啊。"

　　法一和尚连忙问道："哪五件事呢？"

　　宗谦和尚非常自然地答道："吃饭、睡觉、拉屎、撒尿，还有走路。"

　　听完宗谦和尚的话，法一和尚终于大悟，从此再也不敢说辛苦之类的话了。

毗舍阇鬼喻

【原文】

昔有二毗舍阇鬼①，共有一箧②、一杖、一屐。二鬼共诤，各各欲得。二鬼纷纭竟日③，不能使平。时有一人，来见之已，而问之言："此箧、杖、屐有何奇异，汝等共诤瞋忿乃尔④？"二鬼答言："我此箧者，能出一切衣服、饮食、床褥、卧具，资生之物尽从中出。执此杖者，怨敌归服，无敢与诤。著此屐者，能令人飞行无挂碍⑤。"此人闻已，即语鬼言："汝等小远，我当为尔平等分之。"鬼闻其语，寻即远避。此人即时抱箧、捉杖、蹑屐而飞。二鬼愕然，竟无所得。人语鬼言："尔等所诤，我已得去，今使尔等更无所诤。"

毗舍阇者，喻于众魔及以外道；布施如箧，人天五道资用之具皆从中出；禅定如杖，消伏魔怨、烦恼之贼；持戒如屐，必升人天；诸魔外道诤箧者，喻于有漏⑥中强求果报，空无所得。若能修行善行，及以布施、持戒、禅定，便得离苦，获得道果。

【注释】

①毗舍阇（shé）鬼：佛经里的饿鬼，吸食生灵的精气血肉，亦称癫狂鬼、吸血鬼等。②箧：小箱子一类的器物。③竟日：从早到晚，终日。④乃尔：如此地步。⑤挂碍：指牵挂之意。⑥有漏：佛教指有烦恼的事物。生死是最大的有漏。

【译文】

从前有两个饿鬼，共同拥有一只宝箱、一根拐杖和一双木屐。两个鬼争执起来，都想独占这三样东西。他们吵了整整一天，也没能使其平分。这时有一个人走来，见了这般情形，便问道："这宝箱、拐杖和木屐有什么奇异之处，你们争执得这般怒气冲冲？"两个饿鬼答道："我们这只宝箱，能产生一切东西，衣服、饮食、床褥、卧具之类的生活用品，都可从里面得到；拿到这根拐杖，就能降妖伏魔，没有人敢与我们对抗了；再穿上这木屐，就能健步如飞。"这过路的人听到这话，便对两个饿鬼说："你们稍稍退后一点，让我来替你们平分这三件宝物。"两个饿鬼听了这话，便马上远远地避开了。这个人旋即抱着宝箱，抓起拐杖，穿上木屐飞腾而去。两个饿鬼大吃一惊，竟然一无所得了。那人对鬼说道："你俩所争的东西，我拿去了。这下你们再没有什么好争的了。"

这两个饿鬼好比是那些修行旁门外道的人；宝箱可比作是布施，天上人间的五道众生所需要的一切生活用具都可从这里面产生；禅定则好比是拐杖，可以降伏邪魔、烦恼之类的怨贼；持戒就如同木屐，穿上它就能够由此升入超越世俗的清净境界。那些众魔外道不断争这个宝箱，比喻这些异教徒在烦恼垢染中强求果报，结果当然是一无所获。但若是能修行善行、布施、持戒、禅定，就一定能够摆脱人生苦恼，获得正果。

【评析】

"鹬蚌相争，渔翁得利"，这是一个深刻的教训，千百年来已为大家所熟知。而文中的那两个饿鬼争来争去，最后却便宜了那个过路的人，它所讲的道理和这个故事的确有些相似。生活中这样的故事也很多，人们往往会在没有看清敌人状况之时，盲目与人勾结，结果两败俱伤，让第三者得了利。从这个故事我们知道：无论是同事还是朋友之间，都应当团结互助，而不应该钩心斗角，否则，一个不小心就会使敌人有机可乘，让彼此遭受损失。

【故事征引】

大智与小智

从前，在古印度波罗奈国有两个商人，其中有一个聪明能干，年纪又较轻，所以人们称他为"小智"，还有一位商人，年龄稍大些，人们称他为"大智"。

有一年，大智与小智商量着合伙做生意。刚开始说好只要赢利了，两人就一起平分。可是后来大智却出尔反尔，一再找借口不愿意跟小智平分。他对小智说："因为我是大智，你是小智，所以赢利之后我要得三分之二，你得三分之一。"小智听了也不同意，一直提出必须平分，两人争论不休。

忽然间，大智想出一个主意，他说："要不这样吧，咱附近不是有棵大树吗，树神甚为灵验，我们何不明日请它给我们主持个公道呢！"小智答应了。

当天夜里，大智就把自己的父亲背到大树下，藏到树洞内，然后对父亲说："明天我与小智会请示树神如何分钱财，那时候你就在树洞里说：'小智一份，大智两份'，千万不要弄错啊。"

到了第二天，小智、大智同一时间来到大树下，焚告完毕之后，两人便开始祷告，请示如何分配赢利。"树神"发话说："大智得两份，小智得一份。"这时大智正为自己的奸计成功而拍手叫好呢，突然听到小智说："我要亲眼看看树神到底长什么样子。"

于是，他急忙跑回家，抱来一捆稻草塞进了树洞，随即点燃火，顿时浓烟四起。大智的父亲在树洞内被呛得喘不过气来，后来终于忍受不住，顺着洞壁爬上树，不小心又从树上掉了下来，口中还不住地嚷道："大智荒唐，小智正当，二人平分钱财，理所应当。大智荒唐，将我藏入树洞，就为多占钱财，害父烧伤全身。"

大智见丑事已经败露了，只得答应与小智平分赢利。但是，小智再也不愿意与大智合伙了。

估客驼死喻

【原文】

譬如估客,游行商贾,会于路中,而驼卒死。驼上所载,多有珍宝、细软①、上氎②,种种杂物。驼既死已,即剥其皮。商主舍行,坐③二弟子而语之言:"好看驼皮,莫使湿烂。"其后天雨,二人顽嚚④,尽以好氎,覆此皮上,氎尽烂坏。皮氎之价,理自悬殊,以愚痴故,以氎覆皮。

世间之人亦复如是,其不杀者,喻于白氎;其驼皮者,即喻财货;天雨湿烂,喻于放逸败坏善行。不杀戒者,即佛法身,最上妙因⑤,然不能修;但以财货,造诸塔庙,供养众僧。舍根取末,不求其本,漂浪五道,莫能自出。是故行者,应当精心持不杀戒。

【注释】

①细软:珠宝、绸帛等轻便而易于携带的贵重物品。②上氎(dié):指品质上乘的细棉布。③坐:留驻、守定,此处作使动词用。④嚚(yín):愚蠢而顽固,奸诈。⑤妙因:绝妙的行因,是菩萨的大行。

【译文】

过去有一个商人,四处流动做生意,一次在路途之中,他的骆驼突然死了。而骆驼背的还是一些珍宝、细软和上好的细棉布等物品。骆驼既然已经死了,他就把皮剥了下来。商人要启程,就吩咐两个徒弟说:"你们好生看管这张驼皮,不要让它受潮烂掉了。"商人走后不久,天下起了雨,两个愚痴的人竟然用细棉布盖在骆驼皮上,结果贵重的细棉布都烂掉了。骆驼皮和细棉布的价值,显然是很悬殊的,因为愚痴,才用贵重的细棉布去盖那不值钱的骆驼皮。

世上的人也是这样。不杀生，比如是高贵的细棉布；骆驼皮，比如是普通的财货；天下雨被打湿烂掉的东西，比如是佛家弟子由于放纵自己的行为，从而破坏了戒律，毁掉了修积的善行。不杀生戒是佛法中最上等的绝妙行因，然而他们却不好好修持，只知道拿些钱财造塔建庙，供养各位僧侣。这是放弃了基本的修持而去求人天福报，自然就会漂流在人、天等五道中轮回生死，自己也无法出离生死。正因为这个，所以修行者应当注重修持不杀戒。

【评析】

常言道："因小失大"，这个故事讲的就是两个愚蠢的人因为不知道细棉布与骆驼皮的各自价值，居然用细棉布为骆驼皮挡雨，最后使它溃烂掉了。世人有时候也是这样，在他们还没有真正了解事物的本质与价值时，就将其轻重倒置，舍弃了事物根本的、主要的部分，而去追求那些细枝末节，以致价值较高的被丢掉了，留下来的只是那些价值很低的东西。同时，这个故事也警示我们：遇事定要有清晰的定位，分清孰轻孰重、孰优孰劣；还要有正确的判断力，能够运用心中的天平，在取舍之间选优择优。

【故事征引】

瓶子满了吗？

有一天，老方丈给他的弟子们讲完佛法后，随即拿出一个大玻璃瓶，接着又拿出两个布袋，打开一看：一个装着核桃，另一个装着莲子。

"今天我要给你们展示一个实验，这还是我年轻的时候看过的一个实验，实验的结果我至今仍然常常想起，并常常用这个结果来激励自己。所以，我希望你们看过这个实验之后，也能像我一样牢记这个实验，关键是记住这个实验结果。"老方丈说完，便首先把核桃塞进了玻璃瓶里，直到一个也塞不进去为止。

这时候他问弟子们："你们看现在瓶子满了吗？"

有一位弟子回答说："如果继续装核桃的话，它就已经满了。"

老方丈又拿出莲子，用莲子填充装了核桃后还留下的空间。然后老方丈又问道："你们能从这个实验里总结出什么道理吗？"

老方丈刚说完，弟子们便开始踊跃发言，并展开了讨论。

其中一个弟子说："这说明世界上没有绝对的满，任何事物都具有相对性。"

另一个弟子说："这说明时间就像海绵里的水，只要肯挤，还是可以挤出来的。"

又有一个弟子说："这说明空间可以无限细分。"

老方丈耐心地听完弟子们的意见，笑着说道："你们说得都有一定的真理成分，不过还是没有说出我想让你们领会的道理来。"弟子们想了半天，也没想出究竟是个什么道理。

老方丈接着说："你们是否可以反过来或是用逆向思维来考虑一下呢？假如我最先装的是莲子，而不是核桃，那么莲子装满后还能装下核桃吗？"

老方丈继续说："你们再想想看，人生有时候是否也是如此呢？我们往往会忽略去做那些真正对自己重要的事情，而经常被一些无谓的小事所困扰，就这样眼睁睁地看着人生沉埋于那些琐碎的事物之中，到头来白白浪费了许多宝贵的时间。所以，我希望大家能够永远记住今天的实验，记住这个实验的结果。"

弟子们听完老方丈的话，都点了点头。

磨大石喻

【原文】

譬如有人,磨一大石,勤加功力,经历日月,作小戏牛,用功既重,所期①甚轻。

世间之人亦复如是,磨大石者,喻于学问精勤劳苦;作小牛者,喻于名闻互相是非。夫为学者,研思精微,博通多识,宜应履行,远求胜果②;方求名誉,憍慢贡高,增长过患③。

【注释】

①所期:所期望得到的东西。②胜果:指佛教最高的道果,即涅槃果。③过患:过失、祸患。

【译文】

过去有一个人,磨一块大石头,花费许多气力,历经漫长岁月,最后用这块石头雕成一只玩具小牛。用了这么大的功夫,所期望得到的东西却是如此轻微。

世上的人也是这样。磨大石头,可以比喻钻研学问,精勤劳苦;雕成玩具小牛,可以比喻付出辛苦只是为了名望,互相攻讦。做学问的人,应该深究思想精髓,博闻广识,并付诸实践,以远大的理想去求得殊胜的成果;一旦为了追求名誉,傲慢自大,就会增长自身的过失和祸患。

【评析】

故事中的这个人,虽然在很卖力地打磨石头,也为此花费了不少时间和精力。但是他所做的事情没有太大的价值,所以他付出的所有心血和汗水也便失去了意义。现实生活中，这样偏执的人也不在少数，他们把追求名利作为自己唯一的人生目标，而过分地执著于此。却不知道很多时候这种过分的执著非但不能为他们创造预想中的快乐，反而会带来很多不必要的麻烦，增长自身的过失和祸患。所以我们应该为自己建立一个积极向上的目标，这样就可以促进工作，实现自己远大的理想。

【故事征引】

保持一颗平常心

有一天，一个迟迟不能开悟的学僧到法堂请示禅师道："禅师，我常常打坐，时时念经，每天早睡早起，心中也没有任何杂念，我觉得在您座下没有一个人比我更用功的，可是为什么我还是不能开悟呢？"

禅师听了，也没有多说什么，只是拿来一个葫芦、一把粗盐，然后递给这个学僧，并对他说："现在，你拿着这个葫芦，然后在里面装满水，再把盐倒进去，看它有什么变化，如果它能够立刻溶化，那你就开悟了。"

学僧听完禅师的话就走了，回去之后，他就依样画葫芦，遵示照办。可过了没多久，又跑回来找禅师，他很郁闷地说："禅师，那个葫芦口太小，我拿整块盐往里塞，可是塞进去了也还是没有融化；我把筷子伸进去，可是又搅不动，我是不是还是不能开悟呢？"

这次禅师一言不发，只是拿起那个葫芦，从里面往外倒出了一些水，然后只摇动了几下，盐块就溶化了。

禅师慈祥地望着他，说道："你就是一天到晚只知道用功，而不留一些平常心，只是一味地执著于一些事。这就如同这装满水的葫芦，你摇不动，也搅不得，可是你又想不出办法使盐溶化，这又如何能开悟呢？"学僧没有说话，继续听着。

禅师看了看他，又不紧不慢地说："修行就好比弹琴，弦太紧了自然会断，弦太松了又弹不出声音。所以，我们必须要保持一颗平常心，只有这样才是悟道之本。"

学僧听了禅师的话，没过多久终于开悟了。

跟禅师学插秧

有一天，禅师领弟子们念完佛，就对弟子们说："读书万卷，还要行万里路。光读书不做事，也是不行的。今天我带你们下田插秧去。"

"插秧谁不会啊？"弟子们争先恐后地下田忙活起来，但是忙了一会儿，发现他们插的秧苗弯弯曲曲的，再看看禅师插的秧，却是一条直线。

弟子们大惑不解地问道："师父，您是不是有什么插秧的秘诀，为什么您插的秧苗像尺子量过的那样整齐呢？"

禅师笑着说："刚才你们插秧时是不是随意插的啊？要想秧插得直，其实也不难，只要你们在插秧的时候眼睛盯着一样东西就可以了。"

弟子们如获至宝，马上就去动手实践，可这次插的秧苗，竟然是一道弯曲的弧线。

弟子们又跑过来问师父："师父，我们照您说的做了，可还是不能插成直线啊。"

"你们是否一直盯着一样东西啊？"师父问道。

"是啊，我们一直在盯着水田旁边吃草的水牛，那可是一个显眼的大目标啊。"弟子们一起回答。

师父笑着说："水牛要一边吃草一边走，你们盯着它插秧，可是它一直在不停地移动，你们怎么可能插直？要盯就盯田边那棵大树，盯住静止不动的东西才能让你明确目标。"这次弟子们按照师傅的指点去做，果然插得又快又直。

磨大石喻

欲食半饼喻

【原文】

譬如有人，因其饥故，食七枚煎饼。食六枚半已，便得饱满。其人恚悔①，以手自打，而作是言："我今饱足，由此半饼，然前六饼唐自捐弃②。设知半饼能充足者，应先食之。"

世间之人亦复如是，从本以来，常无有乐，然其痴倒，横生乐想。如彼痴人，于半番饼生于饱想。世人无知，以富贵为乐。夫富贵者，求时甚苦；既获得已，守护亦苦；后还失之，忧念复苦。于三时③中，都无有乐。犹如衣食，遮故名乐；于辛苦中，横生乐想。诸佛说言："三界无安④，皆是大苦。凡夫倒惑，横生乐想。"

【注释】

①恚悔：生气、懊悔。②唐自捐弃：意即白白地浪费了。唐自，徒劳地。③三时：印度分昼夜为六时，即晨朝、日中、日没以及初夜、中夜、后夜。这里的三时指昼三时。④三界无安：众生在三界之中动荡不安，饱受痛苦。三界，佛教把世俗世界分为欲、色、无色三界。

【译文】

有一个人，肚子饿了，一口气吃了七块煎饼。当他吃完六块半的时候，便觉得已经吃饱了。这个人十分后悔，一边抬手打自己，一边心想："只吃了半块饼就这样饱，可惜前面那六块饼都白白地浪费掉了。要是早知道吃这半块饼就能饱了，应先吃它才是。"

世人也是这样。自古以来，就没有常驻的快乐，然而世人痴愚颠倒，总是凭空产生一种快乐的念头来。就像那个吃饼的痴人，不知道正是先吃了六块饼，才会愈吃愈饱，他却误以为半块饼就能吃饱肚子。世上那些无知的人，以为有钱有势就有快乐。其实那些有钱有势的人，求得钱财地位是很辛苦的；等到获得了，守住它也很辛苦；一旦失去了，忧思怀念又是苦的。所以人生在世，每时每刻都没有什么快乐。这就好比衣食可以遮寒除饥，但这些东西是经历了千辛万苦才得来的，世人便在这些痛苦中凭空产生出快乐的念头。因此，诸佛都说："欲界、色界、无色界这三界中都没有什么安乐，都充满了痛苦的经历；世人颠倒迷惑、不明真相，才会凭空产生出快乐的念头。"

【评析】

故事中这个吃饼的人，居然以为自己吃饱是因为最后那半块饼，而觉得吃先前的六块饼是浪费，真是愚笨至极。这些愚笨的人只看得见事物的结果，却看不见整个事物的过程，在他们眼中也只有事物所造成的直接影响，却不知道每一件事物都要经历起因、经过、结果这些发展过程。那些妄想着一步登天、期盼能走捷径的人，都只是痴人说梦。要知道，不论事物的结局如何，那都来自于成功前的不断付出。

【故事征引】

一千倍的付出

有一位理发师，新收了两个徒弟。这两个徒弟学了没多久，就商量着一起去外面闯闯。说走就走，他们告别了师父，就各自来到大都市求发展。他们筹备好本钱，又挑了一条热闹的街，各自开了一家店。

大徒弟开的店，专门为普通男女做一些大众化的发式，流行什么就做什么，很快就赚了一些钱。小徒弟开的店，却专门为一些爱时髦、有品位、懂时尚的顾客设计一些独特的发型或者做形象设计。

大徒弟的生意还算不错，每天都有人来做一些简单的发式，而小徒弟的生意却很是惨淡。因为一开始并没有人认识小徒弟，所以他的一些前卫、时尚的设计观念都没有被市场接受。这时候，大徒弟就得意洋洋地对小徒弟说："你应该知道，这个世界上，普通男女比时尚男女多一百倍。"

但是过了几年，情况却发生了变化。小徒弟通过自己的努力拼搏，终于成为一名形象设计大师，世界上有许多知名人士、明星，都来找他做设计。很快,他的钱已经多到数不过来了。

有一天,大徒弟和小徒弟偶然间碰面了。小徒弟微笑着对大徒弟说:"你也应该知道,这个世界上,时尚男女需要美化形象的次数比普通男女多上一千倍,并且付出的价钱也要贵一千倍!"

大徒弟看着眼前这位得意的小徒弟,悔恨当初不该瞧不起他。一时间,不知道说什么好了。

奴守门喻

【原文】

譬如有人，将欲远行，敕①其奴言："尔好守门，并看驴、索。"其主行后，时邻里家有作乐者，此奴欲听，不能自安。寻以索系门，置于驴上，负至戏处，听其作乐。奴去之后，舍中财物贼尽持去。大家行还，问其奴言："财物所在？"奴便答言："大家②先付门、驴及索，自是以外，非奴所知。"大家复言："留尔守门，正为财物；财物既失，用于门为？"

生死愚人，为爱奴仆，亦复如是。如来教诫，常护根门③，莫著六尘，守无明驴，看于爱索④。而诸比丘不奉佛教，贪求利养，诈现清白；静处而坐，心意流驰；贪著五欲，为色、声、香、味之所惑乱，无明覆心⑤，爱索缠缚；正念、觉意、道品⑥财宝，悉皆散失。

【注释】

①敕：这里是嘱咐之意。②大家：主人。③根门：眼、耳、鼻、舌、身、意成为六根。六根为世间烦恼进入心中的门户，故称"根门"。④爱索：这里指追求肉体享乐的欲望。⑤无明覆心：烦恼蒙蔽了人心。无明，佛教指没有智慧、不懂佛理的一切认识。⑥道品：是达到涅槃境界的道法的品类，有三十七科。

【译文】

过去有一个人，将要出门远行，吩咐仆人道："你要看好家门，要拿绳子把驴子拴好。"主人走后，邻村的一户人家正在奏乐，这个仆人很想去听，但一想到主人的嘱托，便坐立不安起来，随即想出一个办法，他用绳索系了门，放在驴上，赶着毛驴到那奏乐的地方去听音乐。仆人离去之后，屋中的财物都被贼偷去了。等到主人回来，问仆人道："家里的财宝哪儿去了？"仆人答道:"主人先前只是嘱咐我看守门、驴及绳子,除了这些以外,其余的东西我就不知道了。"主人说:"留你守门,正是为了保护财物。财物都被偷光了,还要门有什么用?"

　　流转于生死的愚人,常常贪恋五欲,成为爱欲的奴仆,和那位贪恋享乐的仆人一样。如来佛祖告诫我们:要持守戒律,守住六根门户,不要让六根染上了俗世的欲望。守住无明这头驴,不要让它随意驰走,看好爱欲这条绳索。然而有些出家人却不奉行佛的教诲,贪求名利和供养,表面上装得很清白;在幽静处坐禅,其实心念放纵;早已没有约束,让无明的烦恼蒙蔽了清静之心,使追求享受的绳索缠住了整个身体;连自己修行所谓的正念、觉意、道品之类的财宝都全部散失掉了。

【评析】

　　读完这则故事我们知道,做人做事应该学会灵活变通。如果一味地不知变通,就会陷入迂腐的境地。所以,我们在处理事情时,一定要洞悉原委真相,把握根本症结所在,对症下药,才能解决问题。一定要牢记:我们要守住的不仅仅是自家的大门,更重要的是要守住自己智慧的心门。只有善于用智慧来自如地开关我们的心门,才不会做出愚痴的事情来。

【故事征引】

值不值得坚持

　　很久以前,在一个荒僻的村庄里有两户人家,他们各自有一个儿子,这两个孩子从小就在一块儿玩耍,成了无话不谈的好朋友。日子一天天过去,他们也一天天长大。有一天,他们觉得自己长大了,于是商量着要离家去外面找点儿事做,积攒点儿钱,好养家糊口。

　　第二天他们就出发了。走了没多久,他们在半途中发现一片繁茂而无主的麻林,商量了一阵,他们就开始割麻,准备背回家去卖点儿钱。于是,两人各自背了一大捆麻继续赶路。

　　又走了没多远,途中他们又看见一大堆无主的贝壳和丝织品等,其中一人就放弃了背上的麻,而改拿了那些贝壳和丝织品,另一个人坚持背麻。

　　他们又继续走路,结果又看见一堆无主的银子。那个背着贝壳和丝织品的人，又改背银子赶路，而另一个人依然背着原先的麻。

一会儿，他们又看见路旁有一堆无主的金子。背银子的那个人对背麻的同伴说："老兄！你看路旁有一大堆金子，而且没有主人，你干吗不放弃价值不高的麻呢？咱俩一块儿把这些价值昂贵的金子背回去，不是更好吗？这样我们回到家里就变成富翁了。"

背麻的人听了后仍然无动于衷，固执地说："我辛辛苦苦背着麻走了这么长的路，可不想轻易放弃它。如果你想要的话，你自己把那一堆金子拿走，我不会在乎的。"

背银子的人觉得对方简直不可理喻，就把自己背着的银子放弃，捡起地上的金块回家了。

背金块的人的父母看见儿子背着金块回家，夸赞道："你真聪明，得了这么多金子回家。以后我们有福可享了，连你的妻子儿女都有好日子过了，我们还可以供养僧众，求得未来的善报。"

那个背麻的人不声不响地回到家里。父母见他背着一堆不值钱的麻回来，问明情况后，十分生气，责怪道："你这个笨蛋！你大老远背着沉重的生麻回来，你打算用它做什么呢？即使卖钱，又能换回几个钱呢？你以为它能当饭吃吗？你以为它能养活父母妻儿吗？你真是太愚蠢了！"

拐弯后才能抹角

从前，有一个七岁的小孩儿常常找无德禅师谈天。每天他们都会在同一时间、同一地点汇合，然后开始天南海北地说一通。小孩儿呢，觉得跟禅师在一起聊天很开心。禅师呢，也非常喜欢这个天真无邪的孩子。聊天时间久了，无德禅师从谈话中发现他是一个机智不凡的孩子，甚至发现他的有些话还很有禅意。

有一天，无德禅师想考考他的悟性，便对他说："最近老僧每天很忙，没时间经常跟你闲聊。现在我和你再辩一次，如果你输了，你就要每天买饼供养我；如果我输了，我就买饼和你结缘。"

小孩儿听后说道："请师父先拿出钱来！"

无德禅师说道："现在最要紧的是辩败才要钱，辩胜可不成问题。假如我是一只公鸡。"

小孩儿答道:"我是一只虫子。"

无德禅师抓住机会说道:"是的,你是小虫儿,那你就应该买饼给大公鸡吃!"

小孩儿争论道:"不是这样的,师父!你要买饼给我才对!因为你是大公鸡,我是小虫子,见到你我可以飞走,因为师徒间是不可以争论的!这样看来,你不就是输了吗?"

就在这时候,无德禅师抓住了小孩儿的手,故意引来许多民众。无德禅师说道:"请村民来裁决吧。大众啊!请你们为老僧和这个孩子评判一下,我们之间到底谁说的更有理呢?"

大众不能判断,于是无德禅师庄严地说道:"看来只有睁着眼睛的禅师才能作出判断啊!"

过了三天后,寺中的人才注意到,无德禅师每天都悄悄地买饼送给那个小孩儿。

偷犛牛喻

【原文】

　　譬如一村，共偷犛牛①，而共食之。其失牛者，逐迹至村，唤此村人，问其由状②，而语之言："尔在此村不？"偷者对曰："我实无村。"又问："尔村中有池，在此池边共食牛不？"答言："无池。"又问："池傍有树不？"对言："无树。"又问："偷牛之时，在尔村东不？"对曰："无东。"又问："当尔偷牛，非日中时耶？"对曰："无中。"又问："纵可无村，及以无树，何有天下无东无时？知尔妄语，都不可信。尔偷牛食不？"对言："实食。"

　　破戒之人亦复如是，覆藏罪过，不肯发露，死入地狱。诸天善神，以天眼观，不得覆藏。如彼食牛，不得欺拒。

【注释】

　　①犛牛：牛的一种，体大耐寒，是我国青藏高原的主要牲畜。②由状：事情情况。

【译文】

　　从前有一个村庄，村里人联手偷了一头牦牛，合伙吃掉了。那个丢了牦牛的人循着足迹追到村子里来，并叫来这个村的人打听情况，问道："你住在这个村吧？"偷牛者答道："我们这儿其实没有村子。"失主又问："你们村中有个池塘，你们是不是在这个池塘边合伙吃了这牛？"村里人答道："这个村里没有池塘呀！"失主又问："池塘边上是不是有一棵大树？"村里人答道："没有树啊。"失主又问："你们偷牛时，是不是在村子东边？"村里人答道："这村子没有东边。"失主又问："当你们偷牛的时候，不是刚好中午吗？"村里人答道："我们这儿没有中午。"失主问道："即使可以没有村子、没有树，可天下哪里会没有东边、没有时间呢？由此可知，你们说谎了，完全不可相信，一定是你们偷吃了牛，对不对？"村里人答道："确实吃了。"

那些破戒的人也是这样。他们用各种方式把罪过掩盖起来，不肯让别人知道，死后就堕入了地狱。破坏了戒律纵使能骗得了别人，但诸天的善神以天眼来观察，就掩盖藏匿不了了。就如那些偷吃牛的人，根本就不可能欺骗得了失主。

【评析】

现实中有些人也一样，总是把自己的罪恶隐藏起来，不肯忏悔改过迁善，却常常假造理由、自圆其说，直到掩盖不了自己所犯的罪恶，受了种种苦恼之后才肯认罪。要知道，我们只有勇于承认自己的过失，恳切地忏悔，才能走上光明的大道。

【故事征引】

忏悔是最有力量的

从前有一位禅师修行很高，但就是有一个缺点，爱打瞌睡。每次他腿一盘坐到蒲团上时，就开始打瞌睡，其他禅师和弟子们也拿他没办法，他自己也很苦恼。

后来他给自己想了一个办法，在寺庙后面找到了一个台子，然后把台子放在悬崖上面，他再坐上去，把腿一盘，一半伸出悬崖。他心想：如果我打瞌睡，肯定会跌落悬崖，当场摔死，这样以后就不会再打瞌睡了。

可是没想到的是，当他把双腿盘上去坐好后，竟又打起瞌睡来，结果真的摔下悬崖了。跌落到半空中时他猛然惊醒了，发现有个菩萨将他接住，又把他重新托到台子上。

禅师见菩萨救了他一命，于是感激地问菩萨："请问你是谁呢？"

菩萨说："我是韦陀，我观察你很久了，看你这么精进，所以特别来为你护法。"

禅师听了很高兴，说："这个世界上像我这么精进，又能坐在悬崖上打坐的人有多少呢？"说话时一副洋洋得意的神情。

韦陀菩萨说："像你这样坐在悬崖上打坐的人很多，但是像你这么骄傲的人却很少。所以，从此二十世我不会再来为你护法。"说完转身便走了。

禅师看到菩萨的举动，大吃一惊，立刻意识到是自己的傲慢让菩萨生气了，所以当场跪下来礼拜，忏悔道："我保证以后再也不傲慢了，请您继续为我护法吧！"说完痛哭流涕。

而这时的菩萨早已经走远。"怎么办呢？现在没有人为我护法了，可是我还是要继续修行。"禅师这样想了想，然后爬到高台上，继续盘腿打坐，心想："这次我经过了如此重大的教训，一定不会再打瞌睡了！"但坚持了没多久，又开始打瞌睡了，再次摔下山崖。跌落到半空中时突然又惊醒过来："这次完了！韦陀菩萨肯定不会再来救我了，看来这次我真的要死了啊！"他绝望地闭上了眼睛……

就在距离地面还有两寸的时候，禅师突然感觉又有人托住了他，并再次把他托回到高台上。

禅师又问："你是谁呢？"

"我是韦陀，是专门来为你护法的。"

禅师半信半疑地说："你不是说从此二十世不再来护我的法了吗？"

韦陀菩萨继续说："我本来说二十世不来护你的法，但从你一念忏悔心那一刻起，就已经超过了二十世！所以，现在我要继续为你护法。"

禅师惭愧地低下了头。

集体做忏悔

除夕那天晚上，佛陀叫来觉悟，让他先去沐浴，然后换上一件新袈裟。等觉悟沐浴完后，穿着新装再次来到佛陀面前时，佛陀慈爱地对觉悟说："觉悟，我要请你帮我做一件很重要的事。"

觉悟急忙问："世尊，您要我做什么事？"

佛陀微微一笑，然后指着那根竖立在不远处的铁柱对觉悟说："你去敲一敲那根铁柱，一定要用力地敲、使劲儿地敲。"

觉悟点头答应后就匆忙走到那根铁柱旁，他拾起地上一块坚硬的石头，对着那根铁柱先试着比划了几下，随后用力敲了一下。

猛然间，那根铁柱发出极响亮的声音，这声音几乎传遍整个舍卫国，连地狱里的饿鬼和畜生道的畜生们也都听见了。更奇怪的是，大家听到这声音后，身上所有的痛苦和烦恼都消失了。无论世人、饿鬼或畜生都不再有痛苦和烦恼了。

事实上，这些事觉悟在敲击铁柱前根本没有想到，他自己也被声音震撼了。这声音将僧房中休息的比丘们召唤出来，他们都汇聚到了讲经堂。

接着，佛陀便对他们说："众位弟子，明天就要开始新的一年了，大家也都学习一年的佛法了。现在我们都要反省一下自身，包括我也是需要反省的。现在你们俩人一组，各自向对方检讨自己的过失，并对自己所犯的过失做出忏悔，使自己的身心清净不染杂念。"

于是，所有弟子都遵从佛陀的吩咐，两人一组，认真检讨自身，忏悔后又重新回到自己的座位上。

这时候，佛陀也慢慢地从自己的座位上站起来，开口说道："刚才你们大家都检讨了自身，并为自己的过失做了忏悔。我刚才说过，我同样也需要反省。"

佛陀稍微停了一下，接着说："其实这一年里，我没有做错任何一件事，也没有任何过失，但是为了训诫你们，我也要作出反省、检讨自身。"紧接着，佛陀便向大家做了忏悔，随后又坐了下来。

弟子们看见佛陀没有任何过失，却也检讨了自身，顿时觉得自己还反省得不够，于是都学着佛陀的样子做了忏悔。

贫人作鸳鸯鸣喻

【原文】

昔外国节，法庆①之日，一切妇女尽持优钵罗华②，以为鬘饰③。有一贫人，其妇语言："尔若能得优钵罗华来用与我，为尔作妻；若不能得，我舍尔去。"其夫先来常善能作鸳鸯之鸣，即入王池作鸳鸯鸣，偷优钵罗华。时守池者而作是问："池中者谁？"而此贫人失口答言："我是鸳鸯。"守者捉得，将诣王所，而于中道，复更和声作鸳鸯鸣。守池者言："尔先不作，今作何益？"

世间愚人亦复如是，终身残害，作众恶业，不习心行④，使令调善，临命终时，方言："今我欲得修善。"狱卒将去，付阎罗王。虽欲修善，亦无所及已。如彼愚人，欲到王所，作鸳鸯鸣。

【注释】

①法庆：带宗教色彩的国庆。②优钵罗华：产于印度的一种植物，亦指睡莲花，开花时间短，故十分名贵。③鬘（màn）饰：头发上的装饰品。鬘，一种开金黄花的植物名。④心行：心，念念迁流不已，或念善，或念恶，所以叫作心行。

【译文】

从前在外国节日庆典的时候，有一种风俗，所有的妇女都佩戴优钵罗华作为装饰。有一个穷人，他妻子对他说："你要是能弄到优钵罗华来给我作发饰，我就还做你的妻子；要是弄不到，我就会离开你。"她丈夫先前很能模仿鸳鸯的叫声，于是他就潜入国王的池沼，一边作鸳鸯的鸣声，一边偷优钵罗华。看守池塘的人听到响声，就问道："什么人在池塘里？"这个穷人失口答道："我是鸳鸯。"看守池塘的人就将他捉牢了，押去见国王，走到半道上，穷人又抑扬有致地作起鸳鸯的鸣声来。看守池塘的人嘲笑他说："你先前不叫，现在叫有什么用？"

世上的愚人也是这样。他们一生做了很多残害他人的事，造了许多的恶业，从不调节心行，来使自己变得调顺善通，等到临死之时才说："现在我想修行善业。"但此时无常已经将他拖去见阎罗王。他们虽想修行善业，可已经晚了。就好像那个愚人，快到国王那儿了，才作起鸳鸯叫来，已经太晚了。

【评析】

这是一则佛教故事，讲的是一个学鸳鸯叫的穷人因为一时口误而被抓。这个故事意在告诉我们，不要等事情到了无可挽救的地步，再去后悔。生活中有些人做事总爱一意孤行，死钻牛角尖，不听别人的劝告，等到他想要补救时，已经没有退路了。每个人都会犯各种小错误，但只要能在犯错之后认识到自己到底错在哪里，吸取教训并及时更正，那么，今后就会避免再犯同样的错误。

【故事征引】

作恶的狐狸王

从前，有一位热心肠的道长，跟周围的人相处得很好。后来他发现周围的好多人每天都得从大老远处挑水吃。为此他考虑了好久，最后决定在野外挖一口水井，来方便大家以后的用水。

于是，他召集了一些人前来帮忙，没过几天就把井挖好了，还在井边放了一只吊桶，方便所有前来用水的人。周围人高兴极了，都围着井欢呼。

从这以后，那些放牛、割草、旅行的人，路过这里时，都会到这个井边喝水。

有一天黄昏，一群野狐狸来到井边，看见那儿的井水溢出地面，就立刻喝那些水来润湿喉咙。狐狸王见其他野狐狸迫不及待喝水的样子，心想：我是狐狸王，怎么能够跟它们一样喝地面上的积水呢？于是它把头潜入井边的那个吊桶里，喝完了桶里剩下的水。然后它又把头潜在吊桶里，用力一摔，把那个吊桶掷在地上摔得粉碎。

其他野狐狸看见狐狸王这一举动，忍不住劝告它说："我们在口渴难忍的时候，连干燥的树叶都能派上用场，何况，这个吊桶对别人是多么重要啊，你为什么要把它摔碎呢？"

狐狸王不服气地说："我喜欢这样做，有什么不可以吗？那是别人的困难，跟我有什么关系？我也管不着。"不管其他野狐狸怎么说、怎么劝，狐狸王都听不进去。

没过一会儿，人们把吊桶被破坏的事情告诉了道长，道长又买了一个新吊桶放在井边。那群野狐狸从那以后，天天来井边喝水，而那个狐狸王每次都是在喝完水之后把吊桶摔碎。

就这样连续了好几天，狐狸王一连摔碎了十四个吊桶。其他狐狸苦口婆心地劝告它，但它依然我行我素、充耳不闻。

道长知道了这件事以后，心想："难道是有人觉得这口井不够好，我一定要把这事搞清楚。"于是，他想亲自去看看，他买了一个新吊桶放在井边，自己藏在树荫下，看了一整天，也没有看到谁来这儿搞破坏，道长想回去了，可是想想白天的事，还是决定再等等看。

当夜幕降临的时候，他看到一群野狐狸来到井边，都在喝着地面上的积水。而在那中间站着一条看似领袖的狐狸，先是把整个头潜入吊桶喝水。喝完之后，又用力把吊桶往地上一摔，摔得粉碎。

"原来一直以来都是这个狐狸王在埋怨这口井啊！"道长看到这一情景，明白了真相，于是即刻跑回道观去，又用木材造了一只头能伸得进去但拔不出来的吊桶，重新放在了井边。然后，他又手持拐杖，跟上次一样隐藏在路旁的树荫下，悄悄地等待狐狸王的到来。

又是一个夜幕降临的夜晚，野狐狸们还像往常一样来到井边，低头喝着地面的积水。狐狸王呢，也没注意到吊桶跟平时有什么不同，依然把头伸进桶里喝水。喝完之后，仍用力把水桶往地面猛撞。结果，吊桶不但没有损坏，反而自己的头也拔不出来了。

正在狐狸王惊慌失措之际，道长突然现身，挥起拐杖，打死了那只狐狸王。

野干为折树枝所打喻

【原文】

譬如野干①,在于树下,风吹枝折,堕其脊上。即便闭目,不欲看树,舍弃而走,到于露地②,乃至日暮亦不肯来。遥见风吹大树,枝柯③动摇上下,便言唤我,寻④来树下。

愚痴弟子亦复如是,已得出家,得近师长,以小呵责,即便逃走。复于后时,遇恶知识,恼乱不已,方还师所。如是去来,是为愚惑。

【注释】

①野干:似狐而小,形色青黄,如狗一般结群而行,夜鸣如狼,是狐狸的一种。②露地:指空旷没有树木的地方。③枝柯:树枝。④寻:随即。

【译文】

就好比有一只叫野干的小动物,蹲在树下,风吹来,树枝折断了,正好砸在它的脊背上。于是它就生气地闭上眼睛,不想看树了。然后它就离开了这块地方,来到了一块空旷的地方,一直待到天黑也不肯回去。后来,它远远看见大树的枝丫被风吹得上下摇动,便自言自语道:"它在叫唤我呢。"随即小心翼翼地重新回到了树下。

那些愚痴的出家弟子也是这样。他们已经出家了,有了跟师父近距离接触的机会,师父因为徒弟的一些小毛病而呵斥责备他们时,这些徒弟就受不了,逃走了。后来又遇到一些歪理邪说,心中恼乱不已,于是他们又重新回到师父身边。如此这般来来去去,就是愚痴迷惑的行为。

【评析】

　　这则寓言主要讽刺那些由于一些呵斥责备而逃离佛门,后来遭到了外道和邪魔学说的侵袭又返回佛门的人。一个优秀的人的成长,要勇敢接受批评,然后自我完善。批评的滋味自然不好受,但是我们只有服下批评这剂良药,才能够真正地根除我们行为上的"毒瘤"。一个聪明的人,是会从赞扬中得到热情、从批评中得到进步的。

【故事征引】

圣徒的英文缩写

　　很久以前有两个孤儿,生活过得很贫困。有时候他们为了填饱肚子,迫不得已才会进行一些偷盗活动。但是,他们有个共同的原则:绝不偷穷人的东西。

　　有一天,这两个人看到一户富人家里养着好多只羊,便商量着偷一只回来卖点儿钱,结果被人逮住送到了管事处,最后给他们的惩罚是,在他们两人的前额烙上两个英文字母ST,意思是"偷羊贼",然后就释放了他们。

　　这两个人出来以后,时时处处遭提防、唾弃,没有人愿意跟他们讲话,更没有人愿意帮助他们,有的只是周围人的指桑骂槐。其中一个人实在受不了这种耻辱,于是逃到了异国他乡,他以为逃到一个没有人认识的地方,自己会好过许多。可是当他出现在那个地方时,仍然有人不停地问他,你额头这两个字母是什么意思。他不堪痛苦,见人就躲,最后抑郁而终,把自己埋在了野坟中。

　　而当初跟他同甘共苦的那个人却说:"我虽然无法逃避偷羊的事实,但我仍然要留在这里,我要赢回周围人对我的尊敬。"

　　就这样一年一年过去了,这个人通过自己不懈的努力,终于又重新建立起正直的名誉,周围的人也慢慢开始认可他了。

　　突然有一天,一个陌生人看到这个老年人额头上的两个字母,就问这是什么意思。村里的人就告诉他:"这已经是很久以前的事了,我也有点儿记不清楚了,应该是saint(圣徒)的缩写吧。"

批评并非就是坏事

从前有一个人住在森林里修行，他心地非常纯净，也非常虔诚，常常热心帮助别人。

有一天，他感到百无聊赖，于是来到林间散步，偶然间发现了一个莲花池，走近一看，池中的莲花正在争奇斗艳、竞相开放，十分美丽。这时候，修行人心里有了一个念头："这么漂亮的莲花，我如果摘一朵插在书房中，让自己沐浴在莲花的芬芳中，感觉一定会很好的！"于是，他俯下身，在池边选摘了一枝，正当他转身想离开的时候，忽听耳边一个低沉而巨大的声音说："你是谁？竟敢偷采我的莲花！"

修行人被吓了一跳，但他环视四周，什么人也没看见，只好抬头对着天空问道："你是谁？凭什么说这里的莲花是你的呢？"

"我乃莲花池神，这池里的莲花都是由我精心照料的，枉你是一个修行人，竟然心起杂念，偷采我的莲花，自己不知道反省、检讨、惭愧，还敢问这莲花是不是我的！"空中的声音说。

修行人瞬间醒悟，内心不禁很是惭愧，于是对着空中躬身忏悔："多谢你的提醒！是我一时迷失了心性，欲将莲花据为己有。从今以后我一定会加强心性的修炼，不再贪取任何不属于自己的东西。"

修行人正在自我检讨的时候，又有一个人来到池边，嘴里还自言自语地说："这里的莲花好漂亮呀！我可以采一些回去，然后拿到市镇上去卖点儿钱，再去赌一把，很有可能会把昨天赌输的钱赢回来呢！"那人说着就跳进了莲花池，三下五除二就把池里的莲花摘了个精光，原本漂亮的莲花池被践踏得不成样子，池水也变得混浊不堪，连池底的污泥都翻了起来。然后，他捧着一大束莲花，大笑着扬长而去。

而这时候的修行人，目睹了那个人采花的全过程，也一直期待这莲花池神能出来制止、斥责或处罚这个摘莲花的人，但是池畔始终一片静默。眼看着那个人渐渐远去了，他心中充满了疑惑，转回身来愤愤不平地对着虚空责道："莲花池神呀！我刚才只不过虔诚地采了一朵莲花，你就严厉地斥责我，说我的不是。而刚刚那个人采光了所有的莲花，毁了整个莲花池，你为何一句话也不说呢？"

空中的声音又出现了，说："你本来是个修行人，你就如同一匹洁白的布匹，沾上一点点的污痕就很明显，所以我才来提醒你，赶快除去污浊，恢复纯净的本性。而刚才那个人沦陷日久，已经无可救药，就如同一块抹布，再脏再黑，他也无所谓，我即使有心帮忙也起不到作用，所以只能任凭他沉沦下去，这才保持沉默。你不要因为受到别人的指责就心生怨恨，你应该为此感到高兴，因为你的缺点能够被人看见，还有人能帮助你纠正，教导你怎样改正，这应该是值得庆幸的事情呀！"

修行人这才惭愧地点了点头。

小儿争分别毛喻

【原文】

譬如昔日,有二小儿,入河遨戏,于此水底,得一把毛。一小儿言:"此是仙须。"一小儿言:"此是罴毛①。"尔时河边有一仙人,此二小儿诤之不已,诣彼仙所决其疑。而彼仙人,寻即取米及胡麻子,口中含嚼,吐著掌中,语小儿言:"我掌中者,似孔雀屎。"而此仙人不答他问,人皆笑之。

世间愚人亦复如是,说法之时,戏论②诸法,不答正理③。如彼仙人不答所问,为一切人之所嗤笑。浮漫虚说亦复如是。

【注释】

①罴(pí)毛:棕熊的毛。②戏论:轻率随意地议论、评价。③正理:言之凿凿的道理,此指佛法义理。

【译文】

就好比从前有两个小孩在河里游水嬉戏,他们在水底摸得一把毛。一个小孩说:"这是仙人的胡须。"另一个小孩说:"这是棕熊的毛。"当时河边正住着一位仙人,这两个小孩争论不已,便到仙人那里,请仙人为他们决断。而那个仙人随即取了一把大米和胡麻子,放进嘴里嚼,然后吐在自己的手掌上,对那两个小孩说道:"看我掌里的东西,很像是孔雀屎。"这个仙人没有答复两个小孩所提的问题,从此以后人们就都知道这事了。

世上的愚人也是这样。他们在说经释法的时候,常常东拉西扯,不去答复正理,如那个仙人答非所问一样,结果遭到了世人的嗤笑。他们浮泛散漫地虚说一通,与这个仙人的做法是一样的。

【评析】

　　故事中的这个仙人，很明显是不懂装懂。面对小孩的提问，他只说一些华而不实、散漫虚假的空话，到头来不但对别人没有帮助，而且还会毁坏自己的名声。一些现代人也一样，他们总爱装腔作势、言不及义，以致耽误了宝贵的时间。谁都知道，在这个高度复杂的信息时代，我们每个人所吸收的知识都不可能包罗万象，我们更应该承认自己某种知识的缺乏，虚心地去倾听别人的教诲，这样才能够使自己进步。如果一味地不懂装懂，那就是无知的表现。如果我们在不懂的时候能保持沉默，或许也是解决尴尬的一种办法。

【故事征引】

不懂时不妨保持沉默

　　从前有一个和尚，一直想得到别人的尊重和崇拜。

　　有一天，他刚从外面回来，就听人说只有开悟的人，才能受到别人无尽的尊重与崇拜。他心想："那我也可以马上开悟，来赢得别人的尊重啊。"

　　到了第二天，他就对外宣称自己已经开悟了。很快，许多云游的僧人都不远千里来拜访、请教他。他担心会露出马脚，经常一言不发，装出一副高深莫测的样子，还自称为"沉默大师"，把一切问题交给两个能言善辩的徒弟去回答。

　　有一天，两个弟子都出去办事，正好一位云游的和尚来向沉默大师请教佛法，沉默大师只好亲自接待他。

　　云游的和尚问道："大师，什么是佛？"

　　沉默大师不知道要怎么回答，只好保持沉默，一边还东张西望，寻找两位能言善辩的弟子。

　　云游的和尚觉得沉默大师的左顾右盼充满了禅机，于是继续问："大师，什么是法？"

　　这一次，沉默大师对寻找弟子已经绝望了，只好避开云游和尚锐利的眼光，抬头看看他，再低头看看地，依然一言不发，保持沉默。

　　云游的和尚深感受到很大的启发，又问大师："大师，什么是僧？"

　　沉默大师只好闭上眼睛，不作任何表示。

云游大师内心充满了喜悦，再问："大师，什么是幸福快乐？"

沉默大师感到头痛了，只好双手一摊，表示再也不能回答问题了。

云游的和尚深深地鞠了一躬，兴高采烈地离开了，他觉得沉默大师果然名不虚传，深不可测。

他离开沉默大师不久之后，在路上遇到沉默大师那两位能言善辩的弟子，他不知道他们和沉默大师的关系，兴致勃勃地告诉他们自己的心得：

"沉默大师是个真正的悟道者，我问他什么是佛，他把头先转向东边、再转向西边，意思是说，人人到处在找佛，其实佛就在心中啊，没必要花时间东找西找。我又问他什么是法，他先看看上面、再看看下面，意思是说，法是完全平等的，没有高低之分。我问他什么是僧，他闭上了双眼，意思是说，闭门苦修的才是僧。最后我想不出什么问题了，就问他什么是幸福快乐，他摊开双手，意思是说，能放下一切就是幸福，能帮助别人就是快乐啊！可见沉默大师的悟道是多么深切，教导也是如此深刻。你们俩应该赶紧去拜望他啊！"

云游的和尚说完，再度走上参访的旅程。两位弟子听得目瞪口呆，心想：师父怎么在转眼之间就变得这么高深了呢？我们还是赶紧回到沉默大师身边吧。

沉默大师看到两个徒弟回来，不禁生气地抱怨他们："你们跑到什么地方去了，刚刚有一位好问的和尚，差点儿把我问倒了，还好我一直沉默到底，他这才离开了。"

沉默大师成功地保住了他的面子，他的成功就在于他在不懂的时候能够保持沉默。当然，沉默大师欺骗别人的行径是值得我们批判的，但就处事交际而言，他的做法是值得我们去借鉴的。

医治脊偻喻

【原文】

譬如有人，卒①患脊偻，请医疗之。医以酥涂②，上下著板，用力痛压，不觉双目一时并出。

世间愚人亦复如是，为修福故，治生估贩③，作诸非法。其事虽成，利不补害，将来之世入于地狱。喻双目出。

【注释】

①卒：同"猝"，突然。②酥涂：涂上动物乳制成的酥油。③治生估贩：即经商谋生。估贩，做生意。

【译文】

好比从前有一个人，突然患了佝偻病，于是就请医生来治疗。医生诊断后，就在他背上涂了酥油，上下夹了两块木板，然后用力痛压，患者的双眼一下子都被压挤出来了。

世上的愚人也是如此。他们为了修福业，就做生意谋生，利用一些非法的手段。事情虽是做成了，但是所得利益却抵不过所失。到头来也一定会遭到恶报，坠入地狱，就像那人的双眼被挤出一样痛苦不堪。

【评析】

读完这个故事，我们知道这位患佝偻病的人，为了让自己的体形变得好看，结果很不幸地遭受了双目被挤出的痛苦。真是因小失大、愚不可及。古往今来，这种为了一点小利而吃了大亏的例子比比皆是。很多时候，人们都跟那个佝偻病人一样，在追求完美、做饮鸩止渴的事情之时，他们的眼睛盯住的只是那些蝇头小利，却不知在其背后还隐藏着一个巨大的陷阱。这也告诉我们做事时一定要分清主次，切忌只认死理，一条道走到黑。

【故事征引】

有黑点的珍珠

从前有一个渔夫，没有家庭，只能靠打鱼养活自己。他每天起早贪黑地到大海里钓鱼，钓到一篓子鱼之后，就拿到集市上去卖。就这样，他从没有一天中断过钓鱼，他的单身生活过得也还凑合。

有一天早晨，他像往常一样去海里钓鱼。这一天收获倒是不小，钓了不到两小时，就钓了有大半篓鱼。渔夫心里高兴极了，心想：中午之前我肯定能钓一大篓子鱼，下午就可以上集市了，卖完了回来接着钓。

正在渔夫高兴之际，一个不小心，鱼竿竟然掉到海里了。渔夫慌了，赶紧把手放进海里去捞他的鱼竿。突然，他从海里捞到一个东西，渔夫拿出来一看，眼睛都快直了：手里握着的居然是一颗大珍珠。渔夫觉得自己好像是在做梦，掐了掐自己的大腿。哈哈！居然是真的！渔夫拿着它真是爱不释手。可是，他发现这颗珍珠上面有一个小黑点。渔夫心想：这么漂亮的一颗珍珠，怎么可以有黑点呢？必须把黑点刮掉，这样才算完美嘛！

想到这儿，渔夫就回家找了一把小刀，准备用刀子把那个小黑点刮掉。可是，渔夫刮掉一层，黑点还在，再刮一层，黑点还在，刮到最后，黑点没有了，可是珍珠也不复存在了。

渔夫看着地下的珍珠末，又看看手里握着的那把小刀，放声大哭起来。

五人买婢共使作喻

【原文】

譬如五人，共买一婢。其中一人语此婢言："与我浣①衣。"次有一人复语浣衣，婢语次者："先与其浣。"后者恚曰："我共前人同买于汝，云何独尔？"即鞭十下。如是五人，各打十下。

五阴②亦尔，烦恼因缘③，合成此身；而此五阴，恒以生、老、病、死无量苦恼，搒笞④众生。

【注释】

①浣：洗。②五阴：佛教中指构成所谓人体的五种成分，即色、受、想、行、识，亦称五蕴。③烦恼因缘：人是以各种烦恼作为因和缘形成一个身体。因而生、老、病、死无量烦恼都由此产生。④搒（péng）笞：用棍子或竹板打。

【译文】

好比过去有五个人买了一个婢女，其中一个人吩咐这个婢女说："给我洗衣裳。"而后又有一个人也说让她洗衣裳。婢女就对他说："先给前面那位洗吧。"第二个人就很生气地说："我与他一道买的你，你为什么单给他先洗？"随即抽了婢女十下，于是其他四人也轮流各打了她十下。

色、受、想、行、识这五阴也是这样。人是以各种烦恼作为因和缘形成一个身体，而身体中的五阴却总是用生、老、病、死、无量苦恼来折磨众人。

【评析】

这则寓言告诉我们：这个世界上的一切事物，都是遵循着生死、无常的道理在运行，人生也是如此。有些事是我们无法避免的，比如生、老、病、

169

死，这些都是很自然的事。既然我们无法避免，就应该让一切顺其自然。

【故事征引】

人生必有一死

从前有一位妇人，到了中年才生了一个儿子，所以她对这唯一的孩子百般呵护。可是不幸的是，这个孩子在五岁的时候忽然染上恶疾，医师们经过诊视，都说没法医治。过了没多久，这个孩子就离开了人世。

这个突如其来的打击如同晴空霹雳，让妇人无法接受这个事实。从那天开始，妇人就天天守在儿子坟前哀伤哭泣："在这个世间，儿子是我唯一的亲人，现在他也舍下我先走了，留下我孤苦伶仃地活着，有什么意思啊？"

佛陀看到这种情形，就劝慰这位妇人："你是想让你的儿子死而复生吗？"

"是啊！那是我的希望啊！"妇人如同水中的溺者抓到浮木一样急忙回答。

"只要你点着上好的香来这里，我便可以让你的儿子复活。"

佛陀接着嘱托："但是，要记住，这上好的香要用家中从来没有死过人的人家的火点燃。"

妇人听了，二话不说，赶紧准备上好的香，拿着香立刻去寻找从来没有死过人的人家的火。她见人就问："您家中是否从来没有人过世呢？""妹妹一个月前走了。"第一家人回答。

妇人不死心，依然一家一家询问。然而问遍了村里所有人家，没有一家是没死过人的。她找不到这种火来点香，于是失望地走回坟前，对佛陀说："我走遍了整个村落，每一家都有人去世，没有家里不死人的啊！"

佛陀见时机成熟，就对妇人说："这个世界上的一切事物，都是遵循着生死、无常的道理在运行。春天，百花盛开、树木抽芽；到了秋天，树叶飘落，乃至草木枯萎，这就是无常现象。人也是一样的，有生必有死，谁也不能避免生、老、病、死，并不是只有你心爱的儿子才经历这变化无常的过程啊！"

妇人听了佛陀的话，心理平衡了许多。

事事随行

有一位富人，一直想为他的家族做点贡献，可是想了好久也没想出一件对家族有意义的事。

突然有一天，他想到应该为他的家族写些永远兴旺的祝语，以便作为传家之宝而代代相传下去。于是他就请来了仙崖禅师。

仙崖禅师展开一大张好纸，便写道："父死，子死，孙死。"

那位富人见了，发起火来，说道："我是请你来写些祝福我家世代幸福的话！这哪是什么祝语呀！你怎么可以跟我开这种玩笑呢？"

"我没有开玩笑。"仙崖禅师解释说，"如果有一天你的儿子死在你前面，你肯定会十分悲痛；如果有一天你的孙子死在你儿子前面，那你和你的儿子都将是悲痛欲绝。如果你家的人一代一代地按照我所写的次序写下去，那就叫作享尽天年，我认为这才是真正的兴旺。"富人听得有点儿糊涂。

禅师接着说道："世间的有些事，不管我们能否觉察到，但终归要相信的一点是：人类的存在是不能与自然偏离的。一个人如果越是把自己感觉为一个自我，想通过加强这个自我来达到另一种不可能的完美，这样就越会剧烈地偏离我们存在的中心。所以一切事情皆有因果，一切皆为自然。事事随行，何必再去苛求虚无的完美呢？"

伎儿作乐喻

【原文】

譬如伎儿①，王前作乐，王许千钱。后从王索，王不与之。王语之言："汝向作乐②，空乐③我耳；我与汝钱，亦乐汝耳。"

世间果报亦复如是，人中、天上虽受少乐，亦无有实，无常败灭，不得久住。如彼空乐。

【注释】

①伎儿：古代的歌妓、乐师。②作乐：唱歌奏乐。③空乐：白白地快乐。

【译文】

譬如乐师在国王面前演奏，国王许诺给他一千个钱。事后向国王去索要，国王不肯给他。国王说："你方才演奏的音乐，听着快乐，过后就没了；我许诺给你钱，也让你听着快乐，过后就没了。"

世间的因果报应也是这样。生在人中或是天上，虽是享受到少许的快乐，却也是并不实在的，都是易逝而不常住，倏忽间败灭了的，就像那音乐和许诺，无法长久地留住。

【评析】

故事中的这个国王真是既聪明又狡猾，他巧妙地找到了"许诺赏给歌舞伎一千文钱"和"歌舞伎为国王歌舞娱乐"这两件事的共同点，就是都可以给对方带来快乐。其实，人世间的事也是如此，人们虽然得到了一点快乐，但却都是徒有虚名的。因为快乐本身就是虚无缥缈的，人世间的一切也都在流转变迁，所以我们不必担心，即使现在的快乐消逝了，明天还会有新的快乐。

【故事征引】

一无所有的快乐

从前有一位禅师，他非常喜欢菊花，于是就在院子里开辟了一片空地，在里面种了许多菊花。

一晃到了第三年的秋天，院子成了菊花园，菊花的香味儿一直传到了山下的村庄里，村子里的人当然很开心了。从那以后，只要是来过寺院的人都忍不住赞叹："好美的花儿呀！"但是却从来没有人向禅师要菊花种。

突然有一天，有人向禅师要几棵花种，说要种在自家院子里，禅师答应了。他还亲自动手挑选了最鲜、枝干最粗的几棵，挖出根须送到了那个人家里。

消息很快传开了，前来要花的人接二连三。在禅师眼里，这些人一个比一个知心，一个比一个亲近，所以都要给。没过几天，院里的菊花就被送得一干二净了。

弟子们看到好好的菊花园现在变得一片狼藉、一片凄凉。院子里没有了菊花，就好像没有了阳光一样寂寞。弟子们抱怨道："真是太可惜了，这里本该是满院香味的。"

禅师看弟子们一个个耷拉着脑袋，便笑着对弟子说道："你们想想，再过三年我们又可以闻到一村子的菊香，这样岂不是更好呀！"

"一村菊香！"弟子们心头一热，望着禅师，只见他的脸上绽放出比开得最好的菊花还要灿烂的笑容。

禅师说道："与别人一起共享美好的事物，即使自己一无所有了，心里也是快乐的！只有在这个时候，我们才真正地拥有了快乐和幸福。"

失意的年轻人

有一个年轻人，觉得自己一事无成，没有脸面面对自己的老婆和孩子。有一天，他终于忍受不了心中积压的种种痛苦，于是就爬上附近学校的一棵樱桃树，准备从树上跳下来，结束自己的生命。就在他决定往下跳时，学校放学了。

放学的小朋友们都走过来，看到他站在树上。一个小朋友问他："你在树上干什么呀？"年轻人当然不能告诉小孩他要自杀，于是他说："我在看风景。"

"你有没有看到你身旁有许多樱桃呀？"一个小朋友问。

他这才低头一看，原来自己一心一意想要自杀，根本没有注意到树上真的结满了大大小小的红色樱桃。

"你可不可以帮我们采点樱桃吃呀？"小朋友说，"你只要用力摇晃，樱桃就会掉下来了。拜托啦，我们爬不了那么高。"

这个年轻人觉得很烦，可是又违拗不过小朋友，只好答应帮忙。他开始在树上又跳又摇的，很快地，樱桃纷纷从树上掉下来了。下边聚集了越来越多放学的小朋友，都兴奋而又快乐地捡着地上的樱桃。经过一阵嬉闹之后，樱桃掉得差不多了，小朋友也渐渐散去了。

年轻人坐在树上，看着小朋友们欢乐的背影，不知道为什么，自杀的心情和气氛全都没有了。于是，他也采了些樱桃，跳下了樱桃树，拿着樱桃慢慢地走回家里。

他刚回到家，看到家仍然是那个破旧的家，一样的老婆和小孩。可是孩子们却非常开心，因为爸爸能给他们带樱桃回来。他们又一起吃过晚餐，他看着大家快乐地吃着樱桃时，忽然有一种新的体会和感动，心想：原来这样的人生也还是充满了快乐和幸福的呀！

师患脚付二弟子喻

【原文】

譬如一师,有二弟子。其师患脚,遣二弟子,人当①一脚,随时按摩。其二弟子,常相憎嫉。一弟子行,其一弟子捉其所当按摩之脚,以石打折。彼既来已,忿其如是,复捉其人所按之脚,寻②复打折。

佛法学徒亦复如是,方等学者,非斥小乘;小乘学者,复非方等③。故使大圣法典,二途兼亡。

【注释】

①当:这里是承担的意思。②寻:随即。③方等:佛教语。指大乘法说理方正平等。

【译文】

就好比从前有一位师父,他有两个弟子。因为师父生了脚病,所以就让他的两个弟子每人负责一只脚,按时给他按摩。这两个弟子经常互相憎厌、嫉妒。其中一个弟子外出了,另一个弟子就把他负责的那只脚用石头砸折了。前面那个弟子回来之后,见到这般情景,也气愤地把那人负责的那只脚用石头砸断了。

佛门的弟子也是这样。修习大乘佛法的学者,攻击排斥小乘佛法的信徒;而修习小乘佛法的学者,也攻击排斥大乘佛法的信徒。所以使得大圣的法典在双方的争执中都失去了它原初的意义。

【评析】

本故事中的师父是一个不幸的人,他的两个弟子也因为彼此的嫉妒,当

·175·

了一回互拉后腿的蠢虫。他们这样做不仅损害了他人，也损害了自己的身心。在我们的生活中也有不少这样的人，仅仅因为自己不能拥有，就心生怨恨、嫉妒，担心别人会拥有。可是他们不知道学问是自己学来的，美德是自己修行来的，财富是自己劳动所得来的，一切都要靠自己的努力才能办到，不要仅凭一颗妒忌别人的心，以此夺取别人的成就。

【故事征引】

人比人该死，货比货该扔

从前有一个学僧，一直都精于禅道的修持，但始终都不能开悟。万般无奈之下，他认为自己实在没有资格学禅，既不幽默，又不灵巧，终究还是不能入门，还是做个行脚的苦行僧算了！于是，这个学僧打点好自己的行李，计划远行。临走时他到法堂去向主持禅师辞行。

学僧禀告道："老师！我辜负了您的慈悲，从皈依到您座下参学，到现在已经有十年之久，但对禅仍然是一点悟性都没有。我觉得自己实在不是学禅的材料，今天是特意前来向您老辞行的。我想云游四方，做个苦行僧。"

主持禅师非常惊讶地问道："哦！为什么还没有觉悟就要走呢？难道到别处就可以觉悟了吗？"

学僧非常苦恼地说道："我每天除了吃饭、睡觉之外，都精于道业上的修持。但是不管我怎么用功，总是因缘不合。看看同参的道友们，一个个都能领悟，回归根源。现在在我的内心深处已经萌生了一股强烈的倦怠感，我想我还是做个行脚的苦行僧吧！"

主持禅师听后开示道："悟，是一种内在本性的流露，根本无法形容，也无法传达给别人，更是学不来也急不得的。别人有别人的境界，你修你的禅道，这是毫不相干的两回事，为什么要混为一谈呢？"

学僧很诚恳地说道："老师！您不知道，我跟同参们一比，立刻就觉得自己是一只小麻雀在跟大鹏鸟比谁飞得高，真是让我自惭形秽。"

主持禅师假装不解似地问道："那大鹏鸟是怎么样的大？小麻雀是怎么样的小呢？"

学僧答道："大鹏鸟一展翅可以飞越几百里，而我只能限于草地上的方圆几丈而已。"

主持禅师意味深长地问道："大鹏鸟一展翅能飞几百里，那它能飞越生死吗？"学僧听后默默不语，有点若有所悟了。

听话的白象

很久很久以前，有一位国王饲养了一群象。象群中，有一头象长得很特殊，只有它全身白皙，毛柔细又光滑。国王也一直很喜欢这头象。

后来，国王又将这头象交给一位驯象师照顾。这位驯象师每天不只照顾它的生活起居，还要很用心地教它。这头白象十分聪明，善解人意。没过多久，就已经与驯象师之间建立了良好的默契。

有一年，国王准备在这个国家举行一个大庆典，打算骑白象去观礼。于是驯象师就将白象清洗装扮了一番，还在它的背上披上一条白毯子，这才交给国王。

国王在一些官员的陪同下，骑着白象进城看庆典。由于这头白象实在是太漂亮了，民众都围拢过来，一边赞叹，一边高喊着："象王！象王！"这时，骑在象背上的国王觉得所有的光彩都被这头白象抢走了，心里十分嫉妒。于是他很快地绕了一圈后，就不悦地返回到王宫。一入王宫，他就问驯象师："这头白象有没有什么特殊的技艺呢？"

驯象师问国王："不知道国王您指的是哪方面呢？"国王说："它能不能在悬崖边展现它的技艺呢？"驯象师说："应该可以。"国王就说："好，那明天就让它站在悬崖上给我们表演一段。"

第二天，驯象师就依约把白象带到了悬崖边上。国王说："这头白象能以三只脚站立在悬崖边上吗？"驯象师说："这简单。"于是，他骑上象背，对白象说："来，用三只脚站立。"果然，白象立刻就缩起一只脚。

国王又说："它能两脚悬空，只用两只脚站立在悬崖边上吗？""可以。"驯象师又叫它缩起两脚，白象很听话地照做了。国王接着又说："那它能不能三脚悬空，只用一脚站立呢？"驯象师一听，急忙说："这可不行，这样白象会摔死的！"国王冷笑一声，说："你让它照做！"驯象师无奈之下，只得让白象照做。最后，白象掉入了悬崖。

蛇头尾共争在前喻

【原文】

譬如有蛇，尾语头言："我应在前。"头语尾言："我恒①在前，何以卒尔？"头果在前，其尾缠树，不能得去；放尾在前，即堕火坑，烧烂而死。

师徒弟子亦复如是，言师耆老，每恒在前；我诸年少，应为导首。如是年少，不闲②戒律，多有所犯，因即相牵，入于地狱。

【注释】

①恒：常，经常，永久，持久。②不闲：这里指对佛教戒律不熟悉。闲，同"娴"。

【译文】

好比有一条蛇的头和尾忽然争执起来，蛇尾对蛇头说："我应该走在前面。"蛇头说："我常常走在前面的，怎么可以倒过来走呢？"结果，蛇头坚持走在前面，蛇尾却缠住了一棵树，这样蛇就走不动了。让蛇尾走在前面，不料蛇尾因为没有眼睛，随即掉进一个火坑中，身体立即被烧焦，这条蛇也就烧死了。

师徒之间也是这样。徒弟说师父年老了，却总是在前面主持，也应让我们这些年少的做引导的首领才是。这些年轻人毕竟年少，不熟习佛教戒律，经常出一些错误。结果师徒彼此都牵连着，堕入地狱中。

【评析】

这则寓言就是蛇头和蛇尾之间简单的对话，但却深含着道理：蛇头和蛇尾就好像一个群体中的领导者和被领导者之间的关系，他们只有通力合作、协作统一才能成就事业，不过他们之间的关系也并非绝对，是可以相互转化的。由此可知，一个群体，不论是军队也好，企业也好，或者国家也好，如果没有领导，而是群龙无首、众口异词，意见永远也无法统一，结果就是一事无成，没有任何希望和前途。

【故事征引】

成功离不开多方面的协作

在一座寺庙里，方丈提议修建一座佛寺，供新来的弟子在那里修行。佛寺即将建造完成时，主事的大师父来到现场视察。一路上，大师父看见许多工人正在辛苦赶工，便上前慰问，表达感谢与祝福之意。

见到第一位工人，大师父说："辛苦了！不知道您现在在做什么呢？"

工人回答："我正在为大殿两旁的龙柱上漆。"

大师父合掌说："很好！将来所有在这大殿上成佛的人，都会向您顶礼。"

接着，大师父又以相同的话问了第二位见到的工人。

工人回答："我正在安装屋瓦。"

大师父笑道："很好！这间寺庙完成后，您将会得到很大的福报。"

问过多位工人之后，大师父又遇见了为工人煮饭的妇人，也问了她同样的话。妇人认真地说："我正在用全部的力量盖这座佛寺！"

大师父听了，肃然起敬："了不起！供奉在寺里的十方菩萨，都会对您礼敬。"

一旁的陪侍人不解大师父的意思，心想：这名佣妇所做的事与盖佛寺几乎毫无关联，为何大师父会特别推崇她呢？

大师父解释道："一座佛寺建造完成，绝非少数人之能为。其中的每一位参与者，工作不论上或下、繁或简，只要是尽了自己最大的心力，就该同享成果，没有功大功小的分别。就像那位妇人，她虽然没有直接参与佛寺的建造，但她尽最大的努力，给工人们煮饭，让工人们都吃得饱，然后，工人们才有更多的体力来建造更完善的佛寺。你们说，像她这样一位能将生命全然投入佛寺建造的人，我怎么能不特别加以礼赞呢！"

一旁的陪侍人听了，好像有点儿明白了。

·179·

解脱的途径

从前有一个年轻的和尚，在化缘回来的路上被蒙面人绑架，他挣扎了半天，也没能逃出去。紧接着，他的双手被那个蒙面人死死地捆在了身后，双脚也被绑得牢牢的，站都无法站起来。后来，他的眼睛也被蒙上了，嘴也被堵住了，然后又被关进一间充满湿气的房子里。

这时候，他感觉到自己被扔在了一个墙角处，他气愤、恐慌，又万分无奈，他甚至感觉到有一种阴森森的、死亡的气息。于是他一再挣扎，想要赶快逃出这个鬼地方。可是，就在他挣扎了一阵，感觉到筋疲力尽、彻底绝望的时候，他听到身边不远处也有挣扎、喘气的声音。他开始一点点艰难地朝那个有声音的方向挪动。

当他终于接触到另一个被绑架的人时，顿时，他有了一种求生的希望。他凭感觉马上挪动到那人的背后，然后开始用自己尚能活动的手指寻找那个人手腕上的绳头。经过一番努力，他真的解开了那人手腕上的绳子。

那人的双手解脱之后，马上扯掉了他俩的蒙眼条，接着又把他的双手解开。二人接着解开了各自的双脚。更让二人惊喜的是，他们竟是同一座寺院里的和尚。

二人配合默契地打开了房间的后窗，并先后从后窗里爬出来，获得了自由身。就这样，他们二人都跑回了寺院。

当他们惊魂未定地去向老方丈述说他们的遭遇时，老方丈微笑着，又不无神秘地说："你们二人在危难之际悟出并找到了解脱的途径，祝贺你们俩……明天就由你们二人去帮助另外两个师弟开悟吧。"

说完，方丈就把两个头套和四根绳子交给他们二人。

愿为王剃须喻

【原文】

昔者有王,有一亲信,于军阵中没命①救王,使得安全。王大欢喜,与其所愿,即便问言:"汝何所求?恣汝所欲。"臣便答言:"王剃须时,愿听我剃。"王言:"此事若适汝意,听汝所愿。"如此愚人,世人所笑。半国之治,大臣辅相,悉皆可得,乃求贱业。

愚人亦尔。诸佛于无量劫,难行苦行,自致成佛。若得遇佛及值遗法,人身难得,譬如盲龟值浮木孔②。此二难值③,今已遭遇,然其意劣,奉持少戒,便以为足,不求涅槃胜妙法也。无心进求,自行邪事,便以为足。

【注释】

①没命:死命地,拼命地。②盲龟值浮木孔:比喻得闻佛法的不容易。③二难值:瞎眼的龟、有孔的浮木,这两件难以同时碰到的事情。

【译文】

从前有一个国王,他的一个亲信在一次战斗中冒着生命危险救了他,使他平安无事。国王非常高兴,想要满足他所有的愿望。于是就问他:"你有什么想要的吗?我都会满足你的。"这位亲信就回答说:"我希望大王剃须的时候,能够让我效劳。"国王说:"这事若是能满足你的心意,我就按你说的办。"这样的愚人,为世人所嗤笑。本来可以统治半个天下,做大臣宰相,这都是可以得到的,可他却偏偏要从事为国王剃胡须这种贱业。

愚人也是这样。诸佛都是经历了无数的劫难和苦行才成就了佛果。若是能碰上佛出世、听闻佛的遗教以及获得人身,都是至难的事。这就像盲龟百年浮出一次海面,恰好钻入了浮木的孔中一样。这两样难以遇到的事情,他都已经因机缘遇到了，然而愚人的见识低劣，稍稍奉持一点儿戒律，便觉得足够了，就不去追求涅槃这一胜妙之法，也无心提出进一步的要求，自愿做些卑贱的事情，就以为很满足了。

【评析】

人的一生中可以碰到很多机遇，但都稍纵即逝，只有聪明的人才可以抓住它。故事中的这个愚人却轻易地就放过了一次千载难逢的机会，非常遗憾。机遇就如同战场上的战机一样，它可以决定事物的命运。

【故事征引】

马上剃度

亲鸾上人是日本禅宗历史上最负盛名的禅师，他在九岁时，就已经立下出家的决心。

那时候，他听说慈镇禅师精通禅理，就千方百计打听到了他的住址，来求见他，并诚恳地对他说："师父，我要出家，求您为我剃度，收我为徒。"

慈镇禅师慈祥而惊异地问他："你还这么小，为什么要出家呢？"

亲鸾回答道："我虽然今年只有九岁，但我的父母却早已双亡，我不知道为什么人一定要死亡，为什么我一定非与父母分离不可。我听人说，只要学会了禅，就可以解决这些问题。所以，我一定要出家。"

慈镇禅师非常嘉许他的志愿，说道："很好！小小年纪就有这样的志向，很难得啊！我愿意收你为徒，不过，今天太晚了，待明日一早，再为你剃度吧。"

亲鸾听后，非常不以为然地反驳道："师父！既然您答应了我，为什么不马上剃度，而非要等到明天呢？虽然你说明天一早为我剃度，但明天会发生什么事情又有谁知道呢？我终究是年幼无知，也不能保证自己出家的决心是否可以持续到明天。而且师父您那么年高，您也不能保证您是否明早起床时还活着呀。"

慈镇禅师听了他这番话以后，非但没有生气，反而拍手叫好，并满心欢喜地说道："太好了，你的话完全没错，现在我马上就为你剃度吧！"

就这样，慈镇禅师真的马上为亲鸾剃度了，并宣布正式收他为徒。

一个抓不住机会的人

从前，洛阳有一个人，一辈子总想着做官，却一辈子都没遇到做官的机遇。时光如流水，几十年弹指一挥间。这个人眼看着自己的头发渐渐花白，年纪也已老去，不禁黯然神伤。

有一天，他走在路上，不禁痛哭流涕起来。有人看见他这般模样，感到很奇怪，于是走上前问他："老先生，请问您为什么这么伤心呢？"

这个人回答说："我奋斗一辈子，求官一辈子，却始终没有遇到过一次机会，眼看自己已经这样老了，依然是一身布衣，再也不可能有做官的机会了，所以我伤心痛苦。"

问他的人又说："那么多求官的人都得到了官，你为什么一次机会也没有遇上呢？怎么可能呢？"

这个老人回答："我年轻的时候，学的是文史，当时我奋发图强，很快在这方面学有所成。于是我出来求官，可是又正好遇上君主偏爱任用有经验的老年人，我就这样干等了好多年，一直等到喜好任用老年人的君主去世，我又出来求官。哪知道即位的君主却是个喜爱武士的人，我又一次怀才不遇。从那以后，我又改变主意，放弃学文，开始习武了。可是当我学武有成时，那个重视武艺的君主也去世了，现在即位的是一位年轻的君主，他又喜欢提拔年轻人做官，而现如今我早已不年轻了。就这样，我的几十年光阴转瞬即逝，一辈子生不逢时，没有遇到过一次机会，这难道不是十分可悲的事吗？"说完，他又哭起来了。

问他的那个人看他那般模样，无奈地摇了摇头走开了。

索无物喻

【原文】

昔有二人，道中共行，见有一人，将①胡麻车，在崄路中不能得前。时将车者语彼二人："佐我推车，出此崄路。"二人答言："与我何物？"将车者言："无物与汝。"时此二人即佐②推车，至于平地，语将车人言："与我物来。"答言："无物。"又复语言："与我无物。"二人之中，其一人者含笑而言："彼不肯与，何足为愁？"其人答言："与我'无物'，必应有'无物'。"其一人言："无物者，二字共合，是为假名③。"

世俗凡夫，若无物者，使生无所有处。第二人言"无物者"，即是无相④、无愿无作⑤。

【注释】

①将：本为带领、率领之意，在本文中可译为"拉"。②佐：帮助。③假名：意指假他而得名。一切事物无有实体，有名无实，所以称为假名。④无相：一切诸法无自性，本性为空，无形相可得，所以称为无相。⑤无作：指无因缘的造作。

【译文】

从前有两个人同行，见有人拉了一车胡麻在险峻陡峭的坡路上上不去。当时那个拉车者就请求这两个过路人说："请帮我把车推出这段险峻的路吧。"这两人说道："你拿什么东西来感谢我们呢？"拉车者道："无物给你们。"这两人就帮他推车，到了平地上，然后对拉车者说："把你答应的东西给我们吧。"拉车人说："我不是说过无物吗？"那人不耐烦地说："那就把'无物'给我们。"另一个人含笑说道："他不肯给，何必相逼呢？"那人说道："他答应给我们'无物'，就一定有'无物'这样东西。"另一个人解释道："'无物'两个词合起来，是假名而已，实际上并没有'无物'这样东西，叫他怎么拿得出'无物'来呢！"

世间的凡俗之人执著于"无物"这个词，认为实有其物，使它产生于空洞的"无所有处"。而第二个人所理解的"无物"，并不执著于"无物"自身，而把"无物"理解为无相、无愿、无作，即一切诸法无自性、无形相可得，对一切诸法无所愿求，也无因缘的造作。

【评析】

故事中的两个人，为了得到好处而帮助那个推车人推车，心中被"得"字迷惑，因此要车主给他们"无物"之物作为酬谢。可是他们不懂"无物"的原本意义，认定那就是要给他们好处，可见他们真是被物欲迷住了心窍，丧失了智慧。在现实生活中，摆在我们面前的诱惑实在太多，因此我们更需要有一种放弃的清醒。

【故事征引】

不是为生气才种花

有位知名的金代禅师，他有一个爱好，就是非常喜欢养兰花。于是他就在寺旁的庭院里栽植了数百盆各色品种的兰花。他也总会在讲经说法之余，对那些兰花给予全心的照料。大家都说，兰花如同金代禅师的生命。

有一天，金代禅师应邀去寺院外讲经说法。临走前，他将一位弟子叫到跟前，对弟子说："我今天要去讲法，天黑才能回来，你要替我好好照看这些兰花，记住给它们浇水。"

弟子知道禅师钟爱兰花，因而在他走后看护得很仔细，在给兰花浇水时更是分外小心。真是怕处有鬼，越是小心就越是出差错。他一个不留意，脚下一绊，竟将一个兰花架子撞倒，整架的兰花轰然一声倒地，瓦盆破碎，花叶零落。看着一地的残花烂泥，小沙弥吓坏了，不知如何是好。弟子心想：师父回来，看到心爱的盆兰变成这番景象，不知要愤怒到什么程度。

金代禅师的其他弟子看到了，赶紧过来帮他收拾，并对这位弟子说："等天黑师父回来，你就照实认错，并且甘愿接受任何处罚，相信师父是不会责难你的。"

到了傍晚，金代禅师回到了寺院，弟子很快向师父报告了白天发生的事情，他想师父知道心爱之物被毁，一定会生气恼怒，因此他请求师父惩罚自己。可是当禅师听完这件事后，只是平静地笑笑说："你既然不是故意的，又知道了东西被毁不是一件好事情，以后自会用心做事，我还怪你什么？我的确喜欢兰花，也一直视兰花为朋友。但我种植兰花的目的是为了香花供佛，美化寺院和大众心境，并不是为了生气才种的啊！世事无常，转瞬即逝，没有什么东西是不灭不坏的，我又怎会执著于心爱的东西而不知割舍？这可不是咱们的禅门家风啊！"

金代禅师的"不是为生气才种花"的禅功，深深地感染了弟子。弟子霍然开悟，更加勤于修持，终于也在佛学上获得一番成就。

被还原的泥像

在一片茂密的树林旁边，立着一座泥像，风吹落它日渐干裂的皮肤，雨又不停地让它减肥，小孩子路过的时候又总是踢它几脚，它苦不堪言。它多么想找个地方避避风雨，然而它无法动弹，也无法呼喊。它十分羡慕人类，觉得做一个活生生的人真好，可以无忧无虑、自由自在地到处闲游。它决定抓住一切机会，向人类呼救。

这一天，一个长髯老者路过此地，泥像知道他道行高深，于是用它的神情向老者发出呼救。

"老人家，请让我变成个人吧，我一定会感激你的！"泥像说。

老者看了看泥像，笑了笑，手臂一挥，泥像真的变成了一个活生生的青年。"你要变成个人可以，但是你必须先跟我试走一下人生之路，假如你承受不了人生的痛苦，我就马上可以把你还原。"老者非常严肃地说。

于是，青年跟随老者来到一个悬崖边。只见两座悬崖遥遥相对，此崖为"生"，彼崖为"死"，中间有一条长长的铁索桥。这座铁索桥是由一个个大小不同的铁环串联而成的。

"现在，请你从此岸走向彼岸吧！"老者长袖一拂，已经将青年推上了铁索桥。青年战战兢兢，踩着一个个大小不同的铁环的边缘前行。然而，一个不小心，他一下子跌进了一个铁环中，顿时两腿失去了支撑，胸口被铁环卡得紧紧的，几乎透不过气来。

"啊！救命啊！我要掉下去了，铁环把我的肋骨弄断了。"青年大声向老者乞求。

"请君自救吧，在这条路上，能够救你的，只有你自己。"长髯老者在前方微笑着说。

青年扭动身躯，拼死挣扎，好不容易才从痛苦中解脱出来。"这是个什么铁环，为何卡得我如此痛苦？"青年愤然道。

"我是名利之环。"脚下的铁环答道。

青年继续朝前走。忽然，隐约间，一个绝色美女朝青年嫣然一笑，青年飘然走神，脚下一滑，又跌入一个铁环中，被铁环死死卡住。

"救……救命呀！好痛呀！"青年惊恐地再次呼救。

可四周一片寂静，没有人回答他，更没有人来救他。

这时，长髯老者再次在前方出现，他微笑着缓缓说道："在这条路上，没有人可以救你，只有你自己自救。"

青年拼尽全力，总算从这个环中挣扎了出来，然而他已经累得精疲力竭，便坐在那个铁环间小憩。

"刚才这是个什么痛苦之环呢？"青年问道。

"我是美色铁环。"脚下的铁环答道。

经过一阵轻松的休息后，青年顿觉神清气爽，心中充满幸福愉快的感觉，他为自己终于从铁环中挣扎出来而庆幸。

青年继续向前赶路。然而令他想不到的是，他接着又掉进了贪欲的铁环、妒忌的铁环、仇恨的铁环……等到他从这一个个痛苦之环中挣扎出来，抬头望望，前面还有漫长的一段路，他再也没有勇气走下去了。

"老人家，老人家，我不想再走人生之路了，你还是带我回到原来的地方吧！"青年呼唤着。

很快，长髯老者出现了，手臂一挥，青年便又回到了树林边上，他又还原为一尊泥像。

蹋长者口喻

【原文】

昔有大富长者①,左右之人欲取其意②,皆尽恭敬。长者唾时,左右侍人以脚蹋却。有一人愚者,不及得蹋,而作是言:"若唾地者,诸人蹋却;欲唾之时,我当先蹋。"于是长者正欲咳唾,时此愚人即便举脚,蹋长者口,破唇折齿。长者语愚人言:"汝何以故蹋我唇口?"愚人答言:"若长者唾出口落地,左右谄者,已得蹋去。我虽欲蹋,每常不及。以是之故,唾欲出口,举脚先蹋,望得汝意。"

凡物须时,时未及到,强设功力,返得苦恼。以是之故,世人当知时与非时。

【注释】

①大富长者:很富有的年高有德的人。②欲取其意:得到他的欢心。

【译文】

从前有一个大富翁,周围的人都想取得他的欢心,都对他十分恭敬。富翁吐痰时,身旁侍奉他的人马上用脚蹋掉。有一个愚人,赶不上机会去踏,便想:"如果等痰吐在地上,别人便抢先蹋掉了。我应当在他想吐的时候,就抢先蹋掉它。"于是,当这位富翁正咳着要吐的时候,这愚人飞起一脚,蹋在长者嘴上,把长者的嘴唇踢破了,还折断了牙齿。富翁生气地质问愚人:"你为何故意蹋我的嘴巴?"愚人答道:"如果您的痰出口落地,您身边想讨好您的人便争着蹋掉了。我虽想给你蹋,却总是来不及。所以,我想等您刚要出口之际,便抬脚先蹋掉它,希望讨得您的欢心。"

大凡事物都要有时机因缘,时机因缘没有到,强用功力去做,反而得到苦恼。因此，我们应该懂得什么是时机成熟，什么是时机未到。

【评析】

每个人都想听到别人的赞扬和夸奖，这是人的本性。但是大家不知道，一个不真实的赞美、奉承，会使你无法摆正位置，从而影响你前进的步伐，结果必将一败涂地。与其这样，倒不如把精力放在踏实的工作和认真的劳动上，只要踏踏实实地生活，拿出自己真正的实力来，就一定会实现自己的目标。

【故事征引】

敲钟的学问

有一天，一位有名的禅师刚刚从禅定中起身，寺里刚好传来阵阵悠扬的钟声，禅师特别专注地竖起心耳聆听，待钟声一停，就忍不住召唤侍者，询问道："今天早晨敲钟的人是谁？"

侍者回答道："是一个新来参学的小沙弥。"

于是，禅师就要侍者将这沙弥叫来，问他道："你今天早晨是以什么样的心情在敲钟呢？"

小沙弥不知道禅师为什么特意要见他，更不知道禅师为什么要这么问他，就老老实实地回答道："没有什么特别的心情，只是为打钟而打钟。"

禅师启发道："这不是你的心里话吧？你在打钟时，心里一定在念着些什么。因为我今天听到的钟声，是非常高贵而响亮、从容而悠扬的声音，只有那些真心诚意的人，才会敲出这种深沉博大的声音。"

小沙弥想了又想，然后说道："报告禅师！其实我也没有刻意念着什么，只是我从前的师父时常告诫我，打钟的时候应该要想到：钟即是佛，必须要虔诚、斋戒，敬重如佛，用入定的禅心和礼拜之心来打钟。"

禅师听了非常满意，点了点头，再三叮嘱小沙弥道："记住，往后处理任何事务时，也要保有今天早上司钟的禅心，你一定会受益匪浅的。"

小沙弥把禅师的话牢牢地铭记于心，以后不管做大小事情，都保持着司钟时的禅心，并渐渐地养成了恭谨的习惯。

后来，这位小沙弥成了一代高僧，他就是著名的森田悟由禅师。

二子分财喻

【原文】

　　昔摩罗国①，有一刹利②，得病极重，必知定死，诫敕二子："我死之后，善分财物。"二子随教，于其死后分作二分，兄言弟分不平。尔时有一愚老人言："教汝分物，使得平等。现所有物，破作二分。云何破之？所谓衣裳中割作二分，槃瓶亦复中破作二分，所有瓮瓨亦破作二分，钱亦破作二分。"如是一切所有财物尽皆破之，而作二分。如是分物，人所嗤笑。

　　如诸外道，偏修分别论③。论门有四种：有决定答论门，譬如："人一切有皆死？"此是决定答论门。"死者必有生？"是应分别答："爱尽者无生，有爱必有生。"是名分别答论门。有问："人为最胜不？"应反问言："汝问三恶道？为问诸天？若问三恶道，人实为最胜；若问于诸天，人必为不如。"如是等义名反问答论门。若问十四难，若问：'世界及众生，有边、无边，有终始、无终始。'如是等义④名置答论门。诸外道愚痴，自以为智慧，破于四种论，作一分别论。喻如愚人分钱物，破钱为两段。

【注释】

　　①摩罗国：古代南印度的摩罗提国，简称摩罗国。②刹利：刹帝利的省称，是古印度四种姓的第二级。③分别论：小乘佛教论藏七部论之一。这里指其他教派似是而非的论证方法。④等义：如此这样的论证方式。

【译文】

　　古印度摩罗国有一位大臣，他得了重病，知道自己快要死了，便嘱咐他的两个儿子说："我死之后，你们俩要妥善地分配财物。"两个儿子遵照他的遗言，在他死后，把财产分成两份。可是哥哥说弟弟分得不公平。当时有一个愚蠢的老人，对两兄弟说："我教你们分财物的办法，一定能分得公平，现在把所有的东西都破开作两份。怎么破呢？衣裳从中间撕开，盘子、瓶子从中间敲开，盆子、缸子从中间打开，钱也锯开，就这样把所有财物都破开，分成两半就可以了。"像这样分东西，受到了人们的嘲笑。

　　这就好比那些外道修行者，只注意研修一种分别论。其实论门有四种：一、决定答论门。比如，所有人都会有死的时候，这是肯定回答的方式。二、分别答论门。比如，人们死了必定会轮回再生，这应当分别开来说。没有贪爱的人，出离了轮回，不会再受生；贪爱未尽的人，必定有下一生。三、反问答论门。比如，问人是不是最优胜，就应反问：你是相对于三恶道还是相对于诸天来说的？如果是相对于三恶道来说，人确实是最优胜的；如果是相对于诸天来说，人必定是不如的。四、置答论门。比如，问十四个极难回答的问题，如问世界及众生有边际无边际、有终始无终始等一类问题。因为问题的本身就包含着我见、边见、常见、断见等邪见在内，所以不应作答而应置之不论。各类外道愚痴，却自以为有智慧，把这四种论破毁了，只片面地修习一种分别论，这就像那个愚人分钱物，把钱物都破为两段一样。

【评析】

　　读完这则寓言，我们知道这位大臣的两个儿子的确笨得可以，他们竟然为了把财产分得平均，听从愚蠢老人的意见，把所有的瓮、缸破作二份，钱亦破作二份。很显然，这位老人的意见是来自心中的贪欲，来自心中对财富与权力的渴求。金钱并无过错，发生扭曲的只是人们的心态与行为。历史上与当今生活中，兄弟为钱财反目成仇的事例也不少，这也是我们这个高级物种的悲哀啊！

【故事征引】

金钱是一条毒蛇

　　有一天，释尊带着阿难在舍卫国的原野上漫步。走着走着，释尊忽然停下了脚步，对阿难说："阿难，你看前面的田埂上，那块小丘下藏着一条可怕的毒蛇！"

　　阿难停下了脚步，随着释尊手指的方向望去，看了之后也说："果然有

二子分财喻

· 191 ·

条可怕的大毒蛇。"说完就走开了。

这时候,附近有个农夫正在耕田,他听见了释尊和阿难的对话,听说田里有条毒蛇,便走上前去探看,在那块小丘似的土包下,他发现了一坛黄金。

"这明明是一坛金子,可这些和尚为什么偏偏说它是毒蛇呢?真不懂他们怎么想的。谁能有我这样的好运气,锄地锄得一坛黄金,我把它带回家去,下辈子就不愁吃喝了。"

农夫一边自言自语,一边挖出那坛子黄金,匆匆带回家去。原先穷困潦倒的农夫一日三餐都成问题,现在突然发了笔横财,自然乐不可支,终于可以大量地添置新衣、家具,顿顿都可以吃上精美的食物了。

同村的农夫们颇感疑惑,流言四起,一传十,十传百,没过多久就传到了官府。官吏把他找来问话:"听说你向来很穷,最近一夜之间成了大富翁。这钱是从哪里来的,是你偷的吗?快从实招来。"

农夫无法回答,于是被扣在官府,整日被逼问,不胜其烦,但又无法证明自己不是小偷。家人花钱买通官吏,只望能保住一条性命,但所有的钱都花光了,仍然救不出他。

农夫最终被宣判了死刑。受刑这天,农夫望着断头台,心中恐惧万分,口里不断叫嚷:"那的确是条毒蛇啊,阿难!真是条大毒蛇,释尊!"

官吏听见这怪异的言论,认为其中必有缘故,就将此事禀告了国王。国王把农夫叫来问:"你犯了偷盗罪,受刑时不断地叫嚷:'那的确是条大毒蛇啊,阿难!真是条大毒蛇,释尊!'到底是什么意思?"

农夫惶恐地禀告国王:"大王啊!有一天我正在田里耕作,释尊带着弟子阿难从这里经过。他们看见埋藏黄金的地方,都说有条毒蛇,是条大毒蛇,可我却不相信,偏偏挖起金子回到家里。我今天落到这个地步,才明白黄金是条大毒蛇的真谛啊!黄金能使我富贵,也能使我丧命,它实在比大毒蛇更可怕啊!"

生不带来,死不带走

有一个刚出家的小和尚,什么也不懂。有一天,他问禅师:"钱财是何物呢?"

禅师没有直接回答小和尚的问题,而是给他讲了这样一个故事:

从前有一个国王,名叫难陀,这位国王爱财如命,也一直在拼命地聚敛财宝，想要把所有的财宝都带到他的后世去。他想："我一定要把所有的珍宝都收集到我这儿来，不能让外面有一点剩余。"

为此，国王还在自己的国家制定了一个规定：凡是想结交他女儿的，必须带着财宝当见面礼。还吩咐他女儿身边的侍女说："如果有人带着财宝来结交我的女儿，先把这个人连同他带的财宝一起送到我这儿来！"

国王就用这样的办法聚敛财宝，没过多长时间，全国所有的金钱宝物都被国王收进了自己的仓库。从此以后，外面没有一个地方有剩余的金钱宝物了。

那时有一个寡妇生了个儿子，对他极其宠爱。碰巧有一天，这个妇人的儿子见到了国王的女儿，被她的姿色和容貌深深地吸引住了。于是，他便告诉母亲他想娶她为妻，可是他家里又没有钱财，根本没有办法结交国王的女儿啊。

过了一段时间，妇人的儿子也因为思念过度，生起病来，身体瘦弱，气息奄奄。他母亲见他憔悴的样子，心疼地问他："你是怎么了，这没几天怎么会病成这样呢？"她儿子说："我要是不能和国王的女儿交往，必死无疑。"母亲说："可是国内的金钱宝物都在国王那里，没有剩余，还能到哪里去弄到宝物呢？"母亲又想了一会儿，突然惊喜地叫起来："对，我想到了，你父亲死的时候，口里还含有一枚金钱。现在只要把你父亲的坟墓挖开，就可以得到那枚钱，然后你就可以拿钱去见国王的女儿。"

儿子照着母亲的话，拿到了那枚钱，然后就去找国王的女儿。这时国王的女儿便把他连同那枚金钱送去见国王。国王见了，说："国内所有的金钱宝物，除了我的仓库中，都荡然无存。你在哪里弄到这枚金钱的？你今天一定是发现了地下的窖藏了吧！"

于是，国王便施行种种刑法，来拷问妇人的儿子，要他交代出窖藏的具体位置。寡妇的儿子一再跟国王解释："我的钱真的不是从窖藏中得来的，是我母亲告诉我，我父亲死的时候口中含着一枚钱，我是挖开坟墓才得到这枚钱的。"国王听了，便派了个亲信前去探查真假。这个亲信看见的情形与他说的一点儿不差，国王这才相信了。

国王听了亲信的报告，心里暗自想道："我一直在聚集宝物，想的就是把这些财宝带到后世。可是那个儿子的父亲，死了一枚钱都带不走，何况我这样多的财宝呢？"

禅师的故事讲完了，接着他便问小和尚："现在知道钱财为何物了吗？"小和尚答道："钱财就是生不带来、死不带走之物。"

观作瓶喻

【原文】

譬如二人至陶师所,观其蹋轮而作瓦瓶,看无厌足。一人舍去,往至大会①,极得美膳,又获珍宝。一人观瓶,而作是言:"待我看讫②。"如是渐冉③,乃至日没,观瓶不已,失于衣食。

愚人亦尔,修理家务,不觉非常。
今日营此事,明日造彼业。
诸佛大龙出,雷音遍世间。
法雨无障碍,缘事故不闻。
不知死卒至,失此诸佛会。
不得法珍宝,常处恶道穷,
背弃于正法。
彼观缘事瓶,终常无竟已,
是故失法利,永无解脱时。

【注释】

①大会:法会。②讫:完结。③渐冉:逐渐地、慢慢地。

【译文】

好比有两个人到陶匠师傅那里,看他脚踩转轮做着一个瓦瓶,看得着了迷。其中一个人离开了,来到一个盛大的宴会,得到了各种美味的膳食,又获取了很多珍宝。另一人依旧看陶匠师傅做瓶子,心想:"等我看完制作这个瓶子的全过程再去。"就这样慢慢地,一直到了太阳落山,他依旧在那儿观看瓶子,结果耽误了吃饭。

那些愚人也是这样，整天忙着家中的琐事，却没有发觉自己做的事其实是毫无意义的。今日做了这件事，明日又造了那行业。诸佛出世如大龙，法音之雷遍布世间。法雨普降无障碍，琐事缠身故不闻。不知死亡猝然至，失却此诸佛大会。不曾得佛法珍宝，常处恶道穷途中，背离弃置了正法。那位看瓶不已者，终究没有完结时。所以误失法会利，解脱机会永没了。

【评析】

故事中两个看陶师制瓶的人，一个忘记了吃饭，坚持看到最后；一个见机行事，得到了更多的款待和礼物。我们对这两个人的行为姑且不加褒贬，但细想一下，如果我们每个人都把时间用在同一件事上，那何尝不是一种浪费。同时，这也提醒我们：在适当的时间、场合放掉无谓的固执，冷静地用开放的心胸去作出正确的抉择，只有正确的选择才会使你永远走在通往成功的坦途上。

【故事征引】

学会选择，学会变通

有一位禅师，派他的三个徒弟去远方办事。临走那天，师父送他们到路口，吩咐他们道："你们从这儿一直往北走，就是一条通畅的大路，记住一定要沿着这条大路走，不要走岔路。"三个徒弟把师父的话铭记心中，然后辞别了师父，沿着大路往北走。

他们走了大约二百里，发现正前方有条河，必须穿过这条河才能继续沿着大路往北走。沿着河向西走一里路，就可以看到一座桥，然后就可以从桥上穿过。其中一位徒弟说："我们向西走一里路，从那座桥上过吧。"

其他两位一听，皱着眉头说："师父让我们一直往北走，我们怎能不听他老人家的话，而走弯路呢？"说完，他们互相搀扶着涉水而去。

他们好不容易过了河，又行走了大约两百里，前面又有一堵墙挡住了他们的去路。其中一位又说："我们绕过去吧！"

另外两个仍坚持说："师父教导我们无往不胜，我们怎能这么快就忘了师父的教导呢？"

说完，他们迎墙前进，只听到"砰"的一声，三人都碰倒在墙下，接着他们又爬起来，还互相勉励说："与其违背师命苟且偷生，不如遵从师命而死。"然后又互相搀扶，向墙上撞去……

我们都应该学会选择

　　从前，有一个叫敬远的和尚，每天除了练习武术的基本功，师父还让他另外选择一项兵器，每天利用业余时间认真练习。

　　第二天，敬远选择了练剑；第三天，他选择了练棍；第四天，他选择了练枪；第五天，当他正要拿起一把刀的时候，被师父叫住了。

　　"等等，敬远。"师父慢慢走了过来，"我先给你讲一个故事：在一所场院上，有一头毛驴想要吃草，在它左右两边各放着一堆青草。没想到，毛驴为先吃这一堆还是先吃那一堆犯了难，没过多久，毛驴就在犹豫不决中饿死了。"

　　"师父，您的意思是……"敬远一时不明所以。

　　"我再给你讲一个故事，"师父看着他说，"有两个牧童一同进山，当他们走进狼窝，发现两只小狼崽时，正好碰上老狼来寻子。于是他俩各抱一只分别爬上大树，两树相距数十步。一个牧童在树上掐小狼耳朵，弄得小狼嗥叫连天，老狼闻声奔来，气急败坏地在树下乱抓乱咬。此时，另一棵树上的牧童又拧小狼的腿，这只小狼也连声嗥叫，老狼又闻声赶去……就这样，老狼不停地奔波在两树之间，最后终于累得气绝身亡了。"

　　"这……"敬远还是有些不解，"师父……您……"

　　师父笑了笑，说道："驴饿死，狼累死，其原因是它们都有一个共同点，就是都不会选择。从我这几天观察你练武的情况来看，我发现你也有同样的迷惑！"

　　敬远听了师父这番点拨，终于有点觉悟了。

见水底金影喻

【原文】

昔有痴人，往大池所，见水底影，有真金像，谓呼有金。即入水中，挠①泥求觅。疲极不得，还出ougeot坐。须臾水清，又现金色。复更入里，挠泥更求觅，亦复不得。其如是，父觅子，得来见子，而问子言："汝何所作，疲困如是？"子白②父言："水底有真金，我时投水，欲挠泥取，疲极不得。"父看水底真金之影，而知此金在于树上。所以知之，影现水底。其父言曰："必飞鸟衔金，著于树上。"即随父语，上树求得。

凡夫愚痴人，无智亦如是。
于无我阴中，横生有我想。
如彼见金影，勤苦而求觅，
徒劳无所得。

【注释】

①挠：搅动的意思。②白：告诉。

【译文】

从前有个痴人，到大池塘边游玩，看见水底有金子的倒影，于是大呼"有金子"，随即跳入水中翻泥寻找。结果弄得一身疲惫，也没有找到金子，便又从水中出来坐在地上。过了一会儿，水清了，又显出金子的色泽来，痴人又跳入水中翻泥寻找，还是没有找到。父亲来找他，见他这番模样，便问："你在做什么，怎么弄得如此疲惫？"痴人告诉父亲："水底有金子，我跳入水中想取出来，疲累极了，也没有找到。"父亲仔细看了一下水底金子的倒影，就知道金子在树上。之所以能够知道，是因为影子显现于水底。父亲说道："这肯定是飞鸟衔来放在树上的。"痴人听了父亲的话，爬上树找到了金子。

世上的愚痴人，也是如此的没有智慧。他们在无我的五阴身中，横空产生有我的念头来。就如那位见了金影的痴人一样，在水中辛苦寻找，却徒劳而一无所得。

【评析】

这则寓言，很容易让人联想起"猴子捞月亮"的故事。月亮和金子一样，把它的影子倒映在水中，本体是质，影子是形。故事中的痴人看到水底有金影这个现象，他没能正确地分析它的本质，也没能像父亲一样采用科学的方法进行分析判断。其实在生活中，我们也经常犯跟痴人一样的错误，也总会在不经意间被事物的假象所蒙蔽，而作出错误的判断。

【故事征引】

是风在动，还是心在动

有一天，慧能大师去见法性寺住持方丈。刚走进门去，他就看到有两个小和尚在飘动的法幡下争论不休。

一个和尚红着脖子，大声喊道："你看，明明是旗子在动！这还有什么好争论的？"

另一个和尚也红着脸急忙反问道："没有风，旗子怎么会动呢？明明是风在动啊！"

两人在那儿争论了半天，谁也不肯服输。很快周围聚集了许多人，大家都议论纷纷，莫衷一是。

这时候，慧能大师点了点头，走上前去，对周围的人们说："这既不是风动，也不是幡动，而正是你们大家的心在动啊！"

很快，有人就把这件事禀告了法性寺住持方丈。方丈听罢，不由得大吃一惊，急忙率领众弟子前往拜见，并恭敬地对慧能大师说："阿弥陀佛，望大师能常住此地，为弟子们指点迷津。"

于是，慧能大师应允，在此设坛讲经。没多久，禅宗的思想就传遍了大江南北，到今日更已经是广播整个世界了。

局中人就是不如局外人

从前，在印度有一对年轻的夫妇，一直过着平凡的生活。虽然夫妻俩有时候也会因为生活艰难和日常琐事吵架、斗嘴，但终究也都过去了。

有一天，丈夫从外面回来，一副兴高采烈的样子，还吩咐妻子说："现在你到地窖里给我舀一瓢酒来，今天趁着高兴劲儿，我要跟我朋友好好喝一场酒。"妻子不知道丈夫今天为什么这么有雅兴，也没多问，就照着他的话来到地窖，她刚打开盛酒的坛子，却看见里面有个人影。这个妇人还以为是有人在她后面，回头看看，并没有其他人，只有自己啊。于是她再定睛看看坛子，里面确实有个女人的影子，影影绰绰，而且带有几分风韵。

看到这里，妇人醋意大发，三步并作两步地冲到丈夫面前，斥责道："刚才菩萨显灵了，你暗藏着的美貌女子都被我看到了，你竟然想瞒过我，现在我可是看得清清楚楚的。"

丈夫觉得莫名其妙，问明原因后，也疑神疑鬼起来。他跟着妻子来到地窖里查看，他打开坛子，发现里面果然有个人影，可是，并不是像妻子所说的美貌女子的影子，而是一个男子的身影！这男子正值壮年，魁梧英俊，比他本人的形貌要强几倍！难道妻子在背着他偷汉子？想到这里，他不由得怒火烧心，回头就把妻子骂了个狗血喷头。

这对夫妇越想越生气，互相指责不休，不但是今日酒坛鬼影事件，就连陈年往事他们都给翻了出来，然后互相谩骂、指责个没完没了。

正在这时候，一位婆罗门路过这里，听到这户人家吵闹不断，他就敲门进去调停事端。听完夫妇两人的叙述，婆罗门又到地窖里查明人影真相。当他打开酒坛时，发现酒坛里映出的是一个体面的婆罗门的身影，这位婆罗门心想：这对低贱的夫妇肯定与这位高贵的婆罗门关系密切，他们肯定是为了更多地结交婆罗门，才制造了夫妻吵架的假象。他才不想上当呢，于是决定不再管这个闲事，撒手不管了。这对夫妇更加疑心坛子里是鬼神显灵了，也更加确定了对方对自己的不忠。

又过了一个时辰，一个比丘尼路过这里，这对夫妇仍然在争吵不休。这位比丘尼就走进去听他们讲各自的是非。等夫妇俩讲完后，比丘尼终于明白了，问题就出在坛子里的影子上。于是，比丘尼让这对夫妇带着下了地窖，比丘尼亲自打开酒坛，看见酒坛里是自己的影子，并没有他们所说的什么别

见水底金影喻

的影像。

这位比丘尼把这对夫妇拉到酒坛边,说:"现在,我就把坛子里的鬼影倒出来。"说完便举起坛子,把里边的酒泼了一地,这对夫妇再看看坛子里边,什么也没有了。

夫妇两人这才明白,原来刚才互相指责的事是可笑的,惭愧之余,他们对这位比丘尼是千恩万谢,还一个劲儿地坚持留比丘尼在家吃一顿饭,就当是酬谢了。

梵天弟子造物因喻

【原文】

婆罗门众皆言："大梵天王①是世间父，能造万物，造万物主者。"有弟子言："我亦能造万物。"实是愚痴，自谓有智，语梵天言："我欲造万物。"梵天王语言："莫作此意，汝不能造。"不用天语，便欲造物。梵天见其弟子所造之物，即语之言："汝作头太大，作项极小；作手太大，作臂极小；作脚极小，作踵极大，作如似毗舍阇鬼。"以此义，当知各各自业所造，非梵天能造。

诸佛说法，不著二边②，亦不著断③，亦不著常④，如似八正道⑤说法。诸外道见断、见常事已，便生执著，欺诳世间，作法形像，所说实是非法。

【注释】

①梵天王：是婆罗门教三大元神之一，为创造万物之神，又称为大梵天王。②不著二边：指对一切事物超越各种区别，不执偏见，是佛教的认识论和方法论。③断：断见，认为人死后没有果报。④常：常见，认为人是长存不变的。⑤八正道：佛教教义。意谓达到佛教最高理想境地的八种方法和途径，它们分别是：正见、正思维、正语、正业、正命、正精进、正念、正定。

【译文】

婆罗门的教徒们都说："大梵天王是世间之父，能造万物，是造万物的主人。"有一位弟子说："我也能造万物。"他其实很愚痴，却自以为很聪明，还对梵天王说："我也想造万物。"梵天王答道："不要打这个主意了，你是不能造万物的。"他不听梵天王的话，就动手造物了。梵天王见了这个弟子所造的物，就对他说："你造的这个东西头太大，颈脖太小；手做得太大，

201

胳膊太小；脚做得太小，脚后跟太大。就像一个饿鬼一样。"

从这个故事中我们应当明白，每个人都是依自己的业力感受果报，并不是大梵天王能创造的。诸佛说佛道的意义，既不走极端而执著于偏见，也不执著于断见和常见，就像八正道那样不偏不倚。那些诸外道见了一些断见、常见的表面现象后，便产生了执著之情，还用它来欺诳世间，提出一些似是而非的说法，但实际上所说的并不是佛门正法。

【评析】

故事中的梵天王被他的教徒称为世间之父，而他的其中一个弟子不服气，也造了万物，结果所造出来的万物却极不平衡，失去了事物原有的面貌，无美感可言，实在令人可笑。人们就是这样，总是看不到事物的全貌，而只会看到距离自己最近的。这就像盲人摸象一样，摸到了什么，就把这个事物想象成什么样子，殊不知任何事物都是矛盾的。就其表现来说，它也是有倾向性的。所以人们在看到事物外在表象的同时，也应当要注意其隐藏的部分，那可能才是事物的本质。

【故事征引】

真正的"己"到底是什么

有一天，一所寺院的监院师父来参加法眼禅师的法会，两人刚一见面，法眼禅师问他："你参加我的法会有多长时间了？"

监院说："我参加禅师的法会已经有三年多了。"

法眼问："那你为何不特意到我的丈室来请问我的佛法呢？"

监院说："不瞒禅师您说，我已经从青峰禅师处领悟了佛法。"

法眼问："你是根据哪些话而领悟了佛法呢？"

监院说："我曾问青峰禅师：'学佛法的人，怎样才能认识真正的自己？'青峰禅师回答我：'丙丁童子来求火。'"

法眼问："说得好，但是，你不可能这么快就真正明白这句话的含意了吧！"

监院说："丙丁属火，以火求火，这就是说凡事要反求诸己。"

法眼说："你果然不了解，如果佛教是这么简单的话，就不会从佛陀传承到今日了。"

监院听后，非常气愤，认为禅师藐视了自己，便离开了法眼禅师。

在回去的途中，他不断地想："禅师是个博学多闻的人，而且目前是五百人的大导师，他对我的忠告，一定自有其道理。"

于是，他又返回原处，向法眼禅师忏悔，再次问道："学佛的人真正的自己是什么？"

法眼说："丙丁童子来求火。"

监院闻言，突然有所领悟了。

看风水的人

从前，有一位很有名气的风水先生，受人之邀到某地为人看风水。时值酷暑，风水先生一路走来，汗流浃背，口渴难耐。到了一个村子，正好看到一农妇在家门前水井打水，于是就急忙上前讨水喝。

农妇打出水来，请他喝，就在风水先生低头放下行李的时候，农妇抓起一把谷糠洒在水里。

风水先生一看，心中顿生嗔恨，暗道：此妇人心如此不善。可是在口渴难忍之下，他只好吹开水面的谷糠，慢慢地将水喝下。

临走时，风水先生心生报复之念，对妇人说道："谢谢妇人施水之恩，我为您指出一处风水宝地，作为回报吧。"其实他为妇人指出的是风水最坏的一块地方。

十几年后，风水先生又路经此村，看到当年为他施水的农夫家已经成为远近的首富。他感到大惑不解，就前去问个究竟。见面后，说起当年的往事，他问老妇人道："当时为何要将谷糠洒在水中？"

老妇人答道："之所以那样做，是怕你热身子喝凉水，激出病来。把谷糠洒在水里，你要一边吹一边喝，就不会喝得那么快了。"

风水先生听完，顿生惭愧。若有所思地说道："我明白了，我明白了。"

老妇人问："你明白了什么？"

风水先生说："我明白了，真正的风水在人的心里。"

从此风水先生再也不看风水，改行干别的去了。

病人食雉肉喻

【原文】

昔有一人，病患委笃①，良医占之云："须恒食一种雉肉，可得愈病。"而此病者，市②得一雉③，食之已尽，更不复食。医于后时，见便问之："汝病愈未？"病者答言："医先教我恒食雉肉，是故今者食一雉已尽，更不敢食。"医复语言："若前雉已尽，何不更食？汝今云何止食一雉，望得愈病？"

一切外道亦复如是，闻佛、菩萨无上良医说言："当解心识④。"外道等执于常见，便谓过去、未来、现在唯是一识，无有迁谢⑤。犹食一雉，是故不能疗其愚惑、烦恼之病。大智诸佛，教诸外道，除其常见。一切诸法念念生灭，何有一识常恒不变？如彼世医，教更食雉，而得病愈。佛亦如是，教诸众生，令得解诸法坏故不常、续故不断，即得划除常见之病。

【注释】

①委笃：确实（病势）沉重。委，的确，确实。笃，沉重。②市：买。③雉：野鸡。④心识：心和识的并称。心，指远离对象仍具有思考的作用。识，有差别认识的作用。⑤迁谢：指事物的迁流变化。

【译文】

从前有一个人，病得非常严重，有位名医给他诊断了一下，然后告诉他："你需要经常吃野鸡肉，你的病才能好起来。"这个病人到集市上买了一只野鸡，吃完之后便不再吃了。医生后来遇到他，便问："近来你的病好点了没有？"这个病人答道："您先前叫我常吃野鸡肉，我觉得野鸡肉都是一样的，所以我吃完一只之后，便不再吃了。"医生又说："你吃完了一只，为什么不继续吃下去？你现在只吃了一只，就希望你的病能好？"

一切外道也都是这样。他们听闻佛、菩萨这些无上良医说："应当解悟心为主体，识是了别，是心的作用。"但是那些外道徒却总是执著于常见，对过去、现在、未来都只是一个心识，相续不断，觉得不会再有什么变迁生灭。就好比只吃一只野鸡，就觉得疗效永远都在，所以就无法治好他们的愚惑烦恼之病。那些大智慧的诸佛指导诸外道祛除常见，因为一切事物和现象都在每一短暂的心念中不断发生生灭的变化，哪有精神能脱离物质而恒常不变的呢？就像那位名医教病人继续吃野鸡肉才可以治好病一样。佛陀也教示众生，使他们得以悟解一切事物时时都在毁灭，所以不常，又时时相续，所以不断，这样才可能除掉常见之病。

【评析】

"一口吃不成个胖子。"一次性就想治好病患也是不可能的。这则寓言告诫人们：做事必须从一点一滴干起，持之以恒才有效果。世间万物变化无常，没有一成不变的东西存在。所以，我们不应以固有的眼光看待问题，而要以发展的眼光看待世事。

【故事征引】

再坚持片刻就会有收获

从前在一个小山村里，有两兄弟一起进山，在上山途中他们偶然与一神僧相遇。

当时，神僧看他们两兄弟老实憨厚、做事认真，就说要授予他们酿酒之法。他们开心极了，一口答应要好好学。

接着，神僧便叫他们把在端午那天收割的米与冰雪初融时高山流泉的水相调和，再注入千年紫砂土铸成的陶瓷，然后再用初夏第一张看见朝阳的新荷覆紧，密封七七四十九天，直到鸡叫三遍后方可启封。

终于，他们历尽千辛万苦，跋涉过千山万水，终于找齐了所有的材料，然后各自调和密封，潜心等待那出酒的时刻。

多么漫长的等待啊，多么漫长的过程啊！第四十九天到了，两个人整夜都没有睡，就等着鸡鸣的声音。终于听到远处传来了第一遍鸡鸣。

又过了很久很久，才响起了第二遍。第三遍鸡鸣到底什么时候才会来？其中一个再也等不下去了，他迫不及待地打开了自己的陶瓮，然而他却惊呆了，里面的水像醋一样酸，又像中药一般苦，他把所有的后悔加起来也不可挽回了。他失望地把它洒在了地上。

而另外一个人，虽然欲望如同一把野火在他心里燃烧，让他几次都按捺不住，想要赶快伸手，但他还是咬着牙，坚持到第三遍鸡鸣响彻了天空。

"多么甘甜清澈的酒啊！"他终于品尝到了自己亲手酿的酒。

坚持不懈是正道

陶渊明隐居田园后，一直过着舒心的日子。有一天，一个读书的少年前来拜访他，向他请教求知之道，想从他这里讨一些绝妙之法。

那个少年说："老先生，晚辈十分仰慕您的学识与才华，不知道您在年轻时读书有何妙法？若有，敬请授予晚辈，晚辈定将终生感激！"

陶渊明听后，捋须而笑道："天底下哪有什么学习的妙法？只有笨法，全凭刻苦用功，持之以恒，勤学则进，殆之则退。"

少年似乎没听明白，陶渊明便拉着少年的手来到田边，指着一棵稻秧说："你好好地看，认真地看，看它是不是在长高？"

少年很是听话，可无论怎么看，也没见稻秧长高，便起身对陶渊明说："晚辈没看见它长高。"

陶渊明道："它要是不能长高，为何从一棵秧苗，变成现在这等高度呢？其实，它每时每刻都在长，只是我们的肉眼无法看到罢了。读书求知以及知识的积累，便是同一个道理！每天勤于苦读，也不可能发现今天就比昨天的知识要多，但天长日久，丰富的知识就装在自己的大脑里了。"

说完这番话，陶渊明又指着河边一块大磨石问少年："那块磨石为什么会有像马鞍一样的凹面呢？"

少年回答："那是磨镰刀磨的。"陶渊明又问："具体是哪一天磨的呢？"

少年无言以对。陶渊明说："村里人天天都在上面磨刀、磨镰，日积月累，年复一年，才成为这个样子，不可能是一天之功啊，它每天都会有所亏欠的啊！"

少年这才恍然大悟。

伎儿著戏罗刹服共相惊怖喻

【原文】

昔乾陀卫国①有诸伎儿，因时饥俭②，逐食他土，经婆罗新山，而此山中素饶恶鬼、食人罗刹③。时诸伎儿会宿山中，山中风寒，然火而卧。伎人之中有患寒者，著彼戏本罗刹之服，向火而坐。时行伴中，从睡寤者，卒见火边有一罗刹，竟不谛观④，舍之而走；遂相惊动，一切伴侣悉皆逃奔。时彼伴中著罗刹衣者，亦复寻逐，奔驰绝走⑤。诸同行者见其在后，谓欲加害，倍增惶怖，越度山河，投赴沟壑，身体伤破，疲极委顿，乃至天明方知非鬼。

一切凡夫亦复如是，处于烦恼饥俭善法，而欲远求常、乐、我、净无上法食⑥，便于五阴之中横计于我。以我见故，流驰生死，烦恼所逐，不得自在，坠堕三途恶趣沟壑⑦。至天明者，喻生死夜尽，智慧明晓，方知五阴无有真我。

【注释】

①乾陀卫国：古代西域国名。②饥俭：饥荒，年成不收。③罗刹：恶鬼名，食人血肉，或飞空或地行，非常可怕。④谛观：仔细地看。⑤绝走：快跑。⑥法食：指得到解脱烦恼的方法或结果。⑦恶趣沟壑：恶趣，指在三途中遭受的痛苦。沟壑，喻指不能自拔。

【译文】

从前，乾陀卫国有一班艺人，因为当时那里闹饥荒，于是他们就到别处去觅求生计。路过婆罗新山，这山中素来有很多恶鬼，还有吃人的罗刹鬼之类。当时这帮艺人一起在山中过夜，风大天冷，大家就燃火而卧。有一位艺人觉得很冷，就起来披上演罗刹用的戏衣，对火而坐。这时，伙伴中有人从睡梦中醒来，突然看见火边有一个罗刹鬼，顾不得仔细看一下，爬起来就逃。于是惊动了其他伴侣，全都逃奔而去。这时，那个穿罗刹衣的人不明白是怎么回事，也跟着大家争先恐后地跑起来。同伴们见他在后面，以为罗刹追着要吃人，更加恐惧，就越山渡河，有的还掉到山沟里，把身体都摔伤了，真是狼狈极了，一直到天亮，才知道那不是罗刹鬼。

世上的人也都是这样。处于烦恼饥饿这样不可避免、然而却能使人悟解真理的境地，却只是妄想着远求常、乐、我、净这四种涅槃的功德。但由于执著于追求自我的认识，固执色、受、想、行、识五阴之身为我，以致在生死道中流转奔驰，受着烦恼的追逐，不能自拔，结果坠堕在火、血、刀这三涂恶趣的阴沟里。一直到天明，如同人们的生死夜尽，迷惑已去，智慧明晓，才知道五阴之身只是假合之身，没有什么真正的我。

【评析】

故事中第一个看到错扮罗刹的演员，如果他一开始就仔细地去看，作出正确的判断，断然不会使众人包括他自己都惊慌而逃，更不会出现虚惊一场的混乱局面。这就是典型的"盲从"，是一种很可怕的社会现象。我们需要具备独立判断、冷静思考的素质，这样才能摆脱困境，远离危险。把"盲从"变成"思考"是十分必要的。

【故事征引】

把"盲从"变成"思考"

从前，有一位法师在给弟子们讲解经文时，有一个小沙弥就是听不明白，想不通也参不透。法师就告诉他说："你只要开动自己的脑筋就行。"

小沙弥还是不明白，于是就问法师："怎样才能开动脑筋呢？"法师说："多思考呀。"小沙弥更加困惑地说："怎么思考呢？"法师看一时半会儿小沙弥也想不明白，于是，就与小沙弥约好时间，单独为他释疑解惑。

这天，法师跟小沙弥在约定的地点见了面。法师首先递给小沙弥两个同样大小的栗子，然后问他："你能看出这两个栗子有什么区别吗？"小沙弥拿着栗子摸了摸，说道："一个是生的，一个是熟的。"法师问："何以见得呢？"小沙弥说："凉的肯定是生的，热的肯定是熟的。"法师说："那可不一定，凉的也许是熟的，煮熟以后又放凉了；而热的可能是生的，只是在热水里稍微烫了烫。"小沙弥又说："这两个栗子，一个是热的，一个是凉的。"法师说："这回说对了，但你是怎么知道的呢？"小沙弥说："可以感觉呀。"法师就说："你是怎么感觉的？"小沙弥说："用手感的，用心觉的。"法师说："你这说法太笼统了，我怎么越听越糊涂呢。"小沙弥说："还有什么糊涂的，就像您说的思考一样，心觉就是思，手感就是考。"他怕法师不明白，又解释说："思就是用心、动脑筋，考就是用手去触摸或用眼去观察、去考察。"

法师终于舒心地笑了，对小沙弥说："多谢你的指教和点化！"小沙弥也回过味来，惊喜地拍了拍自己的脑袋。

思维缜密才能有所发现

从前，有两个人一起去遥远的国度。在路途中，他们发现了大象的踪迹。师兄说："这肯定是一只母象，并且怀着小崽，这个象有一只眼睛是瞎的，在这头大象的背上坐着一个妇女，这个妇女有孕，怀的是个女儿。"

师弟觉得不可思议，就问他："你是怎么知道这些事的？根据什么推测出来的？还是凭空臆想的呢？"

师兄说："当我看到一些现象，然后再加以思索，就可以推敲出来了，你要是不信，走到前面看看就知道了。"于是两人加快脚步，赶上前去，果然发现了一头象，象上驮着一个妇女，妇女有身孕，怀着一个女孩，跟师兄说的一模一样。

这件事之后，师弟就想："我跟他一起跟着师父学佛，学业都是一样的，他就能发现辨别象的踪迹，而我却辨别发现不了，怎么会这样呢？"

师弟回去后就跟师父说："我和师兄一起行走，他在路上见到一处象的踪迹，就能推测辨别出很多其他情况，而我却不能从现象判断出任何东西。可见师兄学业大有长进，而我的水平差远了。我希望师父从新开始讲课，从此我再也不贪玩了，我会专心听讲。"

师父听了他的话，就向学徒打听情况，师父问师兄："你怎么看见象就能推知那么多情况呢？"师兄回答："我能推知判断很多情况，正是得益于师父平时所强调的那些方法。我见到大象的小便痕迹，就判断出是头母象；又看到它的右脚踏踩在地上的脚印比较深，就知道这头象必定怀有身孕，怀着一头小崽。我观察到道路右边的青草没有被大象啃吃过，就推知这头大象右眼肯定是瞎的；我观察到大象停下的地方有小便的痕迹，从这个痕迹看出是个妇女在骑象；又观察到这个妇女右脚踩地比较深，就知道她一定是身怀有孕，并且怀的是女孩。我是从这些纤细微小的现象来思考分析的。"

师父说道："学习这件事，就是要从现象出发，深入思考，只有缜密思考才能有所发现。那些粗枝大叶的人是发现不了什么的，这并不是我作为老师的过错。"

人谓故屋中有恶鬼喻

【原文】

昔有故屋，人谓此室常有恶鬼，皆悉怖畏①，不敢寝息。时有一人自谓大胆，而作是言："我欲入此室中，寄卧一宿。"即入宿止②。后有一人，自谓胆勇胜于前人。复闻傍人言此室中，恒有恶鬼，即欲入中，排门将前。时先入者谓其是鬼，即复推门，遮不听前。在后来者，复谓有鬼。二人斗诤，遂至天明，既相睹已，方知非鬼。

一切世人亦复如是，因缘暂会③，无有宰主，一一推析，谁是我者？然诸众生，横计是非，强生诤讼。如彼二人等无差别。

【注释】

①怖畏：恐怖、畏惧。②止：本义是停止，引申为居住。③因缘暂会：指各种条件在某个时刻都聚集在一起。

【译文】

从前有一间老旧的房屋，人人都说房内常有恶鬼，大家都很害怕，不敢进去住。这时有一个人，自认为大胆，说："我想去这屋中去睡一夜看看。"于是就进去住下了。后来又有一个人，自以为胆勇要胜过前面那个人，又听别人说这屋中常有恶鬼，就想进去看看。先进去住的那位以为他是鬼，立刻把门堵住，不让他进来，后来的这位也以为有鬼。于是两人推来推去，互不相让，一直闹到天亮。你看看我，我看看你，才知道都不是鬼。

世上的人也都是这样。一切诸法都是由四大元素借着互为条件的因缘暂时聚集起来的，并没有一个主宰作用的元素存在。要从事物本身的各个方面推析起来，究竟哪一个才是真实的"我"呢？然而世人硬是执著于我是你非，强行争辩不休，如同那两个人一样并没有什么差别。

【评析】

说到鬼，人人皆知。可是世界上真的有鬼吗？故事中的这两个人，从行为上看来，他们都不怕"鬼"，证明自己是勇者，可是并不等于他们心里也"无鬼"。在行事之前，我们应该静思，认识自己。只有这样，我们在做事的时候才能做到言行一致、得心应手。

【故事征引】

有没有鬼

有几个爱捣乱的年轻人，知道云居禅师每天晚上都要去荒岛上的洞穴里坐禅。这天，这几个年轻人又聚到一起，商量着捉弄一下云居禅师。

这天，这几个人藏在云居禅师的必经之路上，等到禅师过来的时候，有一个人从树上把手垂下来，扣在禅师的头上。年轻人原以为禅师会吓得魂飞魄散，哪知禅师任年轻人扣住自己的头，静静地站立不动。年轻人反而吓了一跳，急忙将手缩回。此时，禅师又若无其事地离去了。

第二天，他们几个一起到云居禅师那儿去，向禅师问道："大师，听说附近经常闹鬼，有这回事吗？"

云居禅师说："你们听谁说的？根本没有的事啊。"

"是吗？我们听说有人在晚上走路的时候被魔鬼按住了头。"年轻人试探地问道。

"那根本就不是什么魔鬼，而是村里的年轻人！"

"为什么这么说呢？"

禅师答道："因为魔鬼没有那么宽厚又暖和的手呀！"他紧接着说："临阵不惧生死，是将军之勇；进山不惧虎狼，是猎人之勇；入水不惧蛟龙，是渔人之勇；你们知道和尚的勇是什么吗？就是一个'悟'字。连生死都已经超脱，怎么还会有恐惧感呢？"

这群年轻人听到禅师这番话，个个惊讶得说不出话来。在遭到吓死人的突然袭击时，云居禅师竟然还能从一双宽厚暖和的手来判断出年轻人的恶作剧，这份定力该是多么值得自己崇拜呀！

五百欢喜丸喻

【原文】

昔有一妇,荒淫无度,欲情既盛,嫉恶其夫。每思方策,规欲残害,种种设计,不得其便。会值①其夫,聘使邻国。妇密为计,造毒药丸,欲用害夫,诈语夫言:"尔今远使,虑有乏短②。今我造作五百欢喜丸③,用为资粮,以送于尔。尔若出国,至他境界,饥困之时,乃可取食。"

夫用其言,至他界已,未及食之。于夜暗中,止宿④林间,畏惧恶兽,上树避之,其欢喜丸忘置树下。即以其夜,值五百偷贼,盗彼国王五百匹马并及宝物,来止树下。由其逃突,尽皆饥渴,于其树下见欢喜丸,诸贼取已,各食一丸。药毒气盛,五百群贼一时俱死。时树上人,至天明已,见此群贼死在树下,诈以刀箭斫射死尸,收其鞍马并及财宝,驱向彼国。

时彼国王多将人众,案迹来逐。会于中路,值于彼王。彼王问言:"尔是何人?何处得马?"其人答言:"我是某国人,而于道路值此群贼,共相斫射。五百群贼今皆一处,死在树下。由是之故,我得此马及以珍宝,来投王国。若不见信,可遣往看贼之疮痍⑤、杀害处所。"王时即遣亲信往看,果如其言。王时欣然,叹未曾有。既还国已,厚加爵赏,大赐珍宝,封以聚落。彼王旧臣咸生嫉妒,而白王言:"彼是远人,未可服信,如何卒尔宠遇过厚?至于爵赏,逾越旧臣。"远人闻已,至作是言:"谁有勇健,能共我试?请于平原,校⑥其伎能。"旧人愕然,无敢敌者。

后时彼国大旷野中,有恶师子,截道杀人,断绝王路。时彼旧臣详共议之:"彼远人者,自谓勇健,无能敌者。今复若能杀彼师子,为国除害,真为奇特。"作是议已,便白于王。王闻是已,给赐刀杖,寻即遣之。尔时,远人既受敕已,坚强其意,向师子所。师子见之,奋激鸣吼,腾跃而前。远人惊怖,即便上树。师子张口,仰头向树。其人怖急,失所捉刀,值师子口,师子寻死。尔时远人欢喜踊跃,来白于王,王倍宠遇。时彼国人卒尔敬服,咸皆赞叹。

其妇人欢喜丸者,喻不净施;王遣使者,喻善知识⑦;至他国者,喻于诸天;杀群贼者,喻得须陀洹⑧,强断五欲并诸烦恼;遇彼国王者,喻遭值贤圣;国旧人等生嫉妒者,喻诸外道见有智者,能断烦恼及以五欲,便生诽谤,言无此事;远人激厉而言旧臣无能与我共为敌者,喻于外道无敢抗衡;杀师子者,喻破恶魔,既断烦恼,又伏恶魔,便得无著道果封赏;每常怖怯者,喻能以弱而制于强。其于初时,虽无净心,然彼其施遇善知识,便获胜报。不净之施,犹尚如此,况复善心欢喜布施?是故应当于福田所,勤心修施。

【注释】

①会值:正巧、恰巧。②乏短:这里指缺少食物。③欢喜丸:印度古代一种食品,似饭团或饼,以面粉或其他粮食和糖及香料制成。④止宿:居住过夜。⑤疮痍:创伤。⑥校:比较的意思。⑦善知识:指正直而有道德,能指导正道的人。⑧须陀洹:即"如流果",小乘四果的第一果。指通过修行、脱离欲望而达到的初步修行的果位。

【译文】

从前有一个妇人,荒淫无度,情欲旺盛,很讨厌自己的丈夫,时时想办法加害于他,设了种种计策都未能成功。恰巧遇上她丈夫受聘出使邻国,她便秘密想了一个毒计,偷做了许多毒药丸,想用它来害死丈夫。她假意告诉丈夫说:"如今你要远行了,我担心你有吃不上东西的时候,所以专门给你做了五百个欢喜丸,用作路上的干粮。你要是出国进了人家的地界,饥饿的时候就可以拿出来吃。"

丈夫听了她的话,出了国界,还没来得及吃,就已经到了夜里,只好停在林间,准备住一宿。因为害怕猛兽,他便爬到树上躲起来,把欢喜丸忘在了树下。就在这一夜,五百个贼盗了国王五百匹马及诸多宝物,来到了树下。由于他们仓促逃跑,又渴又饿,见树下有欢喜丸,这些贼就拿起来吃了,每人吃了一丸。这个药的毒性极强,五百个贼一时都死了。

到了天明,树上的人看见群贼死在树下,就以刀箭砍射死尸,假作成战死的样子,收领了鞍马和财宝,向那个国家赶去。这时,国王带了一群人马循迹逐来，这个人恰好在中途遇上了。国王问他："你是什么人？从哪里得到这些马匹？"这人答道："我是某国人，在路上碰到这些盗贼，就与他们砍杀对射起来。现在这五百个贼都已经被我全部杀死在前面的树林里了，这才得了马和珍宝来投大王的国家。要是大王不信，可以派人前去查看杀贼的地方。"国王立刻派亲信前去，果如其言。国王兴奋异常，叹说还从来没有过这样的事情。回到都城，便给他厚封爵位，重加赏赐，还给他领土田地。国王的旧臣们都产生了嫉妒之情，进言道："他毕竟是外乡人，不可深信。您为何一下子就这么宠爱他？给他封爵加赏竟然超过了旧臣？"这人听了这些话，说："你们谁有勇气健力，敢与我比试一下，就请到平旷之处较量一番。"旧臣们听了十分惶恐，没人敢站出来。

后来，这个国家的荒郊野外有只凶猛的狮子截道杀人，把交通都阻断了。那些旧臣们就在一起商议："这个外乡人自称勇健无敌，如今要是能杀死那只狮子，为国除害，倒真是非凡的人了。"他们商量定了，便去说给国王听。国王旋即赐给这人刀杖，派他去杀死狮子。他听到国王的命令，硬是鼓起勇气，向狮子那儿行去。狮子见了，奋激鸣吼，腾跃而前。他惊恐万分，转身爬上树去。狮子仰头张口，盯着树上。他在慌乱急促之中，落了手中捉着的刀，恰好掉进狮子口中，狮子顷刻间死了。这个人大喜过望，急急地去报告国王，国王对他倍加宠遇。从此，举国上下没有一个不夸奖他的，都对他十分敬佩。

这段故事中，那女人的欢喜丸，比喻以妄心求福报而行的不净施；国王派他做使者，比喻导引人入正道的善知识；聘使邻国，比喻进入诸天；杀了群贼，比喻已修行至初果罗汉，断除了五欲及种种烦恼；中途遇到国王，比喻得逢圣贤；国中产生嫉妒的旧臣，比喻诸外道见有智者断灭了烦恼及五欲，便进行诽谤，说没有这等事；外乡人言辞激厉地说旧臣没人能是他的对手，比喻外道无人敢抗衡；杀死狮子，比喻破除恶魔；既断除了烦恼，又降伏了恶魔，便得到无执著于事物之念的阿罗汉道果的封赏；常常惊怖退却，比喻能以弱制强；尽管初始并不是出于清净行布施，然而，其布施时逢遇善知识，便得到了殊胜的果报。不净施尚且如此，何况又是善心欢喜地行布施呢？所以应当勤心修行布施，广种福田。

【评析】

这是一则篇幅很长的譬喻故事，从国王到强盗，从大臣到淫妇，以至于在已被毒死的强盗身上做手脚、瞒天过海的主人公。这三种恶魔的下场可以用中国的一句俗语概括："善有善报，恶有恶报。不是不报，时机未到。"这也给那些初入社会的当代青年提了醒，要让他们看清社会的复杂性，要学会区分善恶。

【故事征引】

瞒得了别人，瞒不了天地良心

从前有一个男子，到中年才有了一儿子，于是对他百般呵护，甚是溺爱。他忍受着贫穷，含辛茹苦地把儿子拉扯成人。看着儿子一天比一天红润，而自己却衣衫褴褛、饥肠辘辘，这些他都不在乎。他省吃俭用了好多年，好不容易攒下钱为儿子买了房，娶了老婆。

可是转眼他自己也老了，也帮不上儿子什么忙了。儿子、媳妇很不孝顺，越来越觉得他碍眼、碍事儿，开始对他只是冷言冷语，后来又经常打骂他，嫌弃他只会吃，没有用处。

最后，在一个风雨交加的夜晚，儿子终于忍受不了他，就将他赶出了家门。

这个老人无奈地来到一个破庙避雨，老人在雨天蹒跚行走，边走边想：想想自己的遭遇，再想想自己曾经是那么爱儿子，今天却遭受到这种待遇，真是让人痛彻心扉啊！他仰天长叹："佛祖呀，您为什么对我这么不公平？让我这么一个老人去承受这样大的痛苦！"

在一道闪电过后，一个更苍老的声音从他身后传出来："这都是你的报应啊。"这时候，他看见一个比他更老的人从破庙的角落里走出来。老人大惊道："你是佛祖吗？"那个更老的人说："你这个混蛋！在二十多年前你就把我赶出来了，我是你爸爸呀，你不认识我了？"

因大果小，因小果大

从前，有一个善良的人搭船出门办事。登上船后，他看见船主的木桶中有两条鱼游来游去，料想船主中午可能会将它们杀了吃，就对船主说："你把这鱼卖给我好吗？"船主说："好啊！但是此鱼价钱很高，两尾要三百钱，您什么时候想吃，就给你煮。"这个人二话没说，拿出三百钱买下了这两条鱼，然后对船主说："我今天不吃，不要烹煮。"

过了一天，船主又问他："你今天要煮鱼吃吗？"那个人回答："不要不要！我今天吃观音斋。"其实这个人并不吃观音斋，他是眼看两条鱼在木桶中游来游去，觉得杀了烹煮很不应该，所以撒谎说吃观音斋。最后，他终于把鱼放入江中，使它们获得了自由。

又过了一天，船正在大江中行驶，忽然之间狂风大作、波浪滔滔，船上的人都惊恐万分，就在大家喊救命的时候，忽然在云中现出"假斋"两个字来。

大家都看得清清楚楚，于是就有人问道："船中什么人吃了假斋？"问了好几声，这个人想道："昨天我说要吃观音斋，一定是犯了天条，如果我隐瞒不说出来，岂不害了大家？"想到这儿，这个人就高声应道："是我！是我！"众人听了不由分说，就将他推下水去了。

说也奇怪，就在这时候，不知道从什么地方漂来了一块木板，那个刚被推下水的人抓住了木板，竟安然无事，一阵大风又把他刮到了岸边。而那艘大船，却经不起风浪而倾覆了，船中的人统统沉入江底喂了鱼。

口诵乘船法而不解用喻

【原文】

昔有大长者子，共诸商人入海采宝。此长者子，善诵入海捉船①方法，若入海水漩洑、洄流、矶激②之处，当如是捉、如是正、如是住。语众人言："入海方法，我悉知之。"众人闻已，深信其语。既至海中，未经几时，船师遇病，忽然便死。时长者子即便代处。至洄澓驶流之中，唱言："当如是捉，如是正。"船盘回旋转，不能前进，至于宝所。举船商人，没水而死。

凡夫之人亦复如是，少习禅法，安般数息③及不净观。虽诵其文，不解其义，种种方法，实无所晓。自言善解，妄受禅法，使前人迷乱失心，倒错法相，终年累岁空无所获。如彼愚人，使他没海。

【注释】

①捉船：驾驶船。捉，把持。②矶激：指因礁石激起的浪流。③安般数息：安般，梵文anapana，或译"安那般那"，安是呼出气息，般是吸入气息。一心点数那气息，勿令忘失，就叫作数息观。

【译文】

从前有一位长者的儿子与一帮商人入海去采宝。这位长者的儿子很会背诵入海驾船的方法，比如遇到大海中有漩涡、洄流和礁石的地方，应当怎样驾、怎样撑、怎样停之类。他对大家说："入海驾船的方法，我全知道。"众人听了，都对他的话深信不疑。船驶入海中没过多时，船师得了急病，忽然死去了。长者的儿子就接替了他，航到漩洄的急流之中，他就大叫着："应当这样驾、这样撑。"船在漩涡里盘回打转，无法前进到有宝的地方去，没多久，全船的商人都落水而死。

世人也是这样。稍微修习了一点禅法，知道了一点数息观和不净观的观法，虽是记住了文词，却不懂其中的意思，也不了解修行的种种方法，却妄自张扬说已深透理解了，于是胡乱传授禅法，致使前来学法之人迷乱失心，颠倒错乱了诸法之相，结果一年到头一无所获。就像前面说的那位不会驾船的愚人一样，使得全船的人都没于海中。

【评析】

很多事情都是这样，看着简单，做起来就没那么容易了。而故事中的这个富翁的儿子，只会纸上谈兵，却又在那儿夸夸其谈，以迷惑众人，最终让一船人无辜丧命。在生活中，也有不少人不注重实践，不能把理论知识应用到实际问题中，最后还是露了馅儿。所以我们必须时刻提醒自己：要老老实实做人，踏踏实实做事。要知道，判断一个人的能力，不仅仅看他说得如何，还要看他到底做得怎么样。

【故事征引】

千里之行，始于足下

从前有一个学僧，非常喜欢雕刻佛像。他雕刻了很多佛像，但是一直没有专家的指导，他雕刻出来的佛像总是不够完美。后来，他听人说有一个禅师对这方面很有研究，就专程去拜访这位禅师。

禅师听了学僧的话，让他每天早上吃完饭都到法堂来一趟。于是学僧就在禅师这里住了下来，每天吃完早饭到法堂时，禅师就把一块宝石放在他手里，让他使劲儿攥着，然后天南海北地跟他闲聊。聊上约一个小时后，禅师就拿回宝石，让学僧接着回禅堂用功。

日子就这样一天天过去了，不知不觉已经过了三个月，禅师还从来没有谈到过雕刻的技术，也没有谈到过雕刻的知识，甚至都没有谈到过为什么要在他手里放一块宝石。终于有一天，这个学僧有点儿不耐烦了，但又不敢询问禅师，只能自己私下里嘀咕几声。

这一天，禅师仍然像往常一样，拿了一块宝石放在他手里，准备聊天。这个学僧一接过那块宝石，就觉得不对劲，立刻脱口而出道："老师，您今天给我的，不是宝石啊。"

禅师微笑着问道:"那是什么呢?"

学僧看也不看,就说道:"那就是一块普通的石头而已。"

禅师点了点头,欣悦地笑着说:"对了,雕刻是一门需要心手一致的功夫,现在你的第一课算是及格了。"

学僧恍然大悟,高兴地说:"多谢老师指点,弟子明白了。"

夫妇食饼共为要喻

【原文】

昔有夫妇，有三番①饼。夫妇共分，各食一饼；余一番在，共作要言："若有语者，要不与饼。"既作要已，为一饼故，各不敢语。须臾有贼入家偷盗，取其财物，一切所有尽毕贼手。夫妇二人以先要故，眼看不语。贼见不语，即其夫前侵略②其妇。其夫眼见，亦复不语。妇便唤贼，语其夫言："云何痴人，为一饼故，见贼不唤！"其夫拍手笑言："咄！婢③。我定得饼，不复与尔。"世人闻之，无不嗤笑。

凡夫之人亦复如是，为小名利故，诈现静默，为虚假烦恼种种恶贼之所侵略，丧其善法，坠堕三涂，都不怖畏。求出世道，方于五欲耽著嬉戏，虽遭大苦，不以为患。如彼愚人等无有异。

【注释】

①番：量词，片，块。②侵略：这里是侮辱的意思。③婢：本是女奴，这里有贱称之意。

【译文】

曾有一对夫妇，家里有三块饼。两人各吃了一块，还剩下一块，他们就互相约定："如果谁先说话了，就不给他这块饼了。"之后，他们为了这一块饼，都不敢开口说话。过了一会儿，有个小偷溜进来偷取财物，家中所有尽入了小偷之手。夫妇二人因为先前有约定，只好眼看着家里被偷光，谁也不说话。小偷见他们一言不发，就在丈夫的面前调戏起他的妻子来。丈夫见了还是不说话。妻子便大喊抓小偷，并斥骂她的丈夫："你这愚痴的人，怎么为了一块饼，眼见小偷作恶却不吭一声？"丈夫拍手笑道："嘿！你这个妇人，这块饼归我了,你没份儿了。"世人听了此事,无不嗤笑。

凡夫之人也是这样。为了一点小名利,硬是表现出一副平静宽容的样子来,却受着虚假烦恼及种种恶贼的侵侮,丧失了善法,坠堕于三涂,他们也毫不惧怕。追求出离生死的正道的人,一意在五欲中流连嬉戏,即使未来遭受大灾难,也不以为祸患,就跟那个为饼失财的愚人没有什么差别。

【评析】

人若有争执之心就难免会有是非产生,有是非产生就会有麻烦。为了一点小事而与人争执是愚痴之人的做法,不但什么也争不来,还会失去一些本来已有的东西。其实,每一个人都应该把眼光放长远些,让心胸开阔些,忍一忍让一让,小小的让步会让自己得到更多。

【故事征引】

多一些忍让,少一点灾祸

从前有个尤翁,在城里开了一家典当铺。有一年年底,他忽然听到门外有一片喧闹声,便穿好衣服到外面去看究竟发生了什么事。

原来,门外有位穷邻居正和自己的伙计拉拉扯扯,纠缠不清。站柜台的伙计愤愤不平地对尤翁说:"这个人前几天将衣物押了钱,今天却又空手来取,我不给他,他就破口大骂。您说,有这样不讲理的人吗?"

门外那个穷邻居仍然是气势汹汹,不仅不肯离开,反而坐在当铺门口。

尤翁见此情景,从容地对那个穷邻居说:"我明白你的意图,你不过是为了度年关。就因为这点小事,你值得这样面红耳赤吗?"

于是,他命令店员找出那位邻居的典当物,有衣服、蚊帐等,加起来共四五件。尤翁指着棉袄说:"这件衣服用来御寒,你可以拿走。"又指着外袍说:"这件给你拜年用。其他的东西不急用,还是先留在这里,等你有钱了再来取。"

那位穷邻居拿到两件衣服,不好意思再闹下去,只好离开了。谁知就在当天夜里,这个穷汉竟然死在了别人的家里。

原来,穷汉和别人打了一年多的官司,因为负债太多,不想活了,但是,又怕死后他的妻儿无依无靠,于是他就先服了毒药,然后故意寻衅闹事。

他知道尤翁家富有，便想敲诈一笔安家费，结果尤翁以圆融的手法化解了，没成为他的发泄对象，于是他又转移到了另外一户人家里，就是和他打官司的那家。

最后，这户人家只有自认倒霉，出面为他发落丧葬事宜，并赔了一笔"道义赔偿金"。

这件事之后，有人问尤翁："难道你是事先知情才这么容忍他的？"尤翁回答说："凡是无理挑衅的人，一定有所依仗。如果在小事上不能容忍，那么灾祸就离自己不远了。"

共相怨害喻

【原文】

昔有一人，共他相瞋①，愁忧不乐。有人问言："汝今何故，愁悴如是？"即答之言："有人毁②我，力不能报，不知何方可得报之，是以愁耳。"有人语言："唯有毗陀罗咒③可以害彼，但有一患，未及害彼，返自害己。"其人闻已，便大欢喜："愿但教我。虽当自害，要望伤彼。"

世间之人亦复如是，为瞋恚故，欲求毗陀罗咒，用恼于彼，竟未害他，先为瞋恚，反自恼害，堕于地狱、畜生、饿鬼。如彼愚人等无差别。

【注释】

①共他相瞋：和别人生了气。②毁：讲别人的坏话。③毗陀罗咒：古印度的一种咒语，说是能起死尸令去杀人。

【译文】

从前有一个人，与他人结了怨，整日闷闷不乐。有人问他："你最近为什么如此愁苦憔悴？"他随即答道："有人毁谤我，可我没有能力报复，也不知道用什么方法可以报复他。所以我才如此忧愁悲伤啊。"这人说道："你只有用'毗陀罗咒'才可以伤害他。但这个方法有个弊病，就是还没来得及害他，反而先害了自己。"他听罢，高兴地说："希望你能教会我。即使伤害自己，我也要报复他。"

世上的人也常常做这种因小失大的事。由于怨恨，就想用"毗陀罗咒"来诅咒加害别人，还未伤害到别人，自己反而先被这怨恨害了，堕落到地狱、畜生、饿鬼三恶道中，这和那个宁愿伤害自己也要报复他人的人没有什么差别。

【评析】

　　"海纳百川，有容乃大"，这是最基本的做人道理。但是故事中的这个人却不懂这个道理，只因为与别人有点隔阂不能报复而终日闷闷不乐，以致让自己变得憔悴不堪、忧愁悲伤。更可笑的是，他居然为了报复那个人，宁愿自己受伤也在所不惜，真是因小失大。为了芝麻大点的小事，就让自己陷入仇恨之中。要知道，一个整日陷在仇恨与报复中的人是不会快乐的。所以，我们要尽量打消一些不必要的报复念头，多多包容别人，多多谅解别人，最终受益的还是我们自己。

【故事征引】

给别人让路，就是给自己让路

　　一天，一个绅士要过独木桥，刚走几步便遇到一个孕妇。绅士便很礼貌地转过身回到桥头，让孕妇先过了桥。

　　孕妇一过桥，绅士又走上了桥。但刚走到桥中央，又遇到了一位挑柴的樵夫。绅士二话没说，回到桥头又让樵夫过了桥。

　　而后，绅士再也不贸然上桥，而是等独木桥上的人过尽后，才匆匆上了桥。眼看就要到桥头了，迎面却又赶来一位推独轮车的农夫。

　　这一次，绅士不甘心再次回头，于是摘下帽子向农夫致敬："你好，你看我就要到桥头了，能不能让我先过去？"

　　农夫一听，把眼一瞪，说："你没看我正推车赶集吗？"

　　话不投机，两个人就争了起来。

　　这时，河面上浮来一叶小舟，舟上坐着一个胖和尚。和尚刚到桥下，两个人便不约而同地请和尚为他们评理。

　　和尚双手合十，笑着问绅士："你为什么要农夫给你让路呢？就是因为你快到桥头了吗？"

　　绅士争辩道："在此之前，我已经给很多人让过路！"

　　和尚说："既然已经让了很多次，何不再让农夫一次？这样虽然过不了桥，但起码保持了你的绅士风度，何乐而不为呢？"绅士脸孔涨得通红。

　　和尚又问农夫："你真的很急吗？"

　　农夫答道："我真的很急，晚了就赶不上集了。"

和尚说:"你既然这么着急去赶集,为什么不尽快给绅士让路呢?你只要退后几步,绅士便可以过去了,绅士一过,你不就可以早点过桥了吗?给别人让路也是在给自己让路啊!"

与人方便,自己方便

从前,有一个苦行僧为了找到他心中的佛,四处云游,吃尽了世间的苦,可是他依然未能如愿。

在一个漆黑的夜晚,这个远行寻佛的苦行僧走到一个荒僻的村落中。漆黑的街道上,村民们默默地你来我往。苦行僧转过一条巷子时,看见有一团晕黄的灯正从巷子的深处静静地移过来。他听到有个村民说:"瞎子过来了。"僧人听了十分吃惊,就问那个村民:"那挑着灯笼的真是一位盲人吗?"

"他真的是一位盲人。"那人肯定地告诉他。苦行僧百思不得其解。一个双目失明的盲人,他对白天和黑夜没有一丝的概念,他甚至不知道灯光是什么样子的,他挑一盏灯笼岂不令人觉得可笑?

那灯笼渐渐近了,晕黄的灯光渐渐从神像游移到僧人的眼前。百思不得其解的僧人忍不住上前问道:"很抱歉地问一声,施主真的是位盲者吗?"

那挑灯笼的盲人回答他:"是的,从踏进这个世界起,我就一直双眼混沌。"

僧人问:"既然你什么也看不见,那你为何挑一盏灯笼呢?"

盲人说:"现在是黑夜吧?我听说黑夜里如果没有灯光的映照,那么满世界的人都和我一样什么都看不见,所以我就点燃了一盏灯笼。"

僧人若有所悟地说:"原来你是为别人照明啊!"

但那盲人却说:"不,我是为我自己。"

"为你自己?"僧人又愣了。

盲者缓缓问僧人:"你是否因为夜色漆黑而被其他行人碰撞过?"

僧人说:"是啊,这是经常会遇到的事情。就在刚才,还被两个人不留心碰撞过。"

盲人听了很得意地说:"但我就没有。虽说我是盲人,我什么也看不见,但我挑了这盏灯笼,既为别人照了亮,也让别人看见了我,这样,他们就不会因为看不见而碰撞我了。"

僧人顿悟,感叹道:"我辛苦奔波就是为了找佛,其实佛就在我身边啊!"

效其祖先急速食喻

【原文】

昔有一人，从北天竺[①]至南天竺，住止既久，即聘[②]其女，共为夫妇。时妇为夫造设饮食，夫得急吞，不避其热。妇时怪之，语其夫言："此中无贼劫夺人者，有何急事，忽忽乃尔，不安徐[③]食？"夫答妇言："有好密事，不得语汝。"妇闻其言，谓有异法，慇懃问之，良久乃答："我祖父已来，法常速食，我今效之，是故疾耳。"

世间凡夫亦复如是，不达正理，不知善恶，作诸邪行，不以为耻，而云："我祖父已来，作如是法。"至死受行，终不舍离。如彼愚人，习其速食，以为好法。

【注释】

①天竺：印度的古称。②聘：旧时以礼物订婚。这里是"娶"的意思。③不安徐：即"安不徐"，怎么不慢慢地。安，怎么。徐，慢慢地。

【译文】

从前有一个人从北印度来到南印度。因为住的时间比较久，就娶了当地一个女子做妻子。每次妻子给他准备了饭菜，他便急急地吞了下去，一点儿也不顾及它有多烫。妻子觉得很奇怪，就对丈夫说："这儿又没有强盗来抢，有什么要紧事，这般急匆匆的，为什么不能安下心来慢慢吃呢？"他答道："这里有秘密的事情，我不能告诉你。"妻子听了这话，以为有什么奇异的法术，便再三问他。过了好半天，他才告诉妻子："自我祖父和我父亲以来，都是这样快速地吃饭。我如今是仿效他们，所以也快吃快喝。"

世间的凡夫也是这样。不通达真正的道理，也不懂得善恶是非，做出种种邪行来，还不以为耻，却说自我祖父以来都是这样的做法，便至死都依循着做下去，始终都不肯改变。就像那个愚人，效仿先人急吞速咽，却把它当作好的吃法来保持一样。

【评析】

世上的事绝对没有一成不变的道理，一切事物都是不断向前发展的，不可能总是圈定在一个旧例中。要知道前辈的规矩未必会适合今人，可是故事中的这个人却不加辨别地仿效、死搬硬套地奉行祖先吃饭之快，真是让人哑然失笑。做人就是这样，与其在其表面上模仿成功人士，还不如坚持自己的特色，形成自己的风格。

【故事征引】

做好自己最重要

义玄禅师是临济宗的创始人。他习惯通过师徒问答的方式，了解弟子悟境的深浅，然后根据悟境深浅程度的不同，再进行有针对性的说教、接引禅人。

在接引禅人的时候，义玄禅师总是对其所问不作正面的回答，而是以棒喝的方式来促使弟子们省悟。

等到义玄禅师圆寂之际，他对弟子们说："我死之后，你们不要让我的正法眼藏也跟随我而去。"

座中三圣之一的惠然禅师极力安慰老师说："这种事绝对不会发生的，老师。"

义玄反问惠然："那我问你，如果有人来向你们问道，你们该如何回答呢？"惠然禅师马上学着老师的口气高声大喝，听起来跟老师平时一模一样。

义玄禅师深深地叹了口气，说："谁能想象，我的正法眼藏，居然就在你们这些人高声大喝的时候永远消失了，真是让我伤心啊！"说完，义玄禅师就在法座上寂然而逝。

惠然禅师听到老师这句话，大感不解，便问师弟们："老师平时不都是对来访者大喝一声吗？我已经学了好久了，连老师的神情、语气甚至声调都学得一模一样，怎么还是不能让老师满意呢？你们说这是什么原因呢？"

正当众弟子为此迷惑不解的时候，义玄禅师突然死而复生，大声说了一句："我吃饭你们会饱吗？我死你们能代替吗？"

弟子们大吃一惊，都以为是佛祖显灵了，连忙跪地请求道："老师啊，请再给我们多多指教啊！"

老禅师生平最后一次当头棒喝道："我才不让你们模仿呢！"然后再也不吱声了。

弟子们这才明白了：是啊，惠然禅师不是义玄禅师，所以惠然的大声咆哮，也不是义玄禅师的当头棒喝。

忸怩作态的驴

在一座寺庙里，有一个小和尚养了一头驴和一只哈巴狗。驴被关在栏里，虽不愁温饱，但每天都要到磨坊里拉磨，到树林里去驮木材，工作很是繁重。而哈巴狗呢，每天只是看家。因为待的无聊，所以它学会了许多小把戏，很快就博得了庙里小和尚的欢心，因此每次它都能得到好吃的奖励。

驴看在眼里，嫉妒在心里。它想：哈巴狗整天没有事做，还可以吃到那么多好吃的；而我每天那么辛苦地干活，却什么也得不到。时间久了，它的怨言也就多了，它甚至开始抱怨命运对它不公平。

有一天，驴趁哈巴狗不在，眼看着机会终于来了，于是挣断缰绳，跑进了小和尚的禅房。看到小和尚在里面，它就学着哈巴狗平时的样子，围着小和尚跳起舞来。它在那儿又蹬又踢，一下用头撞翻了桌子，一下又抬脚把佛像弄到地下，摔得粉碎。

这样驴还觉得不够，它居然又爬到小和尚身上去舔他的脸。这下，可把小和尚吓坏了，直喊救命。大家听到小和尚的喊叫声急忙赶到禅房。驴这时候心里正乐着，还猜想着将会得到什么样的奖赏呢！没想到，换来的却是小和尚一顿痛打，然后被重新关进了栏内。

效其祖先急速食喻

尝庵婆罗果喻

【原文】

昔有一长者，遣人持钱，至他园中买庵婆罗果①，而欲食之。而敕②之言："好甜美者，汝当买来。"即便持钱，往买其果。果主言："我此树果，悉皆美好，无一恶者。汝尝一果，足以知之。"买果者言："我今当一一尝之，然后当取。若但尝一，何以可知？"寻③即取果，一一皆尝，持来归家。长者见已，恶而不食，便一切都弃。

世间之人亦复如是，闻持戒施④得大富乐，身常安隐，无有诸患；不肯信之，便作是言："布施得福，我自得时，然后可信。"目睹现世贵贱贫穷，皆是先业所获果报。不知推一，以求因果。方怀不信，须己自经，一旦命终，财物丧失。如彼尝果，一切都弃。

【注释】

①庵婆罗果：果子名，即芒果。②敕：叮嘱，嘱咐。③寻：随即。④持戒施：坚持实行佛教戒律并进行布施。

【译文】

从前有一个富翁，想吃芒果，便派人拿了钱到他人果园中去买，临去时还叮嘱他："要拣又甜又大的芒果买。"于是仆人就拿了钱去买果了。果园的主人说："我们这树上结的果子都是很甜很好吃的，没有一个是坏的。你可以尝一个，就知道了。"买芒果的仆人却自作聪明地说："我现在要一个一个尝了，然后才买。如果仅仅尝一个，怎么能知道全是好的呢？"说完，随即把要买的芒果都一个一个尝了。他把尝过的果子带回家，富翁一看所有的果子都被咬过，觉得很恶心，就把它们全部扔掉了。

世上有些人也是如此。听说受持戒律、进行布施可以得到大富极乐，身体能够保持安康，没有烦闷狂躁之类的毛病。但他们并不肯真正相信，就这样说："布施可以得福，我得亲身经历了才相信。"其实，看看世上人的贵贱贫富，全都是前世修行所得的报应。但他们却不知道举一反三，以此求证因果报应，始终心存疑惑，要求必须亲身经历才肯相信。可一旦到了生命即将终结之时，不但不能亲历因果报应关系，而且所有的财物都会随之而去。这就如同那个买果子的仆人把每个果子都尝了一遍一样，最后不得不全部扔掉。

【评析】

就本则寓言而论，如果佣人不在意果子的好坏，随便买走，也许他就得不到香甜的果实；但反过来说，像他那样太过慎重，非要一一尝过后才买，结果虽然得到了香甜的果实，但却因为没有一个完整的，最终被丢弃浪费掉了。又如果这个佣人事先了解什么样的果子才会是好的，而后观其色、闻其味、看其形，也同样可以得到他想要的结果。所以，我们做事一定要心中有数，要善于从个体中发现和认识一般的事物，要牢记：不是事事都要亲身经历后才可以得到真知的。

【故事征引】

事上有理，理中有事

"海内书院第一"的白鹿书院，是李渤兄弟曾经隐居读书的地方。当时，李渤养有一只白鹿，终日相随，被故人称为"白鹿先生"。后来李渤任江州刺史，就在此地修建了亭台楼阁。

有一次，李渤问智常禅师道："佛经上所说的'须弥藏芥子，芥子纳须弥'未免失之玄奇了，小小的芥子，怎么可能容纳那么大的一座须弥山呢？这是在骗人吧？"

智常禅师闻言而笑，问道："人家说您涉猎书籍逾万，人称'李万卷'，可有这回事？"

"那是当然！我岂止读书万卷？"李渤一副得意洋洋的样子。

"那么你读过的万卷书如今何在？"

李渤抬头指着脑袋说："都在这里了。"

智常抬头道："奇怪，我看你的头颅也只有一粒椰子那么大，那么你又是如何将那万卷书放进你那小小的脑袋里去的？莫非你也骗人吗？"

李渤听后，脑中轰然一声，当下恍然大悟：原来一切的禅理，都要从事上去说明，从理上去解释。所以，要想了解宇宙世间，就应该明白事上有理，理中有事。

为二妇故丧其两目喻

【原文】

昔有一人，聘取二妇。若近其一，为一所瞋。不能裁断①，便在二妇中间，正身仰卧。值天大雨，屋舍霖漏，水土俱下，堕其眼中。以先有要，不敢起避，遂令二目俱失其明。

世间凡夫亦复如是，亲近邪友，习行非法，造作结业②，堕三恶道，长处生死，丧智慧眼。如彼愚夫，为其二妇故，二眼俱失。

【注释】

①裁断：判断、决定。②结业：由烦恼而造作之恶业。

【译文】

从前有一个人，娶了两个妻子。要是他亲近其中的一个，另一个就会生气。他自己也没有办法解决，于是就在两个妻子中间直端端地仰卧着。有一次，正好碰上天下大雨，屋舍漏雨，雨水和泥土一齐从屋顶上漏下来，堕落在他的眼中。他因与两个妻子有约在先，所以不敢起身躲避，结果双目都失明了。

世间的凡夫也是这样。与那些不走正道的人亲近，修习一些外道邪法，受迷惑而做出一些不正当的行为，最后堕于三恶道中，长久处于生死轮回之中，丧失掉了慧眼。就好像那个愚人，为了两个妻子，而使自己双目失明一样。

【评析】

人生无论对事还是对人，都会有难以取舍的时候，这就是所谓进退维谷、左右为难的境况。故事中的这个人，为了不偏向于两妻，导致两头都难做人，自己也深受其害。在生活中也是这样，我们要面对很多事情，所以不能盲目地去看它的表面，为它的外表所迷惑，要更多地去考虑到底值不值得去做。会生活的人，总是能够学会舍弃与放弃。多余的东西就是无用的东西，无论是财富、朋友还是享乐，都应该毫不吝惜地去掉！

【故事征引】

有所得，必然有所失

有一个年轻人，多才多艺，但真正的学业却一直没有太大的长进，于是就去请求一位禅师为他指点迷津。

这位禅师见到他后，并没有说什么，只是先请他大吃一顿。只见桌子上摆满了上百种不同花样的斋饭，大多都是这个年轻人所未曾见过的。开始用斋的时候，他挥动着筷子，想要尝尽每一道菜。用餐结束后，他已经吃得非常饱了。

这时候，禅师就问他："你吃的都是些什么味道呢？"

他摸了摸肚子，很为难地说："上百种滋味，我也难以分辨，只是感觉肚子有些撑胀。"

禅师又问："那你觉得舒服、满足吗？"

他回答说："我感觉很痛苦。"

禅师笑了笑，没有说任何话。

第二天，禅师邀他一同登山。当他们爬到半山腰时，那里有许多稀奇的小石头。年轻人看到这些漂亮的石子，很是喜欢，于是边走便把喜欢的石头放入自己的口袋中。很快，他的口袋塞满了，他已经背负不动了，可是又舍不得丢掉那些石头。

这时候，禅师便说："把它们放下吧，要是这样你又怎么能到山顶呢？"年轻人听了禅师的话，顿时彻悟了，立即抛下袋子，轻盈地登向山峰。

年轻人拜别禅师，几年后终于金榜题名，成为一位有才学的人。

"舍"未必就是祸

有一个小和尚去河里挑水，回到寺院时，他才发现从水里带回一只小蝌蚪。当他正准备把这个拖着长尾巴的小蝌蚪放回木桶，捎到河水里时，老方丈看到了，就走过来说："先放到玻璃瓶里养些天吧，看它有什么变化，然后再放它到河里去也不迟。"

小和尚听了老方丈的话，就把小蝌蚪暂且放在玻璃瓶里养了起来，有时还喂它些馍馍粒，或者把它从房间里捧到阳光下晒晒，对小蝌蚪非常疼爱。每隔三五天，老方丈也会过来看看小蝌蚪的生长情况。

　　大概过了半个月，小蝌蚪的长尾巴明显地短了许多，后腹部还长出了两只小腿儿。又过了十多天，小蝌蚪的尾巴更短了，嘴巴下边也长了两只小腿儿。老方丈看看快长成青蛙的小蝌蚪，又看看勤勉饲养它的小和尚，捻须没有说话。

　　又过了几天，小蝌蚪的尾巴彻底不见了，终于变成了一只绿色的小青蛙。老方丈捧着玻璃瓶看了又看，然后对小和尚说："你可以放它回归大自然了，它终于由原来的小蝌蚪变成青蛙了，阿弥陀佛……"

　　于是小和尚就在挑水的时候，把小青蛙放了。回来的路上，他遇到老方丈从山上下来，还背着一大捆树枝。他非常困惑地对方丈说："您这么大岁数了，为什么还要亲自上山砍柴呢？"

　　方丈笑笑说："我不是去砍柴，我是去为小树们超度。树木不如蝌蚪，它们的'尾巴'不会自行消失，它需要让人动手砍去才行。"

　　直到这时，小和尚才幡然醒悟，一下子抛去了许多烦恼和忧虑，道行猛然长进了许多。蝌蚪不收尾成不了青蛙，苗木不砍枝成不了大树，而人生不及时取舍和抉择就难以做出出类拔萃的功业。想到这儿，小和尚像是得到了什么宝贝一样，开心地蹦了起来。

唵米决口喻

【原文】

昔有一人，至妇家舍，见其捣米，便往其所，偷米唵[①]之。妇来见夫，欲共其语，满口中米，都不应和。羞其妇故，不肯弃之，是以不语。妇怪不语，以手摸看，谓其口肿，语其父言："我夫始来，卒[②]得口肿，都不能语。"其父即便唤医治之。时医言曰："此病最重，以刀决[③]之，可得差[④]耳。"即便以刀，决破其口，米从中出，其事彰露。

世间之人亦复如是，作诸恶行，犯于净戒，覆藏其过，不肯发露，堕于地狱、畜生、饿鬼。如彼愚人，以小羞故，不肯吐米，以刀决口，乃显其过。

【注释】

①唵：把手里握着的东西塞进嘴里。②卒：同"猝"，突然。③决：这里是割开的意思。④差：同"瘥"，病愈。

【译文】

从前有一个人，到妻子家去，看见妻子正在家捣米，就到屋里偷了一把米含在嘴里。妻子看丈夫来了，想跟他说话，丈夫满口含着米，呜呜地不应答。因为在妻子面前怕难为情，便不肯把米吐出来，也就不说话了。妻子见他不说话，奇怪了，就用手去摸，以为他口肿了，就对她父亲说："我丈夫刚来，突然就患了口肿，都不能说话了。"她父亲随即叫来医生替他治疗。医生说："这个病很严重，要用刀割开口子，才可以治好。"于是就用刀割开他的嘴巴，米就从刀割开的口子里漏了出来，事情的真相也就败露了。

世上的人也是这样。他们做了种种恶行，违反了清净的戒律，就把过错掩藏起来，不肯说出来求忏悔，以致后来堕入于地狱、畜生、饿鬼这类恶道中。就好比那个愚人，出于小小的难为情，不肯吐出米来，直至用刀来割开他的嘴巴，才显露出他的过错来。

【评析】

俗话说得好：少时偷针，大时偷金。在这个金钱社会中，贪婪之心、非分占有之心是无法彻底根除的。每个人都有过这样那样的过失，也走过不少弯路，但问题就在于如何对待所犯的过失。故事中的这个人，偷吃了妻子家的米，宁可让别人用刀强行把嘴割开，也不肯主动承认错误，以摆脱尴尬的局面。当然，要让我们勇于承认错误，特别是勇于在众人面前承认错误，那是需要一定勇气的。如果有了这种勇气，相信世间的一切事物都会变得简单许多。

【故事征引】

别让心畸形

默仙禅师在丹波的寺院里修行。有一位信徒对默仙禅师说："我的妻子贪婪而且吝啬，对于做好事行善，连一点儿钱财都不舍得，您能发发慈悲到我家里去，向我太太开示，让她行些善事好吗？"

默仙禅师是个痛快人，听完信徒的话，非常爽快地答应下来了。

当默仙禅师到达那位信徒的家里时，信徒的妻子出来迎接，可是半天过去了，他妻子却连一杯茶水都舍不得端出来给禅师喝。于是，禅师握紧拳头，伸到她面前。"您这是什么意思啊？"妇人吃惊地问。禅师说："我的手总是这个样子，你说是怎么回事呢？"

信徒的妻子说："如果你的手天天是这个样子，就是有毛病，畸形的啊！"

默仙禅师说："是啊，这样子就是畸形。"

接着，默仙禅师又把另一只手伸展开成了一个手掌，并问："如果天天是这个样子呢？"

信徒的妻子说："这样子也是畸形啊！"

默仙禅师趁机说："夫人！不错，这都是畸形，只知道贪取，不知道布施，这是畸形。只知道花用，不知道储蓄，也是畸形。钱要流通，要能进能出，要量入为出。"

信徒的妻子在默仙禅师这么一个比喻之下，对做人处事和经济观念、用财之道了然于心了！世上有人过分贪财，有人施舍，均非佛教中道之义，她终于豁然领悟了。

人心不足蛇吞象

有一位修道者，在村子里名望很高，村民们有什么事都会去找他帮忙。有一天，修道者打算到一个清静的地方禁欲苦修，于是他辞别了村人，孤身一人来到一处无人居住的山中隐居起来。

他刚上山时，只带了一块布当作衣服。后来他想到要换洗衣服的时候，需要另外一块布来替换，于是就下山到村庄中，向村民们乞讨了一块布当作衣服。村民们都知道他是虔诚的修道者，于是毫不犹豫地就给了他一块布，当作换洗用的衣服。

当这位修道者回到山中之后，他发现在他居住的茅屋里面有一只老鼠，常常会在他专心打坐的时候来咬他那件准备换洗的衣服。他早就发誓一生遵守不杀生的戒律，因此他不愿意去伤害那只老鼠，但是他又没有办法赶走那只老鼠，所以他回到村庄中，向村民要一只猫来饲养。

得到了猫之后，他又想：猫要吃什么呢？我并不想让猫去吃老鼠，但是它也不能跟我一样只吃一些野菜吧！于是他又向村民要了一只乳牛，这样那只猫就可以靠牛奶维生。

但是，在山中居住了一段时间以后，他发觉每天都要花很多的时间来照顾那只乳牛，于是他又回到村庄中，找了一个可怜的流浪汉，于是就带着无家可归的流浪汉到山中居住，帮他照顾乳牛。

流浪汉在山中居住了一段时间之后，跟修道者抱怨道："我跟你不一样，我需要一个太太，我要正常的家庭生活。"修道者一想，也觉得有道理，他不能强迫别人一定要跟他一样，过着禁欲苦行的生活。

就这样，修道者的欲望越来越多。到了后来，大概是半年以后，居然整个村庄都被搬到山上去了。

诈言马死喻

【原文】

　　昔有一人，骑一黑马，入阵击贼。以①其怖故，不能战斗，便以血污涂其面目，诈现死相②，卧死人中。其所乘马，为他所夺。军众既去，便欲还家，即截他人白马尾来。既到舍已，有人问言："汝所乘马，今为所在？何以不乘？"答言："我马已死，遂持尾来。"傍人语言："汝马本黑，尾何以白？"默然无对，为人所笑。

　　世间之人亦复如是，自言善好，修行慈心，不食酒肉。然杀害众生，加诸楚毒③，妄自称善，无恶不造。如彼愚人，诈言马死。

【注释】

　　①以：因为。②诈现死相：假装出死了的样子。③楚毒：虐待、毒害。

【译文】

　　从前有一个人，骑着一匹黑马入阵与敌作战，由于他心里害怕，不敢与敌人交锋，便用血污涂在面孔上，装出死的模样来，躺在死人中间，而他所骑的马也被别人夺走了。军队撤离以后，他便想回家，就割了一匹死去的白马的尾巴带回来。回到家中，有人问他："你骑的那匹马现在在哪里？你为什么不骑呢？"他答道："我的马已经战死了，所以只拿了它的尾巴回来。"旁边的人说道："你的马原本是黑的，尾巴怎么会是白的呢？"他默然无答，因而遭到众人的嗤笑。

　　世上的人也是这样。说自己积善行好，修行慈心，不食酒肉。然而却杀害众生，并加以虐待、毒害，还虚妄地自称行善，其实无恶不作，就像那个愚人用白马尾来骗说黑马已死一样。

【评析】

故事中这位骑着黑马上阵的人，在遇到危难时，只想着如何保全自己；危难度过后，却想要沽名钓誉。在社会生活中也一样，也有不少口蜜腹剑、外善内毒的人，他们中虽然有人手持佛珠，却还是有害人之心，这种人也真是可悲、可叹。其实，掩饰内心的感情和行为上的怯懦，对人们来说，有时是难以避免的，因为绝对的内心充实以及行为的完满是不可能的，所以要尝试着当一回愚笨人中的聪明人。

【故事征引】

诚实是人格的一种坚守

宋朝时有一位道楷禅师，他经过多年的修行，终于得道了。于是他便开始云游四方，为大众讲学，来阐明禅宗的道理。一路上，道楷禅师走了很多地方，他曾经担任过净因寺和天宁寺等大寺的住持。

很快，禅师的美名被当朝的皇上听说了，他对禅师的这种作为非常欣赏，于是决定颁给他一件紫衣袈裟，以褒扬他弘扬佛法的圣德，并且还赐号为定照禅师。

可是当道楷禅师听说了这个消息以后，出人意料的是，他竟然表示坚决不能接受这些荣誉。于是皇上又派出了开封府的李孝寿亲自来到禅师的住处，代表皇上来表达朝廷对道楷禅师的一片美意，但是禅师还是不肯接受。皇上被他的一而再、再而三的冷淡反应激怒了，下令州官把禅师收押起来，想看看惩罚能不能让禅师回心转意。

这名州官以前听过禅师讲经，他深深知道禅师的为人。他来到寺中的时候，特意让手下人回避，然后低声对禅师说："禅师，您的身体看上去很虚弱，脸色也很苍白憔悴，是不是生什么病了？"

道楷禅师摇了摇头，回答道："没有。"

州官看自己的启发没有用，就心下一横，直接对禅师说："禅师，您如果说自己生病，皇上肯定会看在您以前四处讲学的辛苦份上，免除对你的惩罚。"

禅师还是摇了摇头，依然用平静的口气说："没有病就是没有病，我怎么能为了免除惩罚而装病呢?"

州官听了禅师的话既感动又无奈,只好迫不得已将禅师贬到了淄州。

切勿欺世盗名

有一个刚刚得道的和尚,自以为道行很深,于是想自立门户。他找了个寺院,还收了几个弟子。新收的弟子又都很听他的话,所以他每天都让弟子们扫地、管理菜园子,在闲暇时间才会教他们读书。他自己呢?每天则像个禅师一样打坐,然后把从书上看来的成语再讲给徒弟们听。

每天中午,和尚都要到禅房中小睡一会儿,弟子们觉得奇怪,就问他:"老师,您为什么每天中午都要午睡?"和尚回答道:"你们不知道吗?孔子每天都要小睡片刻,他在梦中向周公讨教,醒来后就将先贤所说的话告诉弟子们。我也是这样,在梦里我也能见到我的先贤。"

弟子们一听是这样,就起身告辞,然后去做自己的事了。

有一天,天气非常炎热,盛夏的蝉鸣声声入耳,仿佛催眠曲般催人入睡。弟子们正在禅房打坐,有几个弟子抵不住困倦,坐在那里睡着了。和尚发现弟子打坐的时候居然睡着了,便把他们叫醒,训斥道:"打坐的时候心如止水,你们怎么能够睡着呢?"

弟子们醒来,揉着蒙眬的眼睛说道:"我们到梦乡去见古圣先贤了,就像孔子梦见周公一样。"

和尚愣了一下:这正是自己说的话呀,怎么办呢?如果不能有一个好的解释,那不是否定了自己所说的话吗!突然他灵机一动,便问道:"古圣先贤给了你们一些什么训示?说来听听!"他暗暗为自己的聪明而高兴。

弟子们答道:"在梦里我们遇到了古圣先贤,便问他:'我们的老师不是每天中午都来和你们讨教吗?能不能也教我们一些?'但是他们回答:'我们从来就没有见到过你们的老师呀!'"

和尚听后,后悔不及。

出家凡夫贪利养喻

【原文】

昔有国王，设于教法："诸有婆罗门等，在我国内，制抑①洗净。不洗净者，驱令策使种种苦役。"有婆罗门，空捉澡灌，诈言洗净。人为其著水，即便泻弃，便作是言："我不洗净，王自洗之。"为王意故，用避王役，妄言洗净，实不洗之。

出家凡夫亦复如是，剃头染衣②，内实毁禁，诈现持戒，望求利养，复避王役。外似沙门，内实虚欺。如捉空瓶，但有外相。

【注释】

①制抑：制，束缚。抑，压。这里有"规定"的意思。②染衣：即僧衣，以木兰等色染之，故名染衣。古印度平民一般身着白衣。

【译文】

从前有一个国王，订立了一条教规：凡是居住在国内的婆罗门教徒，必须要洗净身体。如果不洗净，就会强制他做种种苦役。有一个婆罗门教徒，手里提着一个空的洗澡罐，谎说自己已经洗净了。别人往他的水罐里注水，他随即就把水倒掉，说："我不用洗了，还是国王自己洗吧。"按着国王意图去办事，用来逃避国王的劳役，就妄说洗净了，实际并没有洗。

出家的凡夫也是如此。剃了头发，穿上染色的法衣，而心里实际上却在毁坏禁戒，装出持戒的样子，既希望得到人们的供养，又可以逃避国王的劳役。这种人外形看像是个出家人，内心却充满了虚假和欺骗，就像那个手提空澡罐的婆罗门一样，徒有外相而已。

【评析】

　　这则寓言中的婆罗门，实际并没有洗身，却妄说自己已经洗过了，他的行为已经违背了教规。他的内心世界原本虚伪狡诈，一开始就自欺欺人，装出一副信徒的面目来昭示天下，结果只能更加显露出他的卑劣无耻。他的行为还不如那些不是教徒的普通人。由此可知，人如果只注重外表是远远不够的，更应该加强内在的修养，只有做到外表和内在一致的人才是真正的君子。

【故事征引】

心灵美，才更有魅力

　　有一位女施主，家境非常富裕，不论其财富、地位、能力、权力、外表等，都没人能与她相比。但她却整天郁郁寡欢，身边连个可以谈心的朋友都没有。于是，她去找禅师，想向禅师请教如何才能使自己有魅力，从而讨得别人的喜欢。

　　禅师告诉她："从现在开始，你只要随时随地和各种人合作，并保有佛一样的慈悲胸怀，多讲些禅话，听些禅音，做些禅事，用些禅心，你很快就能成为一个有魅力的人。"

　　女施主听后，连忙问："禅话怎么讲呢？"

　　禅师说道："禅话，就是说欢喜的话，说真实的话，说谦虚的话，说对别人有利的话。"

　　女施主又问："那禅音怎么听呢？"

　　禅师道："禅音就是化一切音声为微妙的音声，把辱骂的音声转为慈悲的音声，把毁谤的音声转为帮助的音声，哭声闹声、粗声丑声，你都不能介意，这就是禅音了。"

　　女施主又问："禅事呢？应该怎么做？"

　　禅师对她说道："禅事就是布施的事、慈善的事、服务的事、合乎佛法的事。"

　　女施主进一步问道："那么请问禅心又是什么心呢？"

　　禅师说："禅心就是你我一如的心、圣凡一致的心、包容一切的心、普利一切的心。"

女施主听了禅师的讲解，从此不再夸耀自己的财富，也不再自恃美丽，对身边的人谦恭有礼，对眷属更是体恤关怀。没过多久，就成为一位"最具魅力的施主"了。

驼瓮俱失喻

【原文】

昔有一人，先瓮中盛谷。骆驼入头瓮中食谷，又不得出。既不得出，以为忧恼。有一老人来语之言："汝莫愁也，我教汝出。汝用我语，必得速出。汝当斩头，自得出之。"即用其语，以①刀斩头。既复杀驼，而复破瓮。如此痴人，世间所笑。

凡夫愚人亦复如是，悕心菩提②，志求三乘，宜持禁戒，防护诸恶。然为五欲毁破净戒，既犯禁已，舍离三乘，纵心极意，无恶不造，乘及净戒二俱捐舍③。如彼愚人，驼瓮俱失。

【注释】

①以：用的意思。②悕心菩提：指虔诚地修炼通往涅槃境界的智慧。③捐舍：失去、抛弃。

【译文】

从前有一个人，在坛子里盛了一些谷子。他养的骆驼把头伸进坛子里吃谷子，过后却出不来了。因为骆驼的头出不来，这让他很发愁。正巧来了一位老人，对他说："你不要发愁啊，我教你一个把头弄出来的办法。你按照我的话去做，必定能使骆驼头很快出来。你只要斩掉它的头，这样自然就出来了。"这人就照他的话，用刀斩了骆驼头。结果既把骆驼杀死了，又把坛子摔破了。这样的愚人，当然被世人所笑话。

凡夫愚人也是这样。他们虔诚地修炼通往涅槃境界的智慧，志在求得声闻、缘觉、菩萨三乘之果，就应当持守禁戒，防止被种种恶行侵扰。然而他们为了财、色、名、食、睡这五欲的享受，触犯了净戒。犯戒之后，又舍弃了见性悟道的三乘，纵心极意，无恶不作。结果把三乘之路和清规戒律都抛弃了。就像那个蠢人，骆驼和坛子全部都损失了。

【评析】

在现实生活中，顾此失彼或者两者俱失的事不胜枚举，应了大家都懂得的一个道理：鱼和熊掌不可兼得。在这个故事中，这个人只能在骆驼与瓦罐中选择留一个、毁一个。本应该舍瓦罐而留骆驼的，可是这个人因为贪心太重，竟然决定砍下骆驼头，又打破了坛子，最后两者俱失，真是不智之举。

【故事征引】

勿让贪心撑破肚皮

从前，有一个贫穷的渔夫，他每天早出晚归出海捕鱼，卖鱼所得的钱除了吃饭、穿衣等必需的日常开销外，所剩下的就不多了。终于有一天，渔夫受不了每天辛苦的捕鱼生活，心想：现在唯一能解救自己的，就是让自己发一笔横财。

后来，他从村民口中听到一个传说："附近海底下有一艘装满金银珠宝的轮船，好像是遭遇大风浪才沉没的。谁要是能找到它的话，就变成富翁啦！"

渔夫听说以后，兴奋地自言自语道："这么好的机会，我为什么不去碰碰运气呢？说不定我真能找到那条船，那我就可以不用这么辛苦地捕鱼了，而且能天天享福了！"于是，渔夫每天只用半天时间去捕鱼，另外半天时间就花在寻找沉船上。

一天，渔夫又划着舢板出海，一是为了钓鱼，二是为了寻找沉船。中午时分，渔夫忽然觉得鱼钩很沉，渔夫心想：这一定是条大鱼。于是他高兴得拼命拉绳子。拉了半天，也不见鱼儿有什么动静。"咦，不对呀，这鱼怎么不动呢？如果不是鱼，那又会是什么东西呢？"渔夫抑制不住自己的好奇心，继续吃力地拉绳子，想看看究竟是什么玩意儿。

"啊，终于拉上来了。"渔夫只觉得眼前一亮，一条金光灿灿的大金链出现了。"一定是那艘珠宝船上的珠宝。"渔夫高兴得快要发疯了，"哈哈！这回我真的要变成大富翁啦！"可是，这条金链也不知道有多长，舢板已经装满了，眼看快要沉没了，还是拉不完。

渔夫一边拼命地拉，一边计划着买个大庄园、建幢大房子，再配上足够的仆人……他整个人完全沉浸在穿豪华衣服、吃山珍海味的想象中了。

这时候，只听得"轰隆隆"的一声，小舢板承受不了超重的负载，终于沉没了。渔夫也带着他那还没做完的发财梦葬入了海底。

在"礼物"面前撕破了脸

从前，有两个很虔诚、很要好的教徒在一起聊天，他们商量着一起到遥远的圣山朝圣。说走就走，于是他们两人背起行囊，风尘仆仆地上路了，还互相起誓不达圣山朝拜，绝不返家。

于是，这两个教徒走啊走，走了两个多星期之后，才遇见一位白发年长的圣者。这位圣者看到两个如此虔诚的教徒千里迢迢前往圣山朝圣，立即被他们的诚心感动了，于是就告诉他们说："这里距离圣山还有十天的脚程，但是遗憾的是，过了这个十字路口我就要和你们分手了。在分手之前，我要送给你们一个礼物，礼物就是：你们当中的一个人先许愿，他的愿望会马上实现；而第二个人就不要许愿了，因为他可以得到那个愿望的两倍！"

此时，其中一个教徒心想："这太棒了，我已经知道我要许什么愿，但我不能先讲出来，如果我先许愿，那我就吃亏了，他就可以得到双倍的礼物，这样绝对不行！"而另外一个教徒也在自忖："我才不会先讲，而让我朋友获得加倍的礼物呢！"

于是，两位教徒就开始客气起来："你先讲嘛！"

"你比较年长，还是你先许愿吧！"

"凭什么要我先讲？我才不要呢！"

两人推托了半天，最后，其中一人生气了，大声说道："喂，你真是个不知好歹的人，如果你再不许愿的话，我就把你掐死！"

另外一个教徒一听，没想到他的朋友居然变脸，还恐吓自己，心想："既然你这么无情无义，我也不必对你太有情有义！我不能得到的东西，你也休想得到！"于是，这个教徒干脆把心一横，狠狠地说道："好，我先许愿，我希望我的一只眼睛瞎掉！"

很快，这位教徒的一只眼睛瞎掉了，而与他同行的另一个教徒也立刻瞎掉了两只眼睛。

这位长者看着眼前发生的一切，叹了口气，无奈地走开了。

田夫思王女喻

【原文】

　　昔有田夫，游行城邑，见国王女，颜貌端正，世所希有；昼夜想念，情不能已，思与交通①，无由可遂②，颜色痿黄，即成重病。诸所亲见，便问其人："何故如是？"答亲里③言："我昨见王女，颜貌端正，思与交通，不能得故，是以病耳。我若不得，必死无疑。"诸亲语言："我当为汝作好方便④，使汝得之，勿得愁也。"后日见之，便语之言："我等为汝，便为是得，唯王女不欲。"田夫闻之，欣然而笑，谓呼："必得。"

　　世间愚人亦复如是，不别时节春、秋、冬、夏，便于冬时掷种土中，望得果实，徒丧其功，空无所获，芽、茎、枝、叶一切都失。世间愚人修习少福，谓为俱足，便谓菩提已可证得。如彼田夫悕望王女。

【注释】

　　①交通：结交，交往。②遂：顺利达到目的。③亲里：亲戚和邻里。④方便：这里有方法、办法的意思。

【译文】

　　从前有一个农夫，到京城去游玩，见国王的女儿容貌端庄秀丽，世上少有。于是他昼夜想念，情不能已。他想和她接近，又没有机会。愁得面黄肌瘦，竟得了一场重病。亲友邻里见到他这个模样，就问他："你怎么弄成这个样子了呢？"他回答说："我前几天看到了国王的女儿，颜貌端正，我想与她接近，可是又没有机会，所以就生病了。我要是得不到她，必死无疑。"亲友们说："我们会替你想一个好办法，让你得到她，你先不要发愁。"过了几天，亲友们对他说："我们为你想到一个能娶到国王女儿的办法，只怕公主不愿意。"农夫听了，笑着说道："那我一定能得到她了。"

世上的愚人也是这样。不分辨春、夏、秋、冬的时节，便在冬天将种子埋到土中，祈望得到果实，白白地浪费工夫，结果一无所获，连芽、茎、枝、叶都不会有。世间的愚人修习了一点点的善业，就以为圆满具足了，可以修得涅槃境界了，这就像那位渴望得到公主的农夫一样。

【评析】

佛陀有云："心不可太大，心太大，则舍近求远，难期有成矣。"其寓意就是：人应该务实一点，与其去企望一些遥不可及的事物，不如量力而行，从身边相对容易的事情着手，一步步达到自己的目的。故事中的这个农夫，没有一点资本，竟妄想跟国王的女儿交往，还想要得到她，真是异想天开、可笑至极。

【故事征引】

捞鱼的和尚

一个小和尚闲得无聊，便出去逛集市。来到热闹的集市，他看见一位老人摆了个捞鱼的摊子，向有意捞鱼者提供渔网，并申明捞起来的鱼全部归捞鱼人所有。

这个小和尚一时善心大发，他想："我要把这些鱼都捞起来，然后全部放生，总算是做了一件好事。"

于是，小和尚蹲下去捞起鱼来，没想到一连捞破了三张网，也未捞到一条小鱼。

而那个摆摊的老人却一直眯着眼看他，没有说一句话，似乎在暗自窃笑，便不耐烦地说："施主，你这渔网做得太薄了，几乎一碰水就破了，那些鱼又怎么能捞得起来呢？"

老人微笑着说："小师父，我看你也是个明白人，怎么会不懂呢？当你心生贪念，想捞起你想要的那么多鱼时，你打量过你手中所握的渔网是否真有那能耐呢？追求高目标当然不是件坏事，但是也要了解你自己呀！"

"可是我还是觉得是你的渔网太薄，根本捞不起鱼。"小和尚解释说。

"小师父，看来你是还不懂捞鱼的哲学吧！其实，这和我们世俗之人追求事业、爱情、金钱都是一样的道理。当你沉迷于眼前的目标之际，衡量过自己的真正实力吗？"

搆驴乳喻

【原文】

昔边国人，不识于驴，闻他说言驴乳甚美，都无识者。尔时诸人得一父驴，欲搆①其乳，诤②共捉之。其中有捉头者，有捉耳者，有捉尾者，有捉脚者，复有捉器③者，各欲先得，于前饮之。中捉驴根，谓呼是乳，即便搆之，望得其乳。众人疲厌，都无所得，徒自劳苦，空无所获。为一切世人之所嗤笑。

外道凡夫亦复如是，闻说于道不应求处，妄生想念，起种种邪见，裸形、自饿、投岩、赴火；以是邪见，堕于恶道。如彼愚人，妄求于乳。

【注释】

①搆：本是取牛羊乳，这里泛指挤奶。②诤：同"争"，争论。③器：这里指生殖器。

【译文】

过去有一个偏远国家的人没有见过驴子，只听到别人说驴乳很好喝，但却没有人见过驴子。那时有一个人得到一头公驴，便想挤出它的乳汁来喝，于是大家争抢着一起捉这头驴。其中有的捉头、捉尾巴、捉脚，还有的捉住它的生殖器。每个人都想先捉住它，可以先尝到驴乳的美味。其中有一个人捉到驴的生殖器，以为是驴乳，就用力去挤，希望能得到它的乳汁。众人都很疲惫了，什么也没得到，白白辛苦一番，最终一无所获。世上的人都把这件事当成一个笑话来讲。

外道凡夫也是如此。在不应该求道的地方听说了一些求道之法，便荒谬地胡乱猜测，产生许多错误的邪见。比如，在大冷天裸体，忍苦挨饿，投身于悬岩，或者投身于大火而死。因为这些邪见，后来堕于三恶道中，这跟那些妄想从公驴身上得乳的愚人没什么区别。

【评析】

　　这则故事讲的是一群想从公驴身上得乳的愚人，他们为了谋取个人利益，不去了解事物的全局特征，其结果必然是谋利不成，甚至会适得其反。在这个竞争日益激烈的现代社会中，很多人都有这样的体会：对于自己熟悉的事情，做起来往往很顺手，最终都能达到自己的目的；而对于那些自己并不熟悉的事情，则往往不知道从哪里下手。这就需要我们不断地去认识、了解一些新东西，从总体上做全面了解，然后在细微的地方加深认识，只有这样才能使我们从中获益。

【故事征引】

不再是积少成多

　　从前，一个村子里住着一个金匠和一个铁匠。他们俩来往较多，渐渐成了朋友。铁匠信奉佛教，心地善良，而且非常刻苦勤劳。金匠也同样辛辛苦苦地工作，但心眼有些不好，总爱占小便宜。

　　每天傍晚，金匠都要到铁匠家里来，东拉西扯地瞎聊，临走时他总要拿走一件铁匠做的东西。可怜的铁匠做成一件东西不容易，而且他又很穷，可是为了朋友之间的友情，他从来不对金匠说什么，也从不拒绝。

　　有一天，铁匠花费整整一天的工夫做了一只铁桶，这只铁桶做得非常好。铁匠想：这只桶可以卖不少钱！这时，金匠进来了。他很喜欢这只铁桶，提起铁桶对铁匠说："你弟媳妇见了这只桶，一定会很高兴。"

　　金匠提着铁桶走了。可怜的铁匠只能眼睁睁地看着他把铁桶拿走，铁匠受的损失太大了。一连好几天，他一直在想：金匠每天都来拿东西，到哪天才有个完呢？

　　后来，铁匠来到金匠家。金匠说："你弟媳妇见了你的铁桶，高兴得不得了！"

　　铁匠说："这么一点薄礼就让你们夫妇俩这样喜欢，我真是太高兴了！"

　　这时候，铁匠的目光落到了金匠店里的一只金项圈上。这只项圈很漂亮，也很昂贵，上面还镶嵌着珍珠和宝石，是金匠花了好几个月的工夫才做成的。

铁匠拿起项圈对金匠说："我的好兄弟，你的手艺真是太高了！这项圈做得太好了，你嫂子一定喜欢，她戴了一定很高兴！"

铁匠说完，就拿着金项圈回家去了。金匠既不能阻拦他也不能去把项圈讨回来。为什么不能讨回来？因为他从前从铁匠家拿东西回来，是从来不还回去的。

金匠垂头丧气地坐在那里，心想：到现在为止，我从铁匠家里拿回来的东西算在一起，价值总共也没超过金项圈的一半！

从此，这位金匠再也不去拿他的铁匠朋友的东西了。

搆驴乳喻

与儿期早行喻

【原文】

昔有一人,夜语儿言:"明当共汝至彼聚落,有所取索。"儿闻语已,至明清旦,竟不问父,独往诣彼。既至彼已,身体疲极,空无所获;又不得食,饥渴欲死,寻复回来,来见其父。父见子来,深责之言:"汝大愚痴,无有智慧。何不待我?空自往来,徒受其苦。"为一切世人之所嗤笑。

凡夫之人亦复如是,设得出家,即剃须发,服三法衣①,不求明师,谘受道法,失诸禅定、道品功德,沙门妙果一切都失。如彼愚人,虚作往返,徒自疲劳。形似沙门,实无所得。

【注释】

①三法衣:佛教僧尼所穿的三种衣服。一为大衣,进出王宫及城镇村落时穿用,以九条布至二十五条布缝制;二是上衣,在礼诵听讲时穿用,以七条布缝制;三是内衣,平常穿着,以五条布缝制。

【译文】

从前有一个人,在夜里对他的儿子说:"你明日与我一起到另一个村子去,有一些东西要取。"儿子听了,到第二天一大早,也没问父亲要取什么东西,就独自到那个村子去了。到那个村子后,他疲惫到了极点,却一无所获,又饥又渴快要死了。只好回到家中,去见他的父亲。父亲见儿子回来,训责道:"你可真是太愚蠢了,一点智慧都没有,为什么不等我?空跑了一趟,白白地受疾苦。"儿子的行为被众人所嗤笑。

凡夫俗子也是这样。得到了出家的机会,就立即剃除须发,穿上三类法衣,却不曾想到应当去求明师咨询道法,失去了种种禅定、道品的功德,也失去了沙门应有的妙果。就如那个愚人一样，空跑一回，白白受苦。这种人外表像是出家人，实际上什么也没有得到。

【评析】

　　这个寓言实际上是在提醒那些盲目走在前进路上的人，一定要知道自己前进的目标是什么，同时还要有达到目的需要的方法。否则，只能是空跑一场，白白受苦。如果一个人没有目标，就会在人生的旅途上徘徊，永远也找不到自己的落脚点。所以，我们要想改变自己的生活，就要树立一个适合自己能力发展的目标，让脑中所想、心中所想都按照自己的目标进行，发挥自身的智慧和身体的潜能，去实现我们的目标。

【故事征引】

不要丢了最初的目标

　　某日，有一座寺院要扩建殿堂，那里有一棵珍贵的银杏树，在这座寺庙生长了好多年，方丈舍不得砍伐它，于是决定把它移植到别处去，还特意交代他的两个弟子去做这件事，办好后回来向他复命。

　　于是，这两人来到树前便开始挖土移树，但刚挖了几下，一个小和尚就对另一个说："师兄，我这铁镐的木把坏了。你先挖，我去修一下再挖。"师兄劝他移完树再去修也不迟，他说："那怎么行！用这样的镐要挖到什么时候呀！"于是小和尚就去找木匠借斧头，木匠说："真是不巧，我的斧头昨天砍东西的时候弄坏了，我用菜刀给你修一下吧。"小和尚听了说："那怎么行，用刀修得又慢又不好，我还是去找铁匠把你的斧头修一下吧。"小和尚又带着斧头去另一个村子找铁匠，铁匠苦笑着对他说："太不巧了，我的木炭刚用完，你看……"小和尚听了，立即放下斧头，又去山中找烧炭的人，烧炭的人对他说："我已经有好多天没有烧炭了，因为找不到牛车去把木料运到这里来。"于是小和尚又去找一位专运木料的车把式，车把式说："太不巧了，我的牛这几天正生着病呢……"

　　过了几天之后，当僧人们四处打听，找到这位小和尚时，他正提着几包草药匆匆地从一个集镇向车把式的村子中赶。大家问他买药干什么，他说为牛治病，又问他为牛治病干什么，他说要用牛车运木料……而挖树的事，他显然早已抛到九霄云外了。

给自己一个明确的目标

　　有一位年轻人，一直想弄明白成功人士的秘诀是什么，可是想了好久也没有悟出来。于是，他便来到如愿大师的禅院前，请求大师开示。如愿大师听了，并没有立即回答他的问题，而是先问道："年轻人，你能告诉我你想在生命中得到些什么吗？"

　　"对不起，您的意思是……"年轻人没听明白，又问了一句。

　　"你想从生命中得到什么？"如愿大师又重复了一遍。

　　"嗯……我想要……快乐、健康……当然，富足最好。"年轻人回答道："不是每个人都一样吗？"

　　"是的，这也是为什么有很少人快乐、健康并且富足的原因。"

　　"您说的是什么意思？"年轻人追问道。

　　"如果你不知道要在生命中寻找什么，你又如何能找到它呢？即使你找到了，你又怎么能辨别出它就是生命中需要的东西呢？"

　　"可是我刚才不是说了吗？我要健康、快乐和富足。"年轻人坚持说。

　　"可是这些字眼模糊不清、含糊不明，根本没什么特别的意义，你能一一解释一下它们的意思吗？"

　　"对不起，我还是不明白您的意思。"年轻人急忙说。

　　"好！让我们说得更明确一些，毕竟这是你来这里的目的，你要怎么样才会感到富足？你必须赚多少钱才会感到富足？"

　　"嗯……我想想。"年轻人终于理解了如愿大师的意思，他想了想说："我至少需要赚比现在的薪水多两倍的钱，我才会感到富足。"

　　"好！这是个开始。还有呢？"如愿大师说。

　　"我要拥有一间房子，没有贷款负担，还有一辆车子……"

　　"哪种房子？哪种车子？"如愿大师打断他说。

　　"我不知道。"年轻人回答，"那个不重要。"

　　"是吗？"如愿大师说，"所以，只有一个房间的房子，在城里最脏乱的地区也可以接受吗？"

　　"不！当然不！"年轻人说。

"我想要一套有三个房间，位于城市北边的房子。"

"好！现在你已经越来越清楚了。"如愿大师又问："你认为赚比现在两倍多的薪水，可以负担这样的房子吗？"

"不能。"年轻人笑了，"我得赚比现在多五倍的钱，才能负担这样的房子。"

"这么说，你刚才说的只要多赚两倍钱，你就会感到富足是错误的了？"

"我……我想，我还没有真的仔细去思考这个问题。"年轻人不好意思地承认。

"你看到矛盾了吧！"如愿大师说："很多人都说他们想要富有，可是很少人花时间仔细去想他们到底要什么，以及为什么要。如果你想开始为自己的生活创造源源不断的财富，你必须把这些都想清楚。去找出你确实的需求，甚至最细节的部分都要想清楚，这是非常必要的过程。只说你要一辆新车，是远远不够的。你必须要知道是什么车、哪种牌子、什么样子、什么颜色，才能让你的心里有清楚的焦点。最后，一个清楚的目标还不够，你还必须知道原因，以及如何达到目的，这才能真正对你有帮助，你必须学会通过制定明确的目标创造未来……"

这个年轻人终于弄明白成功人士的秘诀是什么了，于是满心欢喜地拜别了如愿大师。

为王负机喻

【原文】

昔有一王，欲入无忧园中，欢娱受乐，敕一臣言："汝捉一机①，持至彼园，我用坐息。"时彼使人，羞不肯捉，而白王言："我不能捉，我愿担之。"时王便以三十六机置其背上，驱使担之至于园中。如是愚人为世所笑。

凡夫之人亦复如是，若见女人一发在地，自言持戒，不肯捉之。后为烦恼所惑，三十六物②，发、毛、爪、齿、屎、尿不净，不以为丑。三十六物一时都捉，不生惭愧，至死不舍。如彼愚人担负于机。

【注释】

①机：小凳子。②三十六物：外相十二，发毛爪齿屎尿之类；身器十二，皮血之类；内含十二，赤痰白痰之类。喻指世人应堪破自身，不执著于肉身及欲乐，专心修道，以生佛界。

【译文】

从前有一个国王，准备到无忧园中欢娱嬉乐，他吩咐一个臣子说："你去拿一张矮凳子来，放到园中去，我好坐着休息。"当时那个臣子觉得拿着凳子跟在国王身后很难为情，便对国王说："我不能拿着它，我可以挑着它。"于是，国王便把三十六张凳子一起放在他的后背上，叫他挑着到园中去。像这样的愚人，只会被世人嗤笑。

凡夫俗子也是这样。如果见到女人的一根头发掉在地上，便说自己要守持戒律，不肯去捡。可是后来又由于无明烦恼的干扰，对于人身的三十六种不净之物，如发、毛、爪、齿、屎、尿等秽物，却无一不拿，也不觉得有什么肮脏和惭愧，到死都不愿意舍弃。这就像那个宁肯把三十六张凳子全挑在背上，也不愿意用手拿一张凳子的愚人一样。

【评析】

　　故事中的这个大臣可真是够愚蠢，放着容易的事不做，非要换个方式，结果使自己陷入了非常尴尬的境地，真是死要面子活受罪。其实，没有哪个人是不要面子的，可是一旦要面子过了头，就会使自己陷入虚伪的泥潭，到头来不仅捞不到面子，反而丢了面子。这也借此讽刺了那些宁肯绕远路费力不讨好，也不愿意抄近路省心省力做事的固执己见的人。

【故事征引】

面子没有生命重要

　　有一个南方人，一直不喜欢鸡蛋。一次，他带着仆人出远门到北方，打算谋一份工作。他走了好久的山路，终于到平地了，他开始觉得累了，走不动了，肚子也开始咕咕直叫，于是就进了一家小店，想吃些东西再继续前行。

　　店里的伙计一看有客人来了，忙过来打招呼，殷勤地边擦桌子边问："客官，您想吃点什么？"

　　这个南方人是第一次来北方，对北方的菜很不熟悉，就随便说道："有什么好菜就上吧。"

　　伙计回答道："本店的木须肉做得可拿手了，您可以尝一尝。"

　　一会儿，菜端上来了，南方人一看，发现里面有自己不爱吃的鸡蛋。可是他又怕说出来，别人会嘲笑他无知，就不愿明说，只是问道："还有别的什么好菜吗？"

　　伙计说："还有摊黄花，也是本店的拿手名菜。"

　　南方人心里嘀咕：摊黄花是什么玩意儿？不管它，先要了再说吧。菩萨保佑，可千万别再有鸡蛋呀！便道："好吧，就这个吧！"

　　可是等到伙计把菜端来一看，仍然有自己不吃的鸡蛋。南方人觉得不好再推了，只好说："这菜看起来是不错，可惜现在我肚子挺饱，不想吃东西。"

　　一旁的仆人看着一道道菜，饿得实在不行了，便劝他说："前边的路还很远，如果不吃的话，待会儿恐怕要挨饿的。"他于是借梯子下台阶地说：

"既然这样,那我们就吃些点心吧。伙计,你们这儿有什么好点心吗?"

伙计答道:"有卧果子。"

他说:"那就多拿几个来吧。"

等到"卧果子"被端上来,他一看,不禁傻了眼,竟然又有自己不吃的鸡蛋。他心中又羞愧又恼火,再也找不出什么理由了,只得饿着肚子赶路。走了没多久,他们双双晕倒在地。

爱面子的禅师

清朝同治年间,有个得道的禅师,他非常精通卜算术,经常帮人排忧解难,深受人们的尊重和敬仰。

有一次,他给自己算了一卦,卦底让他大吃一惊:后天凌晨启明星消失时将是他的死期。禅师伤心极了,后来还是平静地把这个消息告诉了他的弟子。匆匆安排完后事,又做了简单的准备,禅师就开始静静地等待死期的来临。可是,这一天中他的身体状况一直很好。

到了第二天晚上,人们都来为他送行。眼看着太阳就要落入地平线了,启明星也是异常的明亮。这时候,禅师从容地登上藏经阁,打开百叶窗。楼下的人们静静地为他祈祷。朝霞渐渐染红了天空,可是禅师的身体依然没有任何不适。连他自己也实在想不出,灭顶之灾将会以怎样的方式降临。

可怜的禅师不由得担心起来:到了那个可怕的时刻,卦底若是出现一点差错,岂不坏了自己几十年来苦心经营的名声?到时老脸往哪里放?禅师的情绪更加复杂了。

再看看启明星,已经开始变暗,变暗……最后,启明星消失了。楼下的人们都在欢呼雀跃地祝贺禅师幸免于难。而就在这时候,禅师却纵身一跃,毅然从藏经阁上跳了下去。

倒灌喻

【原文】

昔有一人，患下部①病，医言："当须倒灌，乃可差耳。"便集灌具，欲以灌之。医未至顷，便取服之，腹胀欲死，不能自胜②。医既来至，怪其所以，即便问之："何故如是？"即答医言："向时灌药，我取服之，是故欲死。"医闻是语，深责之言："汝大愚人，不解方便。"即便以余药服之，方吐下，尔乃得差。如此愚人为世所笑。

凡夫之人亦复如是，欲修学禅观种种方法，应效不净，反观数息③；应数息者，效观六界④。颠倒上下，无有根本，徒丧身命，为其所困，不谘良师，颠倒禅法。如彼愚人，饮服不净。

【注释】

①下部：这里指肛门。②不能自胜：自己忍受不了。③数息：即数息观，是静心向内反求的修行方法。④六界：又叫六大，地（骨肉）、水（血）、火（暖热）、风（呼吸）、空（耳鼻之孔空）、识（苦、乐）这六大结合起来，构成身体。

【译文】

从前有一个人，得了肛门部位的病。医生对他说："你需要用药洗一下肠，这样才会好。"说完，便去准备各种灌肠器具，要给他洗肠。医生还没有来，这个人先拿药吃了下去，结果腹部胀得要命，疼痛难忍。医生回来一看，觉得非常奇怪，就问："为什么会这样？"他马上对医生说："你刚才准备的灌药，我吃下去了，所以痛得要死。"医生听完，狠狠地责备他说："你真是够愚蠢的，不知道如何用药怎么可以随便吃下去呢？"于是，又用另外的药给他吃了下去，才使肚子里的药都吐了出来，病才得以治愈。像这样的愚人，必定会遭到世人的嗤笑。

世上那些凡夫俗子也是这样。想要学习禅观的种种方法，应先从修不净观入手，反而却修的是数息观；应修数息观的，反而修的是六界聚。这就根本颠倒了入境的次序和方法，丧失了参禅的基础，这种修炼方法只是白白地浪费时间和精力，到头来还要被它困扰。不求明师参学，以致颠倒禅法，盲修瞎练。这就像那个愚人把本应倒灌的药拿来饮服一样，结果白白让自己受苦。

【评析】

世上也有不少人做过类似的蠢事，他们总喜欢装聪明，以为自己很能干，便轻率地乱作主张，结果就像故事中那个人一样，不知道如何用药，就自作聪明地自己服食，结果害得自己遭罪受苦。而那些不懂装懂、自作聪明的人，终究是找不到有益于自己的出路的。

【故事征引】

"我"在哪里

无根禅师入定三天，弟子们都以为他已经圆寂了，就把他的身体火化了。

过了几天，无根禅师的神识出定时，却找不到他的身体了，悲惨地叫喊："我呢？我在哪里呢？"众僧听到他的叫喊声，就找来了妙空禅师。

夜已经深了，找身体的无根禅师又来了，很悲伤地说："我呢？我到哪里去了啊？"

妙空禅师很安详地回答道："你在泥土里。"无根禅师一听，便赶紧钻进了泥土，东找西找，找了很久也没有找到，他悲伤地说："土里面没有我啊！"

妙空禅师说："那你可能在虚空中，你到虚空中找找看吧。"无根禅师又进入虚空寻找了很久，回来时一脸凄切地说："虚空里也没有我啊！我究竟在哪里啊？"

妙空禅师指着水桶说："你可能在水里吧！"无根禅师又进入水中，不久，他哀伤地出水说："我到底在哪里呢？水里根本没有我啊！"

妙空禅师又指着火盆说："你去找找你是不是在火里面。"无根禅师又进入火中，最后还是很失望地出来了。

这时，妙空禅师才一本正经地对无根禅师说："既然你能够入土、下水，也能够进入熊熊火中，更能够自由自在地出入虚空，你还要那个浑身肮脏、处处不自由的空壳子做什么啊？"

无根禅师听了之后，猛然醒悟，再也不吵闹着找"我"了。

聪明反被聪明误

从前有一个古董商人非常狡猾，有一天，他来到一座寺庙，看到佛堂里有一张古代皇族的桌子，雕刻精美，木质昂贵。无论是艺术价值还是实际价值，都可以称之为绝品。

于是，商人便开始左右盘算着他从小惯用的伎俩。这时候，有一个小和尚将那张桌子搬出来晾晒。商人便靠近一步说："啊！这真是一张精美的桌子。"

小和尚没有说话，继续忙着。商人马上又叹道："和我家的那张桌子简直太像了，唉！只可惜这是个赝品。"

小和尚仍没作声，只是好奇地看着他。商人又说："可惜我家那张桌子在搬家时不小心弄坏了两条腿，现在不能用了。小师傅！你看你能否把这张桌子卖给我？我愿意出一千块的高价。"

小和尚便问："施主既然说这个是赝品，那你买它何用？"

商人笑道："我是想用它的腿来代替我的那件真品。这样一来，你也可以用这笔钱买张新的桌子，我也可以使我的那张真品恢复原貌，两全其美，也算你成全了一桩好事，积累功德。怎么样？"

小和尚一想，也是如此，便答应把桌子卖给他。

商人高兴极了，心想：这桌子起码也能卖十万块以上，如今我竟花一千块买下。想到这儿，商人便去叫车了，临走前要求小和尚帮他搬出来，等他来接。

小和尚担心商人的车太小，装不下这张桌子，心想：商人既然用的是桌腿，我不如将桌子劈为两半，也好装运些。于是便拿锯将桌子从中间锯开了。

当商人弄车回来后，看到这种场面，气得目瞪口呆，可是又无话可说。

倒灌喻

为熊所啮喻

【原文】

昔有父子,与伴共行。其子入林,为熊所啮①,爪坏身体,困急出林,还至伴边。父见其子,身体伤坏,怪问之言:"汝今何故,被此疮害?"子报父言:"有一种物,身毛耽毶②,来毁害我。"父执弓箭,往到林间,见一仙人,毛发深长,便欲射之。傍人语言:"何故射之?此人无害,当治③有过。"

世间愚人亦复如是,为彼虽著法服、无道行者之所骂辱,而滥害良善有德之人。喻如彼父,熊伤其子,而抂加神仙。

【注释】

①啮(niè):咬的意思。②耽毶(dān sān):毛发又细又长的样子。③治:惩治、惩处。

【译文】

从前有一对父子结伴而行。儿子走进了树林,被熊咬伤,身上也被抓伤了。他急忙逃出森林,回到伙伴们的身边。父亲看到儿子身体受了伤,惊讶地问:"你怎么会伤成这个样子?"儿子告诉父亲:"林子里有一种怪物,身上长着很长的毛,跑出来抓伤了我。"父亲拿起弓箭,来到树林中,看见一位仙人,毛发长长的,便想要拉弓射他。旁边的人说道:"你为何要射他呢?这个人从来不伤害任何众生,你应该去射杀那伤害你儿子的怪物。"

世上的蠢人也是这样。他们被那身着法服而没有道行的人所辱骂,便去胡乱伤害善良而有德行的人。就好比那位做父亲的,熊咬伤了他的儿子,却冤枉加害于仙人。

【评析】

　　故事中的这位父亲真是个糊涂虫，仅凭儿子对熊的描述，在还没有完全弄清事情真相的情况下，就要去找那只熊算账。幸亏有聪明人提醒他，才没有酿下大错。这就告诉世人：对于谗言，我们一定要加以分析、辨别，不可轻易去相信，也不可随便照着去做，否则，会给我们自身带来伤害。

【故事征引】

辨明是非丑善恶

　　元朝时有几个读书人，一起去拜见天目山的高僧中峰和尚，刚一见面就问道："听佛家讲善恶的报应，说它像影子跟着身体一样，人到哪里，影子也到哪里，永不分离。也就是说，行善定有好报，造恶定有恶报，绝不会不报的。为什么现在有一个人一直在行善，他的子孙反而不兴旺？有一个人一直在作恶，他的家反倒愈加发达？那么佛说的报应，倒是没有凭据了。"

　　中峰和尚回答说："平常人的心被世俗的见解蒙蔽了，法眼未开，所以把真的善行反认为是恶的，真的恶行反算它是善的，这是常有的事情。"

　　大家又说："善就是善，恶就是恶，善恶怎么会有正反呢？"

　　中峰和尚听了后，便叫他们把自己所认为是善的、恶的事情都说出来。其中有一个人说："骂人、打人是恶，恭敬、礼貌待人是善。"

　　中峰和尚说："你说的不一定对。"

　　另外一个读书人说："贪财、乱要钱是恶，不贪财、清清白白守正道是善。"

　　中峰和尚说："你说的也不一定对。"

　　那几个读书人，因为他们所说的善恶，中峰和尚都说不对，所以就问和尚："那究竟怎样才是善，怎样才是恶呢？"

　　中峰和尚告诉他们说："做对别人有益的事情，是善；做对自己有益的事情，是恶。如果你所做的事情，可以使别人得到益处，哪怕是骂人、打人也算是善；而有益于自己的事情，即使是恭敬、礼貌待人的也都是恶。所以一个人做的善事，使旁人得到利益的就是公，公就是真了；只想到自己的利益，就是私，私就是假了。从良心上所发出来的善行，是真；只不过是照例做做就算了的，是假。像这样的种种，我们都要仔细地考察清楚。"

祸从口出，谨言慎行

很久以前，有一个信佛的富翁，为人慷慨大方，还经常用钱财去行善布施，供养三宝。

有一天，他又拿着很多财物虔诚地去供养佛陀和僧侣。佛陀接受了供养后就带领僧众回去了。回去的路上，佛陀和僧侣在一棵大树下休息，突然从树上跳下来一只猿猴，向佛陀求借钵具。佛陀很痛快地就把钵具借给了猿猴，猿猴速去速回，并把钵具还给了佛陀。佛陀接过钵具时，发现里面盛满了蜜。于是，佛陀就把这些蜜分给了众僧侣。猿猴看见这一情形，欢喜地在树上一蹦一跳。

过了些日子，这个猿猴死了，转世为人后，生在了这个富翁家中。在他出生的时候，家里所有的钵体都盛满了蜜。富翁夫妇感到很奇怪，就给他起名叫蜜胜。

转眼几年过去了，蜜胜也长大成人了，他对世俗感到厌倦，于是屡次向父母提出要出家。富翁夫妇舍不得儿子离开，迟迟不肯答应。后来，在儿子的再三请求下，富翁就答应了。

很快，蜜胜就来到了精舍，投佛出家。因为他前世做了很多的善事，所以很快就得到了果报。

有一次，他和同修的比丘们外出度化，走到半路的时候，天气炎热，大家都感到非常口渴。这时候，蜜胜比丘拿出自己的空钵，向空中一掷，然后用双手接住，钵体里已经盛满了蜜，于是他就把蜜分给大家吃。

回到精舍后，有一个比丘感到很纳闷，于是就问佛陀："蜜胜比丘前世修的是什么福？为什么他随时随地都能够求到蜜呢？"

佛陀回答道："你们还记得有一次在半路休息的时候，我们遇到了一只猿猴吗？它向我求借钵体，归还的时候里面就装了满满的蜜来，以此来供养僧众。它由于好善喜施，死后就转化成了人，所以今生今世，他都能在任何时候、任何地方求得佳蜜。"

佛陀说完后，比丘又问道："佛陀，那蜜胜的前世又是什么因缘让他变成一只猿猴的呢？"

佛陀看着这些弟子们，说道："蜜胜成为一只猿猴，那是因为在五百年前，有一位比丘在看另一位比丘过河的时候，感觉那个比丘的姿势像一只猿猴，于是就笑他像猿猴，因此犯了恶语的罪过，最后被堕为猿猴。后来他知道自己错了，去向那位被讥笑的比丘忏悔，这才免去了地狱之苦，最后遇佛得度，今生也很快证得了罗汉果。"

佛陀讲完后，诸比丘们都明白了：一句恶言就能招来苦役。从此以后，大家都非常注意自己的言语，不敢有戏言和恶语了。

比种田喻

【原文】

昔有野人①，来至田里，见好麦苗，生长郁茂，问麦主言："云何能令是麦茂好？"其主答言："平治其地，兼加粪水，故得如是。"彼人即便依法用之，即以水粪调和其田，下种于地，畏其自脚蹋地令坚，其麦不生。"我当坐一床上，使人舆②之，于上散种，尔乃好耳。"即使四人，人擎③一脚，至田散种，地坚逾④甚，为人嗤笑。恐己二足，更增八足。

凡夫之人亦复如是，既修戒田，善芽将生，应当师谘，受行教诫，令法芽生。而返违犯，多作诸恶，便使戒芽不生。喻如彼人，畏其二足，倒加其八。

【注释】

①野人：乡野之人，这里指农夫。②舆：这里是抬的意思。③擎：原指车、轿等，这里是动词，指抬、举。④逾：同"愈"，更加，越发。

【译文】

从前有位农夫，来到田地里，他看到麦苗长势很好，便问主人："你是怎样把这麦子种得这样旺盛的呢？"主人答道："我把地松好弄平，又施上粪水，就会长得这样旺盛了。"这人回去后就依照这个方法来做，将粪水均匀地施在田里，准备撒下种子，他又怕自己的脚踏在田地里会使它坚硬，而使麦子不能生长。他想："我应坐在一张床上，叫人抬着，我在上面撒种，这样就好了。"于是他就让四个人抬着床，他自己坐在上面撒种，结果地被踩得更板实了，人们没有不嗤笑他的。他害怕自己两只脚把地踩实了，反而又添上八只脚。

凡夫俗子也是这样。既修行了禁戒这块田地，善芽即将萌生，就应当亲近有道行的高僧，并接受他的教诲，使法芽生长起来。但是，他反而违反禁戒，作恶多端，使得戒芽无法生长。就像那人担心自己的两只脚会把地踩硬，反倒添了八只脚一样。

【评析】

中国有句古话说得好，"画虎不成反类犬"，说的就是没有把别人的长处学到手，反而不伦不类，弄巧成拙。要知道，做任何事情都要讲究一定的方法。可是故事中的这个人，因为担心自己的两只脚会把地踩硬，却不知道自己的做法反而把地踩得更硬，结果一无所获，反倒使得自己蒙受了损失。由此可知，我们在做事之前，务必要先衡量它的利与弊，千万不要因为一点点的弊而想办法来弥补，那样会把本来很好的事情弄得一塌糊涂。

【故事征引】

心明眼亮去做事

有一位和尚远行化缘，路过一个国家，正准备找一个阴凉处休息一下。此时正值夏季，烈日当空，酷暑难耐，就像在火炉中一样。他好不容易才找到了一棵树，正准备在树荫下休息。

忽然，他的目光被一个景象吸引住了。他看见在前面不远处的一块空地上，放着五盆熊熊燃烧的炭火，而在这五盆炭火中央蹲着一位婆罗门。他浑身都被炭火烤得乱七八糟，头发被火烧得又枯又黄，嘴唇也裂开了口。这个和尚感到很奇怪，便问阴凉处休息的人："那位婆罗门是谁？"一个人告诉他说是"缕褐炙"。因为他一年四季都穿着这身破旧的衣裳，所以人们都这样叫他。

和尚见此情景，于心不忍，走上前问道："这么热的天你为什么不找个阴凉处避暑，反而还在太阳底下烤火呢？"

婆罗门伸手抹了一把满脸的汗，答道："我听说烤火有助于修行，所以无论春夏秋冬，我从不间断。今天天气特别热，我更要把火烧得旺些，以求尽快修成正果。"

和尚听了，不禁摇头叹道："该烤的东西你不烤，反而烤那些不该烤的东西，你这么片面地去理解修习苦行的含义，岂不是舍本逐末吗？"

正在咬紧牙关忍受着极端痛苦的婆罗门，一听和尚这么不以为然的口气，立刻火冒三丈，盯着和尚狠狠地说道："你不要耽误我的大事，请你走开。"

和尚慢条斯理地说："我走开可以，但恐怕你还是修不成正果吧。"

这时候婆罗门才放低语气问道："那么你说，到底什么才是真正该烤的东西呢？"

和尚回答："真正该烤的东西，是你那颗充满愤恨的心。这就好比牛拉车，车子不会走路，你应该用鞭子抽打牛。人的身体就好比是车子，心灵好比是牛，所以，你应该去烤你那颗心啊！"

婆罗门这才恍然大悟，惭愧地向和尚跪下身去，感谢他为自己指点迷津。

注重做事的方法

三更夜了，深远禅师发现小徒弟还在练棍，便问："徒儿，这么晚了，你怎么还不休息？"

小和尚答道："师父，我想打败师兄。"

深远禅师说："你师兄的悟性颇高，入门又比你早，他的武术境界你恐怕难以企及。"

小和尚说："师父，我想只要有恒心、苦练习，我一定能超过师兄的。"

深远禅师摇了摇头，随即给徒弟讲了这样一个故事：

有一天，龟与兔在草场上相遇，龟夸大它自己有恒心，又说兔不能吃苦，只知道以跳跃寻乐，长此以往，将来肯定没有好结果，兔子笑而不辩。

"多辩无益，"兔子说，"我们来赛跑，好不好？我们请狐狸大哥做评判员。"

"好。"龟不自量力地说。

龟动身了，四只脚作八只脚跑了一刻钟，才跑了三丈余。兔子不耐烦了，又有点儿懊恼地说："要是这样跑下去，可不是要跑到黄昏吗？我一天宝贵的光阴，就白白牺牲了。"

于是，兔子利用这些光阴，去吃野草，随兴所至，极其快乐。

龟却在说："我会吃苦，我有恒心，我一定可以跑到。"

到了午后，龟已经筋疲力尽了，走到阴凉之地，很想打一下盹，养养精神，但是一想到晚上还到不了，又继续奋勉前进。

　　这时的兔子，因为能随兴所至，越跑越有趣，越有趣越精神，已经赶到离路半里许的河边树下，看见风景清幽，也顺便打个盹儿。醒后精神百倍，却把赛跑之事完全丢在脑后。在这正愁无事可做之时，它看见前边一只松鼠跑过，认为是怪物，就追了上去，想看看它的尾巴到底有多大，回来时可以告诉母亲。于是它便开步追，松鼠见它追，便开步跑。奔来跑去，忽然松鼠跳上一棵大树。兔子正在树下翘首高望之时，忽然听见背后叫道："兔弟弟，你夺得冠军了！"

　　兔子回头一看，原来是评判员狐狸大哥，而那棵树，也就是它们赛跑的终点。那只龟呢，还在半里外匍匐前行。

　　讲完了故事，深远禅师才说："练棍法光有恒心、能吃苦还不够，还要讲求练棍的方法啊！"

比种田喻

猕猴喻

【原文】

昔有一猕猴,为大人所打,不能奈何,反怨小儿。

凡夫愚人亦复如是,先所瞋人,代谢①不停,灭在过去。乃于相续后生之法,谓是前者,妄生瞋忿,毒恚弥深。如彼痴猴,为大人所打,反瞋小儿。

【注释】

①代谢:新旧交替的过程,此指岁月不停地迁流。

【译文】

从前有一只猕猴,被这家大人打了,它拿大人没办法,就把怨气出在这家小孩身上。

凡夫愚人也是如此。先前所记恨的人,由于岁月不停地迁流,已经在过去死了。可是却把这些怨气迁怒于他的后人,以为他们就应该为前人承担,凭空生出瞋恨心来,并且这种仇隙越来越深了。就像那只愚蠢的猴子,被大人打了,反而把怨恨撒在小孩身上。

【评析】

在这个故事中,猕猴对整天敲打它的"大人"毫无办法,为了发泄心中的怨气,便把所有的怨气转移到一个和它往日无冤、近日无仇的"孩子"身上,真应了中国一句成语"欺软怕硬"。其实,社会生活中的一些蠢人也跟猕猴有着同样的举动。他们总会把一些仇恨、怨隙记在心里,这无异于给自己套上了沉重的精神枷锁。其实,只要我们懂得放下,懂得原谅,忘记仇恨,就会少一分障碍,多一分成功的机会,这样才会改变自己的一生。

【故事征引】

慈悲是化解仇恨的良药

智空大师是一位武士的儿子。有一年，他去远方游玩，偶然遇到一位高官，于是做了他的随从。

后来，他与官员的太太两情相悦，关系甚好。纸里包不住火，两人的私情还是被发现了。为了保护自己，他杀了那位大官，带着他的太太逃往别处。可是过惯了奢华生活的两个人，突然之间失去了生活来源，迫不得已之下两个人堕落成贼。而女人的贪得无厌使智空大师深恶痛绝，最后终于下决心离开了她。

随后，智空禅师到很远的一个寺庙出家，做了一名游方僧人。他为了弥补曾经犯下的罪过，决心要在有生之年完成一件善举。

他知道有一个地方的悬崖非常危险，已经断送了不少人的性命。为了弥补他的罪过，他下定决心要挖一条隧道，为人们开辟一条安全的通道。于是他白天乞食，夜晚挖掘隧道，长年累月，日日不辍。转眼间三十年过去了，一条长达两千米的隧道终于挖通了。

而在智空禅师完成隧道的前两年，那位大官的儿子已经成了一名剑道高手。他四处寻觅智空禅师以报杀父之仇，后来终于发现了他，要置他于死地。

智空禅师平静地对他说："我心甘情愿把我的生命交给你。但是，请让我挖成这条隧道，等到这件工作完成的那天你就可以杀了我。"

于是，大官的儿子耐下性子等待那一天到来。时间一天天过去，智空禅师仍在不断地挖着。一晃又是几个月，大官的儿子闲等着，觉得十分无聊，便开始帮智空禅师挖掘隧道。他帮了一年，逐渐对智空禅师的坚强意志生出敬佩之情。

终于隧道挖成了，智空大师眼看着人们可以从这里安全通过了，这才放下手中的工具，欣慰地长吁一口气说："隧道完成了，我心愿已了，现在请你杀了我吧。"

此时，大官的儿子满眼含泪，动情地说道："你是我的老师呀！我怎能杀自己的老师呢？"

放下对别人的仇恨

　　从前有一个老妈妈，是个癫痫患者，也没读过什么书，家里老伴又生着重病，终日卧床，全家就靠她为人洗衣过日子。

　　老妈妈有一个乖巧的儿子，但是儿子在19岁的时候，在一场萤火晚会中被一位年仅16岁的醉了酒的青少年莫名其妙地用玻璃瓶给杀死了。当时老妈妈连孩子最后一面都没见着。

　　失去宝贝儿子的痛苦，让老妈妈有一种"每见必打"的冲动，恨不得加害人不得好死。可是每次她静下心来一想：现在就算把那位16岁的青少年也给打死，宝贝儿子的生命也挽救不回来了。于是她尽量选择不谈、不看、不想，她想随着时间的流逝来淡忘一切的苦痛，但是她始终无法做到原谅加害人。

　　结果，她发现事后三年来，她没有一天能忘掉失去孩子的痛苦，没有一天能好好地睡个觉，没有一天能不去想失去孩子的画面。"仇恨"如影随形，让她痛苦万分。

　　突然有一天，老妈妈在河边洗衣服，她一边洗一边想："仇人"今年也已经19岁了，跟宝贝儿子离去时的年龄一样，如果我的宝贝还活着的话，肯定有一个美好的前途与希望在等着他，而"仇人"呢？19岁还待在少年看护所，即使未来走入了社会，他还能有什么发展呢？将心比心，"仇人"的妈妈心里一定也不好受吧？

　　刹那间，老妈妈有了一个想法，她想去看看这位"仇人"，可是身边的家人和朋友都极力阻止。可是老妈妈坚持要去看看这个孩子，在朋友的安排下，她到看护所看到了那位"仇人"。在"仇人"的要求下，老妈妈有机会跟这个孩子独处。当整个房间里只有老妈妈和那位"仇人"的时候，那个"仇人"紧紧地抱住老妈妈痛哭了起来，嘴里还直说："对不起，对不起……"这时候，老妈妈在这个年轻人的身上闻到了宝贝儿子的味道……

　　等那位"仇人"情绪平稳后，他才认真地告诉老妈妈，说他出狱后，一定会把老妈妈当成自己的母亲来照顾，老妈妈听了很欣慰。

　　从那以后，老妈妈仍旧为人洗衣谋生养家，但是她心情平稳，晚上倒头入眠，生活中没有太多牵挂。老妈妈放下了仇恨，心中了无牵挂……

月蚀打狗喻

【原文】

昔阿修罗王[①]，见日月明净，以手障之。无智常人，狗无罪咎，横加于恶。

凡夫亦尔。贪、瞋、愚痴，横苦其身，卧棘刺上，五热炙身[②]。如彼月蚀，狂横打狗。

【注释】

①阿修罗王：简称"修罗"，佛教六道之一，天龙八部众之一，勇武有力。②五热炙身：古印度外道苦行之一。即曝晒于烈日之下，而于身体四方燃火之苦行。行此苦行之外道，即称五热炙身外道。

【译文】

从前阿修罗王，它看见日月明净，心生妒忌，就伸手将它遮住。那些无知的人以为是天狗把月亮吃了，出于直觉的反应就逐狗而打，却不知道其实狗根本没有罪咎，是人把恶横加在它身上了。

凡夫也是这样。不知道是贪欲、瞋恚、愚痴不明，使得自己的身体平白地受到各种痛苦，反而卧在荆棘的刺上，或在烈日下曝晒，在周围点起火来折磨自己，想用此苦行去除苦恼。这就像人们看到月蚀，就把罪过横加在狗身上一样。

【评析】

"天狗吃月亮"的传说大家一定都听过，这是一个从古代流传下来的关于月蚀的传说。那时的人们为了能够解释这种自然现象，便凭借丰富的想象力，把失去月亮的恐惧感转嫁到狗的身上，以此说明"天狗吃月亮"真的存在。而从今天科学的角度来看，这个故事没有任何科学依据，因为根本没有什么天狗，也没有什么阿修罗王。但是，这个故事本身还是很有意义的，它告诉我们：在不了解事物的真相时，不要凭自己的猜测轻易下结论，否则，既显得自己无知，又可能产生可怕的后果。

【故事征引】

断章取义不可取

镜虚禅师年轻的时候，有一天晚上，他带一个女人回到房中后，就关起房门，在房里同居同食。他的徒弟满空生怕大众知道这事，就一直把守门外。每次逢到有人找师父时，他就以"禅师在休息"的话来挡驾。

满空心想：这样下去终究也不是个办法。于是他鼓起勇气去找师父，才进门口，竟然看到一个长发披肩的女人躺在床上，身段苗条，细白的背是如此的美妙，还亲见师父很自然地在她身上摸着。

徒弟一见，非常冲动，再也无法忍耐，向前一步，大声问道："师父啊！您这样做还能算是人之模范吗？您这样做对得起十方大众吗？"

镜虚禅师听了，一点儿也不动气，轻言慢语地说道："我怎么不可以模范大众呢？"

弟子满空用手指着床上的女人，以斥责的语气道："你看！"师父却平和地对徒弟说："你看！"因为师徒俩的对话，床上的女人缓缓转过来，徒弟猛一看，只见一张看不到鼻子、眉毛，连嘴角也烂掉的脸，原来这是一个患了麻风病的疯女人，她正望着自己呢！

这时候，师父把手上的药往满空面前一伸，泰然地说："好！现在你弄吧！"

满空跪了下来，说道："师父！你能看的，我们不能看；你能做的，我们不能做！是弟子一时愚痴。"

不要轻易下结论

有一对青年男女，男的非常懦弱，做什么事情之前都让女友先试。女友对此十分不满。

有一次，他们一起出海。返航时，飓风将小艇摧毁了，幸亏女友抓住了一块木板才保住了两人的性命。

女友问男友："现在你害怕吗？"

男友摇摇头又点点头，接着从怀中掏出一把水果刀，说："怕，但如果真的有鲨鱼来攻击我们，我就用这个对付它。"女友看男友一副没出息的样子，只是摇头苦笑。

不久，一艘货船发现了他们，正当他们欣喜若狂时，一群鲨鱼出现了。女友大叫："我们一起用力游游，一定会没事的！"

而在这时候，男友却突然用力将女友推进海里，独自扒着木板游走并喊道："这次让我也试一试！"女友惊呆了，望着男友的背影，感到非常绝望。

很快鲨鱼游过来了，可它对女人不感兴趣，而径直向男人游了过去。瞬间男人被鲨鱼凶猛地撕咬着，他发疯似的对女友喊道："我爱你！"女友获救了，甲板上的人都在默哀。

船长坐到女友身边说："你知道吗？他是我见过的最勇敢的人，我们为他祈祷吧！"

"不，他是个胆小鬼。"女友冷冷地说。

"您怎么能这样说呢？刚才我一直用望远镜观察你们，我清楚地看到他把你推开后，用刀子割破了自己的手腕。鲨鱼对血腥味很敏感，如果他不这样做来争取时间，恐怕你也不会出现在这艘船上。"

女友听完，放声痛哭起来。

月蚀打狗喻

妇女患眼痛喻

【原文】

昔有一女人，极患眼痛。有知识①女人问言："汝眼痛耶？"答言："眼痛。"彼女复言："有眼必痛。我虽未痛，并欲挑②眼，恐其后痛。"傍人语言："眼若在者，或痛不痛；眼若无者，终身长痛。"

凡愚之人亦复如是，闻富贵者，衰患之本，畏不布施，恐后得报；财物殷溢，重受苦恼。有人语言："汝若施者，或苦或乐；若不施者，贫穷大苦。"如彼女人，不忍近痛，便欲去眼，乃为长痛。

【注释】

①知识：这里是相知相识的意思，指熟识的人。②挑：这里有"挖"的意思。

【译文】

从前有一个女人，眼睛痛得非常厉害。一位与之认识的女人就问她："你的眼睛痛吗？"回答说："痛啊。"那女人又说："由于有眼睛，眼睛才会痛。我虽然现在眼睛不痛，但我想把眼睛挑了，以防止它以后痛。"旁边的人说："眼睛如果在，或许有时会痛，有时会不痛；眼睛如果不在，就会痛苦终生的。"

大凡愚蠢的人都是这样。听说富贵是一切衰败患难的根源，富贵者往往害怕现在不把财产施舍出去，将来会有恶报；又担心在布施之后，财产逐渐丰厚，需要更多地承受苦恼。有人对他说："你如果做布施，可能会受苦，也可会带来快乐；如果不布施，那将来所受的将是极大的贫穷和痛苦。"就像那个女人一样，担心短暂的痛，想挖去双眼，那必定会带来终生的痛苦。

【评析】

　　故事中的这个女人，因为担心眼睛会疼痛就想要挖去双眼，但她从没想过那只是摆脱了一时的疼痛，但却要忍受一生都在黑暗中的痛苦。眼睛会因为某种原因疼痛，可是只要我们稍微忍耐、坚持一下，用药进行治疗，没准就不疼了。假如我们忍受不了一时的疼痛而把眼睛挖了，那我们一辈子都只能活在黑暗中了。其实，不只是在对待眼睛疼痛的问题上，在面对其他问题时，我们也应该学会坚持，学会忍耐。只要我们持之以恒地做下去，就有希望获得成功，也会过上幸福生活。

【故事征引】

坚持下去就是成功

　　有一天，弟子们聚集到一块儿，向禅师请教道："老师，如何才能成功呢？"

　　禅师对弟子们说："今天咱们只学一件最简单也最容易的事。你们每人把胳膊尽量往前甩，然后再尽量往后甩。"禅师示范了一遍，又说道："从今天开始，你们每天坚持做三百次，能做到吗？"

　　弟子们疑惑地问："为什么要做这样的事呢？"

　　禅师说："你们只要每天坚持做这件事，一年之后你们就知道如何能成功了！"

　　弟子们想："这么简单的事，有什么做不到的？"

　　一个月之后，禅师问弟子们："我让你们做的事，有谁坚持做了？"大部分人都骄傲地回答："我做了！"禅师满意地点点头说："好！"

　　又过了一个月，禅师问："现在有多少人坚持了？"结果只有一半的人回答："我做了！"

　　一年以后，禅师再次问大家："请告诉我，最简单的甩手运动，还有几个人坚持了？"这时，只有一个人骄傲地回答："老师，我做了！"

　　禅师把弟子们都叫到跟前，对他们说："我曾经说过，做完这件事，你们就知道如何能成功了。现在我想要告诉你们，世间最容易的事常常也是最难做的事，最难做的事也是最容易的事。说它容易，是因为只要愿意做，人人都能做到；说它难，是因为真正能做到持之以恒的，终究只是极少数人。"

后来，一直坚持做的那个弟子成了禅师的衣钵传人，在所有的弟子中只有他成功了。

"站起来"便是成功

有一位慈祥的父亲，一直为他的孩子苦恼。眼看着孩子都十五六岁了，还没有一点儿男孩子的气概。无奈之下，他就去拜访一位禅师，请求禅师帮他训练孩子。

禅师对他说："你把小孩留在我这里，三个月后，我一定可以把他训练成一个真正的男人。"

三个月后，父亲来接小孩。禅师安排了一场空手道比赛，来向父亲展示这几个月的训练成果。和小孩对打的是空手道的教练。教练一出手，这小孩便应声倒地，但小孩刚一倒地，便立刻又爬起来接受挑战。小孩倒下去又爬起来，如此来回往复总共十六次，小孩依然坚强地爬了起来。

禅师问父亲："你觉得你小孩的表现够不够男子气概？"

父亲说："我简直羞愧死了，想不到我送他来这里，看到的结果是他这么不经打，被人一打就倒下去。"

禅师摇了摇头，说："我很遗憾，你只看到表面的胜负和成败，难道你就没有看到你儿子那种倒下去又立刻站起来的勇气和毅力吗？那才是真正的男子气概啊！"

父取儿耳珰喻

【原文】

昔有父子二人，缘事①共行。路贼卒起，欲来剥之。其儿耳中，有真金珰②。其父见贼卒发，畏失耳珰，即便以手挽之，耳不时决，为耳珰故，便斩儿头。须臾之间，贼便弃去。还以儿头，著于肩上，不可平复。如是愚人为世间所笑。

凡夫之人亦复如是，为名利故，造作戏论，言："无二世③，有二世；无中阴④，有中阴；无心数法，有心数法⑤；无种种妄想，不得法实。"他人以如法论，破其所论，便言："我论中都无是说。"如是愚人，为小名利，便故妄语，丧沙门道果，身坏命终，堕三恶道。如彼愚人，为小利故，斩其儿头。

【注释】

①缘事：因为有事。②真金珰：吊在耳垂上的一种真金的装饰品。③二世：指现世与后世。④中阴：指人去世直到脱身转世间的识身，即前世死至来世受生的中间时期。⑤心数法：指心的各种作用。

【译文】

从前有父子二人，因为有事一同出行，途中突然遇到拦路抢劫的强盗，想夺取他们的财物。当时，儿子耳中戴着一副真金耳坠，父亲见强盗突然出现，害怕耳坠被抢去，于是就用手去摘耳坠，可一时又无法摘下。为了拿下耳坠，就斩下了儿子的头。一见此景，强盗并没有抢劫财物就跑了。这时，他把儿子的头重新放到肩上去，可是儿子已经不可能死而复生了。像这种又愚又蠢的人，只会被世人所笑。

凡夫之人也是这样。为了一点点小名利，胡乱编造一些虚假的言论：

"没有来生和前世，有来生和前世；没有中阴身，有中阴身；没有心数法，有心数法；没有种种妄想的论调，也就无法探得佛法的真实。"当别人一按照佛陀所说的教法来驳斥他的戏论时，他们又说自己的言论中没有这等观念。这样的愚人，为了小名利，就故意胡乱编造，丧失了沙门应修证的道果，等到他们身坏命终之后，必将堕于三恶道中。就像那个愚蠢的父亲，为了一个小小的耳坠，就斩去了自己儿子的头一样。

【评析】

这是一则佛教寓言，它教导人们怎样做事才会成大事。故事中这位父亲为了小小的耳坠而砍掉亲生儿子的头，这样的事看起来是有点儿荒谬。细想一下，生活中像这样因小失大的事例也不少。这让我们知道：以后无论做什么事情，无论进行怎样的选择，不可只注重眼前小利，要有长远的眼光，这才是成事的根本。不要等尝到因小失大的恶果之后，才认识到问题的严重性。

【故事征引】

贪图享乐，失去自我

很久以前，有两个商人各有五百人的商队，在波罗奈地区筹集了金钱、资粮，准备好许多帆船，决定远行寻宝。他们扬帆起航，乘风破浪，驶向大海深处。

商船在大海中行驶了很长时间。有一天，他们突然发现前面有一座宝岛。在那个岛上还有众多的珍宝、美女，他们一个个都看得目瞪口呆。

这时候，第一队商人的头领看到此景，便说道："我们舍财舍命去寻宝，辛辛苦苦来到这里，这里的美女、财宝无奇不有，人生一世能享受这些也就足矣，我们不如就住在这里吧！"

可是，第二队商人的头领看到此景，冷静地说道："在无边无际的大海中，这个宝岛无奇不有，但一定不会长久的！"

众人听了，正在犹豫不决之际，正好有个天女路过此处，心中怜悯这些商人，便在空中对众商人说道："你们在此地虽然能暂时享受一些快乐，但这一切都将不会长久。再过七天，这座小岛就会被大海吞没！"这个天女说完就消失了。

这时候，又有一个魔女从此经过，她想让这些商人都被大海吞没，就在空中对众商人说道："你们不要走，这个宝岛怎么会被海水吞没呢？如果你们失去这一次机会，这些勾人魂魄的美女、奇异的珍宝，去哪儿找呢？刚才那个天女是骗你们呢，你们可别相信她所说的！"她说完后，也随即消失而去。

那第一队的头领听后，对他的手下说道："你们不要相信第一个天女的话，我们还是待在这岛上，享受无边之乐吧！"

第二队的头领则对他的手下说道："你们切莫因为贪图享乐而将性命丢在此地，还是快快装些珍宝，万不可贪恋此地。那第一个天女的话真实不虚啊！"

果然，过了七天后，如第一个天女所说，大海的波涛将宝岛吞没了。第二个商队的人，由于早有防备，都待在船上，所以安然无恙。而那第一支商队的人，由于只顾贪恋玩乐，都被大海吞没了。

无尽的贪欲毁掉自己

从前有两个兄弟，他们自幼失去了父母，兄弟俩相依为命，家境十分贫寒。他们俩终日以打柴为生，生活十分辛苦。但他们从来都不抱怨，而是起早贪黑，一天到晚忙个不停。生活中哥哥照顾弟弟，弟弟心疼哥哥。二人生活虽然艰苦，但日子过得还算舒心。

一天，观世音菩萨得知了他们二人的情况，决心下界去帮他们一把。这天清早，兄弟俩还未起床，菩萨便来到了他们的梦中，对兄弟俩说："在远方有一座太阳山，山上撒满了金光灿灿的金子，你们可以前去拾取。不过一路艰难险阻，你们可要小心！另外，太阳山温度很高，你们只能在太阳没出来之前拾取黄金，否则等到太阳出来了，你们就会被烧死。"菩萨说完就不见了。

兄弟二人从睡梦中醒来，心中很是兴奋。他们商量了一下，便一同启程去了太阳山。一路上，有时遇到毒蛇猛兽，有时遇到狼虫虎豹，不知过了多长时间，终于来到了太阳山。这时太阳还没有出来，漫山遍野的黄金，照得兄弟俩的眼睛都睁不开。看到这一切，弟弟一脸的兴奋，显然没有了长途跋涉的困顿与疲惫，而哥哥只是淡淡地笑了笑。

哥哥从山上捡了一块较大的金子装在口袋里，下山去了。弟弟捡了一块又一块，就是不肯罢手。不一会儿整个袋子都装满了，弟弟还是不肯住手。太阳快出来了，可是弟弟全然不顾。这时他耳边又响起了菩萨的警示："太阳快出来了，赶快回去吧！"弟弟却说："我好不容易见到这么多金子，你就让我一次捡个够吧！"说完他又忘我地捡了起来。

太阳出来了，太阳山的温度也在渐渐地升高。弟弟看到了太阳，急忙背着金子往回走，可是金子实在太重了，他的步履有些蹒跚。太阳越升越高，弟弟终于倒了下去，再也没有站起来。

哥哥回到家之后，以捡到的那块金子为本钱，做起了生意，后来成了远近闻名的大富翁，可弟弟却永远留在了太阳山。

劫盗分财喻

【原文】

昔有群贼,共行劫盗,多取财物,即共分之,等以为分。唯有鹿毛①钦婆罗②,色不纯好,以为下分③,与最劣者。下劣者得之恚恨,谓呼大失。至城卖之,诸贵长者多与其价。一人所得,倍于众伴,方乃欢喜踊悦无量。

犹如世人不知布施有报无报,而行少施,得生天上,受无量乐,方更悔恨,悔不广施。如钦婆罗,后得大价,乃生欢喜。施亦如是,少作多得,尔乃自庆,恨不益为。

【注释】

①鹿毛:地名。同鹿野苑、仙人鹿园,佛教圣地。②钦婆罗:一种用细羊毛织成的衣物名,一般为佛教外道所穿。③下分:最坏的一份。分,同"份"。

【译文】

从前有一伙盗贼,一起行劫,抢到许多财物后,决定一起分了。他们把财物平均分为若干份,只有一件从鹿野抢来的钦婆罗衣,质地不是很好,就列为下等物,给了一个表现最差的贼。这个表现最差的贼分到衣服后非常气愤,叹说不公平、不合算。后来他拿着衣服到城里去卖,没想到许多有钱人都争着来买,并给他很高的价钱。他一个人所得钱比其他伙伴多出一倍,他这才大喜,高兴得不得了。

这就好比世人,不知道布施之后是否有回报,便做了很少的布施,结果得以生于天上,享受到无量的欢乐,这才悔恨起来,后悔没有广行布施。正如那个贼把钦婆罗衣卖出了大价钱,才开始高兴起来一样。布施也是一样,世人做了一点小功德,却得到很高的回报,这才自我庆幸起来,并悔恨当初没有多做布施。

【评析】

"勿以善小而不为，勿以恶小而为之。"意思是说：不要因为善小就不去做，也不要因为恶小而去做。故事中的这个贼人总以为自己得到的是不好的结果，然而没想到又因此得到了意外之财。所以做人不要太过悲伤或快乐，每件事都有它的两面性，碰到不好的事也不要钻牛角尖，一定要考虑到它的另一面，这是人们心理上的一种安慰，也是乐观做人应具备的一种心理状态。成大事者，从不放弃做小善事。常做小善事，方能增加成大事的辉煌。

【故事征引】

事情的两面性

有一位信徒到寺院礼完佛后，来到客堂休息，刚落座，就听到一位年轻的知客师对身旁年事已高的禅师喊道："老师！有信徒来了，请上茶！"

过了一会儿，又听到那位年轻的知客师叫道：

"老师！佛桌上的香灰太多了，请把它擦拭干净！"

"拜台上的盆花，别忘了浇水呀！"

"中午别忘了留信徒用膳。"

这位信徒看到年老的无德禅师在知客师的指挥下东奔西跑，有些于心不忍，就问无德禅师："老禅师，知客师和您是什么关系呀？"

老禅师非常自豪地答道："他是我的徒弟呀！"

信徒大惑不解地问道："这位年轻的知客师既然是您的徒弟，为什么对您如此不礼貌？一会儿叫您做这，一会儿要您做那？"

老禅师却非常欣慰地说道："有这样能干的徒弟，是我的福气。信徒来时，只要我倒茶，并不需要我讲话；平时佛前上香换水都是他做，我只要擦一擦灰尘；他只叫我留信徒用膳，并不叫我去煮饭烧茶。寺内上下一切都是他在计划、安排，这给我很大安慰，否则，我就要很辛苦了！"

信徒听后，仍满脸疑惑地问道："不知道你们是老的大，还是小的大？"

无德禅师道："当然是老的大，但是小的更有用呀！"

猕猴把豆喻

【原文】

昔有一猕猴,持一把豆,误落一豆在地,便舍手中豆,欲觅其一。未得一豆,先所舍者,鸡鸭食尽。

凡夫出家亦复如是,初毁一戒,而不能悔。以不悔故,放逸滋蔓①,一切都舍。如彼猕猴,失其一豆,一切都弃。

【注释】

①放逸滋蔓:放纵自己,让恶行滋长蔓延。

【译文】

从前有一只猕猴,手里拿着一把豆,不小心落在地上一颗,便舍下手中的豆子,去找失落的那一颗豆。那一颗豆没找到,先前舍下的一把豆子却已经被鸡鸭吃光了。

凡夫俗子出家修行也是如此。他们一开始违犯了一条戒律,却不加以忏悔。因为没有及时忏悔,于是越来越放纵自己,让恶行滋长蔓延,最终把所有的戒律都触犯了。就像那只猕猴,为了寻找丢失的一颗豆子,把所有的豆子都舍弃了。

【评析】

在这则寓言中,猕猴因一颗豆子而放弃了整把豆子。单单从这点来看,这是在提醒人们不要因保全局部而丧失了整体。但是从佛理的角度来看,它是在告诫人们:不要因为犯了一次错,就破罐子破摔;一错再错,最终只能害了自己。我们每个人都会犯错误,有了错误不要回避,只要真心悔过,就一定会从中获得真正的利益及解脱。

【故事征引】

不可将错就错

从前，有一独生子从小备受父母的疼爱。父母竭尽心力培育他，并且让他跟随良师益友学习，一心希望他将来能有一番成就。但是独生子态度傲慢，没有恒心毅力，不肯用心学习，最终学业无成。父母只好失望地叫他回家治理家业。

可是独生子为人悭吝，行为放纵，变卖家产供自己挥霍，又不肯接受别人的意见。平日里蓬头垢面，不修边幅，大家都很厌恶他，没有人愿意和他说话。面对这些境遇，独生子不但不知反省检讨，反而埋怨父母，责怪师长、朋友，觉得都是祖先神灵没有庇佑，才让自己诸事不顺，落到今日的地步。所以，独生子心想：既然如此，我不如去跟佛陀学道，或许还可以得到一些利益。

于是，独生子来到精舍，向佛陀顶礼后，说道："佛陀啊，我知道您的教法广大，可以包容所有的人，就请允许我做您的弟子吧！"佛陀说："想要求道，就要力行清净的行为。你现在仍有种种恶习，如同带着一身的污垢，若不改过，即使跟随我修行，也是无益。不如你先回去孝顺父母，研习老师所教导的东西，并好好治理家业，让家里富裕起来。最重要的是要注意自己的言行、仪容，不可不合节度。做任何事都要专心致志，勤勉努力，那么必然会受到大家的称赞与羡慕，这才是真正的道。"

独生子认真地听完佛陀的教诲，欢天喜地地回去了。从那之后，他不但孝顺父母、尊敬师长、诵习经典、勤修家业，并且以戒法来规范自己的行为，凡是不合正道之事他就告诫自己不做。亲戚、邻居看他一下子改变这么多，都非常赞叹。很快，他的名声传遍各地，国人都称赞他是贤人。

知错是在拯救自己

从前有一个比丘，因为犯了过错，被僧众从寺庙中赶了出来，他既伤心又烦恼，哭哭啼啼地往外走。半路上，他遇到一个鬼，这鬼也是因为犯了戒律被毗沙门天王赶出来的。鬼问比丘："你为什么一路走一路哭呢？"

比丘回答说:"我违反了做僧人的戒律,被僧人们赶了出来,现在我所有的布施供养都没有了,远近的人都知道了我的坏名声,因此我伤心得直哭。"

鬼告诉比丘说:"我有办法消除你的坏名声,让你得到更多的供养。你可以站在我的左肩上,我背着你在空中行走,人们只看得见你,看不见我。你要是得到供养,我们就平分。"

于是鬼便背着比丘,来到比丘先前被赶出来的那个村庄来回行走。村庄里的人看见这比丘在空中行走,都十分吃惊,以为他得道了。村人们互相说:"这些僧人真没道理,竟将得道的人给赶了出去!"村人们都涌到寺庙里,大声责备寺里的僧人,又马上把这个比丘迎进寺里住下。于是这比丘得到很多供养,他照着原先说好的那样,得到的各种东西,都送给那个鬼一半。

后来有一天,鬼又背着比丘在空中行走,不料正好碰上毗沙门天王手下的属官。鬼一见到天王手下的官,吓坏了,扔下比丘拼命逃跑。比丘掉落下地,摔死了。比丘执迷不悟,错上加错,最终害了自己。

猕猴把豆喻

得金鼠狼喻

【原文】

昔有一人，在路而行，道中得一金鼠狼，心中喜踊，持置怀中，涉道而进。至水欲渡，脱衣置地，寻时金鼠变为毒蛇。此人深思："宁为毒蛇螫杀，要当怀去。"心至冥感[1]，还化为金。傍边愚人，见其毒蛇变成真实，谓为恒尔[2]。复取毒蛇，内著怀里，即为毒蛇之所蜇螫，丧身殒命。

世间愚人亦复如是，见善获利，内无真心，但为利养，来附于法，命终之后，堕于恶处。如捉毒蛇，被螫而死。

【注释】

[1]心至冥感：心至，心诚。冥感，神灵为之感动。[2]恒尔：永远是这样。

【译文】

从前有一个人在路上行走，途中拾得一只金鼠狼，心中欢喜得不得了，就将它放在怀中，继续前行。到了一条河边，那人想渡过去，就把衣服脱下来放到地上，转眼间怀中的金鼠狼变成了一条毒蛇。这人心想："我宁可让毒蛇咬死，也要揣着它渡河。"他的诚心感动了神灵，那条毒蛇又化为金鼠狼。旁边的愚人看见毒蛇变成了金鼠狼，以为这是必然的事情，也捉来一条毒蛇放在怀里，结果被毒蛇咬死了。

世间的愚人就是这样。他们看到善行获得果报，自己没有为善的真心，但为了获得供奉，也假惺惺地来依附佛法。由于他们并非真心依附佛教，命终之后便堕入于恶道之中。就像那个因为贪心捉了毒蛇放在怀中而被咬死的愚人一样。

【评析】

俗话说："真的假不了，假的真不了。"现实中一些人为了追名逐利，而盲目地去效仿别人，殊不知有些东西是不可效仿的，即使效仿了也不一定能收到和别人一样的效果。在本故事中，愚人看见别人把毒蛇放在怀里可以变成金鼠狼，自己也跟着效仿，反而被毒蛇咬伤丢了性命，真是愚蠢至极。故事中的前一个人，因其心存一颗真正的善心，即使是毒蛇这样可怕的东西也受其感动，变回金鼠狼，报答他的善心。而另一个人一心只想要金鼠狼，只想获利，只想蛇赶快变成金鼠狼，却始终不知道使蛇变成金鼠狼的精髓所在。

【故事征引】

放下假的，才能找到真的

从前有一个叫离婆多尊者的佛门弟子。有一天，他独自一人到别处去，晚上路过荒野，前无村庄，后无旅舍，见路旁有一小亭，于是他就在此亭过夜。但是他心中总是战战兢兢，心想：这荒郊野外的，会不会有鬼呢？

到半夜时分，果然来了一个鬼，手里还拖着一具尸体，来到亭中。这时，离婆多已经吓得全身发抖，毛骨悚然，恐惧万分，只得躲在一旁窥视鬼的一举一动。

过了一会儿，又来了一个厉鬼，说那是他的尸体。两个鬼便互相争论起来，各不相让，胜负难分。经过一段争论，先来的鬼说："我们不要争了，还是请一位证人来评判这具尸体究竟是谁的。"后来的鬼同意了，二鬼一齐向离婆多尊者说："我们想请您来帮忙，做我们的评判。您说句公道话，这具尸体到底属于谁的？"

这时，离婆多尊者已经被吓得魂不附体，不知道如何是好。他心想："我究竟是说真话还是说假话？如果照实来说，后来的鬼一定会发脾气，加害于我；如果不说真话，先来的鬼也会发脾气，对我也不利。无论说假说真，都会被害。真是倒霉，居然会遇到这种怪事！"

正当他左右为难的时候，他又想到自己是出家人，出家人不能打诳语，干脆说真话算了，于是就把实情说了出来。

后来的那个厉鬼果然大发脾气，把离婆多的四肢吃了，扬长而去。离婆多四肢被厉鬼吞到肚中，身也疼，心也痛，无法忍受而哼出声。这被先来的鬼听到了，于是生出慈悲之心，走到他面前，安慰他说："请您忍耐一下，让我想想办法，让你的四肢恢复原状。"说完之后，就将尸体的四肢取下，补装在离婆多的四肢上，使他的四肢完好如初，行动如常。

　　离婆多尊者百思不得其解：死尸的四肢怎能和我的身体合二为一呢？便去请教佛："这是什么道理呢？"佛告诉他说："人的身体，是由四大假和合而成，五蕴非有，不是真实的。"他聆听了佛所说的这番道理，豁然大悟，顿证罗汉果，所以他的名字译为假和合。

地得金钱喻

【原文】

昔有贫人，在路而行，道中偶得一囊金钱，心大喜跃，即便数之。数未能周①，金主忽至，尽还夺钱。其人当时悔不疾去，懊恼之情甚为极苦。

遇佛法者亦复如是，虽得值遇三宝福田②，不勤方便，修行善业，忽尔命终，堕三恶道。如彼愚人，还为其主夺钱而去。

如偈所说：

今日营此事，明日造彼事。

乐著不观苦③，不觉死贼至。

匆匆营众务，凡人无不尔。

如彼数钱者，其事亦如是。

【注释】

①周：遍。②三宝福田：三宝，佛教对佛、法、僧三者的尊称。福田，比喻信奉佛教如同广种福分之田。③乐著不观苦：贪图享乐，不顾身后的痛苦。

【译文】

从前有一个穷人，在路上行走，路途中偶然拾得一袋钱，他欣喜万分，随即蹲下来数起钱来。一遍还没数完，失主忽然赶回来了，把钱全都要了回去。这个穷人后悔当时没有立刻离去，懊恼之情，令他感到十分痛苦。

有些遇到佛法的人也是这样。他们虽然遇见了佛、法、僧三宝福田，却因为自己不勤于修行、建立善业，等到生命终结，便堕入于三恶道中。就像那个愚人捡到钱却又被主人要回去一样。正如偈所说的：

"今日造作这个业，明日忙着做那桩事。贪恋眼前不思后苦，不觉之间死神来到。急匆匆做这做那，凡夫众生人人这样。如同那个数钱之人，所做之事也是一样。"

【评析】

这则寓言的原教诫是：希望佛教弟子在遇到参禅悟道的机会时，好好把握，勤于修行，不要因为贪恋无常琐事而不精勤于佛道，最终落入三恶道之中。本来捡了别人的钱，人家要回去是天经地义的，而故事中的这个穷人却因此恼怒不已。但是抛开社会道德不说，这个穷人倒真算是失去了一次很好的机会。

【故事征引】

绝知此事要躬行

暴雨刚过，道路上一片泥泞。一个老太婆到寺庙进香，一不小心跌进了泥坑，浑身沾满了黄泥，香火钱也掉进了泥里。她没有立即起身，而是在泥里捞个不停。

这时候，一向慈悲的富人刚好坐轿从此经过，看见这一情景，想去扶她，又怕弄脏了自己的衣服，就让下人去把老太太从泥潭里扶出来，还送给她一些香火钱。老太太十分感激，连忙道谢。

一个僧人看到老太太满身污泥，连忙躲开，说道："佛门圣地，岂能玷污？还是把这一身污泥弄干净了再来吧。"

就在这时，一位禅师正好经过此地看到了这一幕，他径直走到老太太身边，亲自扶她走进大殿，笑着对那个僧人说："旷大劫来无处所，若论生死尽成非。肉身本是无常的飞灰，从无始来，向无始去，生死都是空幻一场。"

僧人听他这样说，便问道："周遍十方心，不在一切处。难道连成佛的心也不存在了吗？"

禅师指指远处的富人，嘴角浮起一抹苦笑："不能舍，不能破，还在泥里转！"

那个僧人听了禅师的话，顿时感到无比惭愧，垂下了目光。

禅师回去便训示弟子们："金银珠宝是驴屎马粪，亲身躬行才是真佛法。身躯都不能舍弃，还有什么资格谈出家？"

勤恳耕耘才会有收获

有一个农夫，每天起早贪黑、不辞劳苦地工作，可是依然非常贫穷。有一天，他来到一个离家很远的树林打柴。半路中碰到一位老僧人，那僧人对他说："我注视你好久了，看你每天都在很辛苦地劳作，可是得到的却微不足道。我想帮帮你，现在我把我的禅杖给你，它能够使你拥有财富。"

农夫听后开心极了，正要从僧人手中接过禅杖时，僧人又强调说："当你说出你想要得到什么，同时转动你手上的禅杖，你将会立刻得到你所希望的东西。但是，你必须记住，这根禅杖只能实现你的一个愿望，所以你在许下愿望之前一定要考虑清楚。"

农夫接过禅杖，激动地踏上了回家的路。傍晚时分，农夫遇到一个商人，他便拿出禅杖，向商人讲述了自己这段稀奇的经历。商人心中有数了，所以邀请农夫晚上在他家留住。深夜的时候，商人来到熟睡的农夫身边，他小心翼翼地用一根相同的禅杖换走了农夫的禅杖。第二天农夫一醒来，跟商人道了谢，又继续赶路了。

商人很轻易就得到了禅杖，等农夫走后，便急不可待地紧闭房门，一边说"我想拥有一亿两黄金"，一边转动着禅杖。奇迹真的出现了，无数的金子像下雨一样落了下来，商人还没有来得及跑，就被金子砸死了。

过了几天，农夫回到家中，又把禅杖的故事讲给妻子听，并让她妥善保管这根禅杖。妻子按捺不住激动，对丈夫说："要不我们试试看，让它带给我们大片的土地？"

"不行，我们必须仔细对待我们的愿望，你别忘了，这根禅杖只能实现我们的一个愿望。"农夫解释着，"最好让我们再苦干一年，我们一定会拥有更多良田。"农夫的妻子同意了。

从那以后，他们更加努力地工作，并且获得了足够的钱，买了他们所希望拥有的土地。

后来，农夫的妻子又想要一头牛和一匹马。农夫说："亲爱的，我们何不再继续苦干一年？"一年后，他们又买回了牛和马。

"我们是最快乐的人。"农夫说，"以后我们不要再谈什么禅杖了，只要我们拥有年轻，就拥有一双坚实的双手。等我们年老之时，再去想那个禅杖吧。"

转眼四十年过去了,农夫和他的妻子已经变老了,他们的头发已经斑白了,但那根禅杖依旧完好地保存着。

贫人欲与富者等财物喻

【原文】

昔有一贫人,少有财物,见大富者,意欲共等①。不能等故,虽有少财,欲弃水中。傍人语言:"此物虽甚少,可得延君性命数日,何故舍弃,掷著水中?"

世间愚人亦复如是,虽得出家,少得利养,心有悕望,常怀不足,不能得与高德者等获其利养。见他宿旧②有德之人,素有多闻,多众供养,意欲等之;不能等故,心怀忧苦,便欲罢道。如彼愚人,欲等富者,自弃己财。

【注释】

①共等:同样多。②宿旧:有名望的老人。

【译文】

从前有一个穷人,家里只有很少的钱财。他看见一个大富翁,便想拥有和他一样多的财物。因为不能与富翁有一样多的钱财,他就生气地想把自己仅有的一点财物扔进水中。旁边的人说道:"这些财物虽少,也可以养活你数日,为什么要把它扔到水中去呢?"

世上的愚人也是这样。虽然出了家,获得了一点供养,可是心中常常感到不满足,觉得不能与年高德重的人获得同样的供养。他们看到那些有名望、有功德的人,学问修养都很好,还受到大众的供养,心中便想与他们一样;因为做不到,心中便忧愁苦闷,就想放弃修行。就像那个愚人因为无法与富翁一样有钱,便想丢弃自己现有的财物一样。

【评析】

故事中的这个穷人，自知没有富翁那么多的财富，但也不应该为此而把自己仅有的财物扔进水里。他显然只看到眼前的"少"，而没有大胆地去向往未来的"多"。无论从故事本身还是从佛理来看，它都是在告诫人们：不要因为不能达到预想的目标，就轻易地放弃已经取得的成果。生活中，每个人都有理想、有愿望、有目标，却也不可能人人都能实现。因此，我们在做任何事情时，都不要急于求成，而应该踏踏实实，从小、从少做起。

【故事征引】

急于露头角难成大气候

在一片一望无际的大海边，有两个叫阿呆和阿土的渔民，他们老实巴交，却都梦想有一天成为大富翁。

有一天，阿呆做了一个梦，梦见海对岸岛上的寺庙里有49棵朱槿，其中开红花的那一株下埋有一坛黄金。于是，阿呆满心欢喜地驾船去对岸的小岛上，果然看到那里种有49棵朱槿。那时候已经是秋天，阿呆便住了下来，等候春天的花开。

肃杀的隆冬刚过，朱槿花都盛开了，但都是一片的淡黄。阿呆没找到开红花的那一株。庙里的僧人也告诉他，他们从未见过哪一棵朱槿开红花。阿呆便垂头丧气地驾船回到了村庄。

后来，阿土知道了这件事，也去了那座寺。又是一个秋天，阿土也住下来等候花开。第二年春天，朱槿花凌空怒放，寺里一片灿烂。奇迹出现了：果然有一棵朱槿盛开出美艳绝伦的红花。阿土激动地在树下挖出一坛黄金。后来，阿土成了村庄里最富有的人。

只隔了一个冬天，阿呆与富翁就拉了那么大距离。正是因为他忘记把梦带入第二个春天，白白错过了令他激动一世的红花。

急着赶路的商人

有一位商人，往集市上去售货。因为运气好，他的生意兴隆，货物很快就卖出去了，口袋里也塞满了金子和银子。

第二天，商人准备回家，他想尽快赶回家中，最好能在天黑之前。他把钱塞进背包里，放到马背上，然后骑着马上路了。

中午的时候，他路过一座小城，休息了一会儿，打算继续赶路。这时，他的仆人把马牵到他跟前说："主人，马的后掌蹄铁上掉了一颗钉子。"

"先就这样吧！"商人说，"我只剩六个小时的路程了，这马蹄铁不至于这么快就掉下来，我们还急着赶路呢！"

到了下午，商人下马休息，让仆人去喂马。仆人回来后，告诉他说："主人，马左后腿上的蹄铁已经掉了，我是不是应该牵它去重新打个马掌？"

"就这样吧！"主人答道，"现在只剩下两个小时的路程了，这马应该还能挺得住。"于是他们又继续赶路了。可是没走多远，马便开始一瘸一拐了；跛着走了没多久，就开始跌跌撞撞了；又没走多远，马终于一跤跌下去，腿都折断了。商人只好留下马，解下背包扛在自己肩上，步行回家了。结果，他一直到深夜才回到家中。

贫人欲与富者等财物喻

小儿得欢喜丸喻

【原文】

昔有一乳母,抱儿涉路,行道疲极,眠睡不觉。时有一人,持欢喜丸[①],授与小儿。小儿得已,贪其美味,不顾身物。此人即时解其钳镮[②]、璎珞[③]、衣物,都尽持去。

比丘亦尔,乐在众务愦闹之处,贪少利养,为烦恼贼夺其功德、戒宝[④]璎珞。如彼小儿,贪少味故,一切所有贼尽持去。

【注释】

①欢喜丸:一种用面粉和果脯混合的甜食。②钳镮:小孩颈中所戴贵重金属饰物。③璎珞:以珠玉等编织而成的装饰品,是有身份者的象征。④戒宝:指持戒为修学佛法的珍宝。

【译文】

从前有一奶妈,抱着主人家的孩子赶路,走得累极了,就倒在路边睡着了。当时有一个人,拿着一个欢喜丸送给小孩。小孩拿到了欢喜丸,津津有味地吃起来,连身上戴的东西都不管了。那人便立即把小孩身上所挂的钳镮、璎珞、衣物,全都拿走了。

有些比丘僧也是这样。他们喜欢在熙攘热闹的地方贪得一点利养,却在不知不觉间被各种烦恼夺走了以往的功德、戒宝、璎珞。就如那个小孩,贪吃几粒美味丸子,却被贼拿走了身上所有值钱的东西一样。

【评析】

身在这样一个复杂的社会,免不了会遇到诸多的诱惑。倘若我们没有一定的控制力，一味地贪多，就会像寓言中的那个小孩贪吃欢喜丸，却丢掉了身上值钱的饰品。由此可见，修炼自己的定力是适应社会生活的必须。在生活中，一些自以为聪明的成年人，他们也犯同样的错误，干出孩子般的蠢事来，让自己丢掉了原本已经拥有的美好事物。

【故事征引】

贪小便宜，会迷失自己

从前有一个老婆婆，心地善良，每天都吃斋念佛。

一天，她跟往常一样在诵读经文，忽然听见外面有人卖香，于是婆婆决定出去买香，以备日后敬佛用。

到了街上，她看到卖香的竟然是一个出家人，婆婆心里感到很高兴，她心想：能买到出家僧人的香烛，那也是上等的缘分。于是立刻上前施礼道："请称香料二斤。"出家人闻得，便随手在香袋中抓出一把，说："二斤也。"

婆婆见僧人并未过秤，疑其信口胡言，于是要求拿回家称一称，然后再付钱。出家人说道："请施主自便好了。"

婆婆回家一称香料，足足有三斤。婆婆心中暗想：他既说二斤，我就给二斤香钱，反正他也不知道有多少。随即出得屋来，告诉僧人道："师父好眼力。"

出家人道："我说二斤你不信，非要称一称，真是麻烦！"说完便收了婆婆二斤香料钱，自东向西扬长而去。

离此不远有一酒家，出家僧人到此歇脚，坐下后，买了一壶酒、一只猪腿，自饮自吃。

那位买香的婆婆，香收好后，心中为得一时的便宜而十分高兴，给佛上了香后想到邻居家串门，恰经过酒家门前，抬眼看见出家僧人在独自吃肉喝酒，心中顿生烦恼，想此僧六根不净，那自己方才多买的香烛岂非亦是不洁之物？拿去敬佛，恐怕不妥。于是上前施礼道："出家僧人应谨守清规戒律，一心向佛修行。你既是出家人，为何吃肉喝酒？你难道是假冒出家人？"

出家僧人听得此言，非但不恼，反而一笑，说道："施主只修口来不修心，错把我三斤当二斤；老僧是修心不修口，既吃肉来又喝酒。"

当下说得这婆婆满面通红、深感惭愧，沉思良久，欲再问以求指点，抬头望之，已经空无一人，方知乃神佛降临，指点迷津，于是跪地便拜。

自此以后，婆婆幡然醒悟，整理心境，踏实修行，数年后，修成正果。

冷静下来就是禅定

宋朝学者苏东坡是个大才子，佛印是个得道高僧，他们经常在一起参禅、打坐，后来成了好朋友。

有一天，苏东坡突然在学禅上有所领悟了，便写了一首诗："稽首天中天，毫光照大千。八风吹不动，端坐紫金莲。"写完后，便差遣他的书童送给金山寺的佛印禅师。佛印看完后，随即在上头批了字，然后交代书童务必要带回去。

苏东坡收到回信，心里别提多高兴了，他想：这回佛印一定会大大地赞美我那首好诗。于是急忙拆开阅读，可是没想到佛印竟然在信中批了"放屁"二字。

他看完，不禁火冒三丈，风风火火来到金山寺，要找佛印理论。

佛印呢，据说很有神通，早已经算好时间在江边码头等着他。两人刚一见面，苏东坡便责问佛印："我那首诗有什么问题吗？"这时候，佛印轻描淡写地说道："你不是已经'八风吹不动，端坐紫金莲'了吗？怎么会一下子就被'放屁'二字吹过江来呢？"苏东坡听后，哑然无语。

老母捉熊喻

【原文】

昔有一老母,在树下卧,熊欲来搏。尔时,老母绕树走避,熊寻后逐,一手抱树,欲捉老母。老母得急,即时合树①,搽②熊两手,熊不得动。更有异人,来至其所,老母语言:"汝共我捉,杀分其肉。"时彼人者信老母语,即时共捉。既捉之已,老母即便舍熊而走。其人后为熊所困。如是愚人为世所笑。

凡夫之人亦复如是,作诸异论,既不善好,文辞繁重,多有诸病,竟不成讫③,便舍终亡。后人捉之,欲为解释,不达其意,反为其困。如彼愚人,代他捉熊,反自被害。

【注释】

①合树:双手抱住树。②搽:按住。③成讫:成功地结束。

【译文】

从前有一位老妇人在树下躺卧休息,突然有一头熊想来抓她。当时老妇人就绕树逃避,熊在她后面追逐,它用一只爪子抱住树,用另一只爪子去抓老妇人。老妇人急中生智,双手抱住树,两只手分别按住熊的两只爪子,使熊动弹不了。当时正好另一个人来到这儿,老妇人说道:"你帮我一同捉住它,我们杀了它,平分熊肉。"那人信了老妇人的话,就上来帮着捉熊。等到那人把熊捉定了,老妇人便立刻脱身逃走了,那人却被熊困住了。这样的愚人,当然会遭到世人的嘲笑。

凡夫之人也是这样。他们喜欢撰写一些不合正理的论说,不仅在内容上不完善,文辞也是繁冗重赘,还有诸多毛病,而这些著作还没写完便死去了。

后人阅读了这些文字，想要阐释分析他们的观点，却又无法表明它的意旨，反而被其内容困惑住了。就如那个愚人帮助别人捉熊，结果反被熊困住一样。

【评析】

故事中的老妇人之所以能够虎口脱险，是因为她在面对生死之时还能够保持冷静的心态，用自己的聪明才慧将局势化险为夷，将自己的劣势变为优势，这是得益于她的临危不乱和急中生智。而那个过路人，因为贪图小利而轻信了别人的话，很明显，他不懂得审时度势，也不知道去选择一个恰当的对象与时机来让自己脱离险境。这个故事也告诉我们，遇事一定要先看清眼前的形势，把握好全局，控制事态的发展趋势，那样才不会使自己困在其中。

【故事征引】

冷静即是一种智慧

从前，有一个又穷又蠢的人突然发了财，听说是从老祖宗留下来的房屋中挖出了满满一大龛银子。周围的人都知道他愚蠢、好糊弄。于是，几乎所有的人都在想方设法骗取他的钱财。而他呢，面对亲朋好友故意设计的圈套，他那不开窍的脑子当然不能辨别，也不能识破。所以，他不断出手的银子，就像肉包子打狗，总是有去无回。

后来，那人又听说佛法能够消除人的烦恼，于是他就来到附近一所寺院，向一位禅师请教。禅师说："你原来贫穷又没智慧，现在虽然有了钱，依然没有智慧。智慧是不随着人的富裕而增长的，所以你难免会上当受骗。"

那人问："那我要怎样做才能成为一个有智慧的人呢？可不可以用钱来买智慧？"禅师点点头说："可以。但是你要牢记，凡是最终向你要钱的人，都是在骗你；只有卖给你智慧而又不收钱的人，教给你的才是真正的智慧。"

后来，他又来到城里，逢人便打听哪里可以买到智慧。很多人在暗自嘲笑他愚蠢的同时，都想趁机骗取他的银子。但他牢记禅师的话，最终一一识破了骗局。那些人见难以得逞，便想用恶作剧戏弄他，告诉他城外有一座破寺庙，里面有个乞丐僧很有智慧。于是，他又兴冲冲地来到那座破庙里，找到他们说的那个乞丐僧。

禅僧告诉他："你如果遇到疑难问题，一定不要急于处理，等到智慧来了再说。""可是，智慧怎样才能来呢？"那人急不可耐地追问。禅僧说："每逢遇到棘手的难题，你先向后退七步，然后往前走七步，如此反复三次，智慧就来了。"

那人半信半疑，心想："难道所有人企盼的智慧，就这么简单？"接着他又踏上了回家之路。回到家中，已经是半夜时分。他走进卧室，在黑暗之中，他朦朦胧胧发现妻子居然与另外一个人同床共眠。他想："一定是野汉子趁我外出，与我妻子勾搭上了！"

顿时，熊熊怒火在胸中燃烧，他拔出随身携带的尖刀，刚要刺下去，忽然想到白天禅僧教给他的智慧。何不试一试？于是，他退后七步，前行七步，如此反复了三次，发热的头脑竟然冷静了一些。他决定先打开灯，看看与妻子同床的人究竟是谁。在灯光亮起的同时，那个与妻子同床的人也被惊醒，翻身坐起——是他母亲。原来，在他外出之后，妻子因为害怕，就叫婆母来给自己做伴。

他扑通一下跪倒在观音菩萨像前。天呐，若不是禅僧传授给他智慧，他将会闯下多大的灾祸！等到天一亮，他立刻布施了数千两银子，为那个乞丐僧重新修建寺庙。

老母捉熊喻

摩尼水窦喻

【原文】

昔有一人与他妇通，交通未竟，夫从外来，即便觉之，住[1]于门外，伺其出时，便欲杀害。妇语人言："我夫已觉，更无出处，唯有摩尼[2]可以得出。"摩尼者，齐云水窦[3]孔也。欲令其人从水窦出。其人错解，谓摩尼珠，所在求觅，而不知处。即作是言："不见摩尼珠，我终不去。"须臾之间，为其所杀。

凡夫之人亦复如是，有人语言："生死之中，无常、苦、空、无我，离断、常二边，处于中道，于此中过，可得解脱。"凡夫错解，便求世界有边、无边，及以众生有我、无我，竟不能观中道之理。忽然命终，为于无常之所杀害，堕三恶道。如彼愚人，推求摩尼，为他所害。

【注释】

①住：守候。②摩尼：摩尼为宝珠的名称，单用"摩尼"，为印度语中水沟之意。③水窦：即水洞。

【译文】

从前有一个人，与别人的妻子私通，正在幽会的时候，丈夫从外面回来，察觉到两人的奸情，便悄悄地躲在门外，想等他出来时杀了他。妇人对他的情夫说："我丈夫已察觉了，现在你没有出路了，只有从摩尼才可以出去。"胡人把水洞叫作"摩尼"，妇人是想让她的情夫从水洞中钻出去。奸夫错解其意，以为让他找到摩尼珠帮助他逃走，于是就到处寻觅，却毫无踪影。于是他就说："找不到摩尼珠，我终究也不能离开啊。"不一会儿，妻子的丈夫便冲了进来，将其杀掉了。

凡夫之人也是这样。有人说："在生死轮回之际，充满了无常、苦、空、无我等，只有远离断见和常见两种片面的认识，坚持中和之道，不偏不倚，才可以得到解脱，不受生死的缠缚。"然而，世人却不能理解其含义，便探求世界到底有无边界，以及众生有我还是无我，最终也不能领悟中和之道。等到生命突然终结了，遭到无常的杀害，便堕于三恶道中。就像那个愚人，只想找到摩尼珠，却不知道从水洞逃出，终被他人杀掉一样。

【评析】

生活中，因为误解而导致的悲剧很多，奸夫之死就是个突出的例子。故事中的这个女人，为什么只想到摩尼是下水道，而不代表别的什么呢？奸夫更是愚不可及，一口认定摩尼就是佛珠，就是这一念之差，他搭上了自己的性命。也许有很多人对误解不以为然，殊不知彼此间的误解，会加深彼此间的怨恨，甚至会因为这些误解而丢掉性命。所以当别人对我们产生误会时，我们要及时采取措施进行化解，以避免因为误解而酿成大家都不愿意看到的悲剧。

【故事征引】

用理解来感化怨恨

有一个年轻人，整日闷闷不乐，他自己也很想跟别人一样每天开开心心的，可总是做不到，于是他就去找禅师开示。

年轻人找到禅师后，就对他说："在我小的时候，我父亲就经常打我，有时我真想离家出走，再也不回来，可是又没有那么大的勇气和胆量。"

禅师问他："那现在还有人打你吗？你还有什么不顺心的事吗？"

年轻人说："现在没有人打我，也没有什么不顺心的事，只是我总觉得自己活得挺窝囊的。"

禅师问道："你所说的窝囊指的是什么呢？"

年轻人说："比如在单位，每次开会的时候，领导说什么，我都不敢发表自己的意见。为此，他们都说我是个没主见的人。最可气的是，连我老婆都瞧不起我。"

禅师说："那你的意思是说，你的领导不会找你的麻烦，因为你很听话？"

年轻人说道："是的，可能是我父亲在我小的时候已经把我打服了，所以我不敢再有自己的想法和意见了吧。"

禅师说:"那么,如果当年你父亲没有打服你,而你现在总和你领导对着干,又会是个什么结果呢?"

年轻人想了想,说道:"可能会失去现在的工作吧。"

禅师说道:"你父亲无论怎么打你,也不会不养活你。可是如果你的领导'打'你,那就是真不养活你了,我说的对吧?"

年轻人听了,若有所思地说道:"没错,父亲就是再生气也不会抛下我不管。"

禅师说道:"所以说,当年你父亲打你,是为了让你今天能够顺利消除困难和阻碍,让你不那么轻易就丢掉饭碗。那么,你现在是应该恨他呢,还是应该理解他呢?"

年轻人一时竟然没有答出话来:"这个……"

小误会酿成大悲剧

从前有一个女子,出生在贫穷人家,在生活的逼迫下,父母把她送到一户人家做女仆。她干活很卖力气,从不贪小便宜,对主人交代的事都认真完成。

有一天,主人交代女仆去炒黄豆。主人家有一头公羊,非常贪吃,总是趁女仆不注意,就偷吃炒黄豆。而这家主人又是个精明的人,很快就发现炒黄豆的分量不够,就生气地斥责这个女仆,从那以后就对她不再信任了。

女仆也是个聪明人,他很快感觉到主人对她的态度不如从前了,心中十分懊恼,对贪吃的公羊恨得咬牙切齿。

一天,她找来一根棍子朝公羊身上抽打,打得公羊"咩咩"直叫,她这才觉得稍微消了气。此后,女仆又不断地用棍子抽打公羊,公羊天天挨打,于是与女仆的积怨也一天天加深。终于有一天,公羊忍受不了抽打,开始反击,它用羊角来顶撞这个女仆。就这样,女仆与公羊成了宿敌,矛盾冲突也越来越多。

有一次,女仆正在灶台取火,这只公羊见她手中没有拿木棍,便趁机冲上来用羊角顶撞她。这女仆怎么咽得下这口气?情急之下,她就把手中的火把扔到了公羊的身上,公羊毛茸茸的,立即被火把烧成了一团火。公羊被烧得晕头转向，到处乱窜，它所经之处，也全被火点燃了。于是，村舍被烧了，山林也被烧了，甚至连山中的数百只猕猴也没能逃生，被火烤得焦糊。

这件惨事被天帝亲眼看见了，他感叹道："这就是无休无止的怨恨和争斗造成的惨景。谁又会想到，一个女仆与一只羊的怨恨，居然会引起整个村子的毁灭和无辜猕猴的丧生呢？"

二鸽喻

【原文】

　　昔有雄雌二鸽，共同一巢。秋果熟时，取果满巢。于其后时，果干①减少，唯半巢在。雄瞋雌言："取果勤苦，汝独食之，唯有半在。"雌鸽答言："我不独食，果自减少。"雄鸽不信，瞋恚而言："非汝独食，何由减少？"即便以嘴啄雌鸽杀。未经几日，天降大雨，果得湿润，还复如故。雄鸽见已，方生悔恨："彼实不食，我妄杀他。"即悲鸣命唤雌鸽："汝何处去！"

　　凡夫之人亦复如是，颠倒在怀②，妄③取欲乐，不观无常，犯于重禁④，悔之于后，竟何所及。后唯悲叹，如彼愚鸽。

【注释】

　　①干：这里指果子失去水分。②颠倒在怀：心中是非不明，颠倒黑白。③妄：乱，荒诞不合理。④重禁：非常重要的禁戒。

【译文】

　　从前，有雌雄两只鸽子，同住在一个巢里。秋天果子成熟了，它们便采集了满满一巢果子。过了不久，果子水分流失逐渐干缩了，看上去只有半巢了。雄鸽就生气地训责雌鸽说："采集果子那么辛苦，你却独自偷吃，只剩下一半。"雌鸽回答说："我没有偷吃，是果子自己减少的。"雄鸽不相信，愤怒地说："若不是你独自吃了，怎么会减少？"随即就啄杀了雌鸽。没过几日，天降大雨，果子得以滋润，又恢复成满满的一巢。雄鸽见了，这才悔恨起来："她的确没偷吃，是我错杀了她。"便悲鸣着呼唤雌鸽："你到哪里去了！"

　　凡夫之人也是如此。他们心中存在着是非颠倒的观念，迷执地追求五欲的快乐，却不能认识到事物的变化迁流，因此犯了杀、盗、淫、妄之类重大禁戒，后来悔恨了，可已经来不及了。最后只有悲伤叹息，就像那只愚蠢的雄鸽一样。

【评析】

　　这篇寓言讲的是一只雄鸽只看到事情的表象，而没有冷静考究事实，因一时气愤就做出了过分的举动，等到真相大白之后，又后悔不已。任何时候都不可以感情用事，一旦犯戒，就会影响正常的思维和判断，而这种情况下人们的考虑往往是不成熟、不全面的，作出的决定也偏激，很可能会毁了一个人的一生。因此，我们只有学会全面地看问题、看待事物，才有可能避免雄鸽用嘴啄死雌鸽悲剧的重演。这样也才能使那些"聪明人"不犯错误或少犯错误。

【故事征引】

前想三步，后想三步

　　从前，有一个国王很喜欢打猎。一天，国王去森林里打猎，文武百官都随行，还带有一群手牵猎犬的仆从，他们希望能满载而归。

　　国王训练了一只老鹰，这次打猎国王也把老鹰带上。它站在国王的手臂上，看上去十分威武强悍。国王一声令下，老鹰就会飞离手臂，四下寻找猎物，若是碰上鹿或兔子，老鹰一个俯冲，就把它们擒获了。

　　但是这一天国王的运气很不好，他和文武百官都走散了，天气既干燥又闷热，国王非常口渴。可是炎炎夏日已将林中的溪水烤干了，老鹰在空中盘旋良久，也未能发现清凉的泉水。

　　终于，国王发现有一股溪流沿着岩石的缝隙往下滴流，一滴一滴的水量很小。国王一看，水流虽小，但终于可以解解渴了。

　　国王从马背上取出杯子，费了好长时间接满了一杯水。国王有些急不可耐，迅速地把杯子送到嘴边，刚要喝的时候，天空中传来一阵"呼呼"的声响，随后国王的杯子被打翻在地，满满的一杯水钻进了岩石的缝隙。国王仰头一看是自己的老鹰，没有在意。

　　第二次的时候，国王没等杯子接满，只是刚刚半满的时候，就送到嘴边，刚要喝，老鹰又俯冲下来把杯子打翻了。国王十分气愤，大吼道："再打翻我的水，我要你的命！"

当第三次国王接满水要喝的时候，老鹰又一次俯冲下来，国王忍无可忍，想也未想，拔出宝剑刺向老鹰，老鹰倒在了血泊中，水杯中的水也消失在岩隙中。

国王只好继续前行，不知不觉中他来到了水的源头。他发现一条巨大的毒蛇匍匐在水泊中，周围都是搏斗的痕迹。国王顿时明白了，是老鹰救了他。老鹰杀死了毒蛇，为了防止国王喝下毒水，将他的杯子打翻，而国王却杀死了它。

他又艰难地回去，将老鹰的尸体埋葬了。痛苦的国王心想："要是我能在老鹰一次次阻碍我喝水的时候，前想三步，后想三步，就不会错杀了老鹰。"

诈称眼盲喻

【原文】

昔有工匠师，为王作务①，不堪其苦，诈言眼盲，便得脱苦。有余作师闻之，便欲自坏其目，用避苦役。有人语言："汝何以自毁，徒受其苦？"如是愚人为世人所笑。

凡夫之人亦复如是，为少名誉及以利养，便故妄语，毁坏净戒②，身死命终，堕三恶道。如彼愚人，为少利故，自坏其目。

【注释】

①作务：服劳役，干活。②净戒：佛教指清静的戒行。

【译文】

从前有一名工匠师傅，为国王做劳务，实在不能忍受劳作的艰苦，便谎称自己的眼睛瞎了，这才从苦役中解脱出来。另一个工匠听说此事后，便想把自己的眼睛也弄瞎，来逃避做苦役。有人劝他说："你何必自毁，白白地遭受痛苦呢？"这样的愚人，为世人所笑。

凡夫之人也是这样。为了一点点名誉及利养，便有意说谎，破坏了修行人清静纯洁的行为戒律。等到身死命终后，便堕于三恶道中。就像那些愚人，为了逃避苦役，便想毁坏自己的眼睛一样。

【评析】

故事中的这两个人，为了逃避国王的苦差而想要弄瞎自己的眼睛，孰轻孰重，不言自明。可见他们的行为是多么可笑、愚蠢！这跟世上一些不分轻重的人一样，他们为了达到自己的目的，不惜抛弃自己的良心，也不在乎什么事该做、什么事不该做，到头来也得到了他们应有的下场。所以，我们无论做什么事，在做决定之前都要分出轻重，三思而后行，这样才不会成为牺牲品。

【故事征引】

应将精力放在要事上

慧远禅师年轻的时候，总是喜欢四处云游。有一次，他又出去远游，途中遇见了一位嗜烟的行人，两人走了很长一段山路，然后坐在河边休息。

因为一路上，那位行人跟禅师聊得很投机，于是送给慧远禅师一袋烟。慧远禅师高兴地接受了行人的馈赠，然后继续在那里谈话，越谈越开心，行人又送给他一根烟管和一些烟草。

慧远禅师和那人分开以后，心想：这个东西让人那么舒服，以后肯定会打扰我禅定，时间长了会恶习难改，我还是趁早戒掉的好。于是，就把烟管和烟草全都扔掉了。

过了几年，慧远禅师又迷上了《易经》。那时候正是冬天，地冻天寒。于是他写信给他的老师，向老师索要一些寒衣，然后托人把信送到老师那里。可是信寄出去很长时间，整个冬天都过去了，却还不见老师寄衣服回来，也没有任何音讯。于是，慧远禅师用《易经》为自己卜了一卦，结果算出他寄给老师的那封信没有被送到。

他心想：《易经》占卜固然准确，但如果我一直沉迷此道，又怎么能够全心全意参禅呢？从此，他再也不接触《易经》之术了。

之后，他又迷上了书法，每天钻研，居然小有所成，有几个书法家也对他的书法赞不绝口。他转念又想：现在我又偏离了自己的正道，如果再这么下去，我很有可能成为一名书法家，而不能成为一名得道禅师了。

从那以后，他一心参悟，放弃了一切与禅无关的东西，终于成了一位禅宗大师。

为恶贼所劫失氎喻

【原文】

昔有二人为伴,共行旷野。一人被①一领氎,中路为贼所剥;一人逃避,走入草中。其失氎者,先于氎头②裹一金钱,便语贼言:"此衣适可直一枚金钱,我今求以一枚金钱而用赎之。"贼言:"金钱今在何处?"即便氎头解取示之,而语贼言:"此是真金,若不信我语,今此草中有好金师,可往问之。"贼既见之,复取其衣。如是愚人氎与金钱一切都失,自失其利,复使彼失。

凡夫之人亦复如是,修行道品③,作诸功德,为烦恼贼之所劫掠,失其善法,丧诸功德。不但自失其利,复使余人失其道业,身坏命终,堕三恶道。如彼愚人,彼此俱失。

【注释】

①被:同"披",这里有穿戴的意思。②氎(dié)头:布衣的衣领。氎,细棉布。③修行道品:依据道品修行。道品,佛教修行三十七个品类。

【译文】

从前有两个人结伴,一同行走在旷野里。其中一人穿着一件棉布衣,半路被劫贼抢了;另一人见势不妙,躲进了草丛中。那个被抢去棉布衣的人,曾在棉布衣的衣领里藏了一枚金币,便对贼说:"这棉布衣值一枚金币,我现在想用一枚金币来与你交换,怎么样?"贼问:"金币在什么地方?"这人就从衣领中取出金币给他看,还说:"这可是真金,你若是不信我说的,那边草丛里有一个很有经验的金匠,你可以去问他。"贼看见在草丛中的那个人,于是又把那人的衣服也抢了。像这样的愚人,衣服和金币都丢失了,自己损失了不说，还连累同伴也跟着遭劫。

凡夫之人也是这样。他们努力修行各类道法，做了许多功德，然而贪恋外物引起的困惑，就像贼人一样把这些都掠夺走了，原来的善法没有了，各种功德也不见了。不但自身失掉了功德利益，还使他人也失掉了道业。等到生命终结之时，便堕于三恶道中。如那愚人一样，不但自己受到损失，还连累同伴也受损失。

【评析】

在我们的生活中，因为自己的思想和言论而误导了别人，致使大家都受损害的例子很多，更有甚者还因此误了国家。故事中这个人的做法不是愚蠢，而是用心险恶。他自己遇险，还想着如何去连累和陷害别人，实在是可悲、可恶至极。

【故事征引】

婆罗门反害自己

释迦牟尼开始传教时，遇到了不少困难和麻烦，有时甚至遭到挑衅和人身攻击。但他凭借他的智慧、毅力和人格力量，一次又一次地克服挫折、化解矛盾。

有一天，释迦牟尼走在街上，遇到了一个愤怒的婆罗门。那个婆罗门非常仇视佛教，几乎到了疯狂的地步。他发现受世人尊敬的佛教开创者释迦牟尼后，一条毒计顿时涌上心头。

他蹑手蹑脚地绕到释迦牟尼背后，趁释迦牟尼不注意，抓起一大把沙土，就向释迦牟尼的头上扔去。

说时迟，那时快，就在沙土扔出去的一刹那，突然一阵风向婆罗门吹来，沙土反而向他自己飞来，洒得他一头，十分狼狈。

他想发作，但又无法开口，气得满脸通红。

街上的人看到刚才发生的一切，都盯着他、嘲笑他。面对这么多锐利的目光，那个婆罗门不得不低下了头，羞愧难当，恨不得找个缝隙钻下去。

这时，他耳边响起了释迦牟尼平静而洪亮的声音："如果想污染清静的东西，或者想陷害心无杂念的人，罪恶反而会伤了自己。"

听了这番富有哲理的话，那个婆罗门顿时恍然大悟，开始反思自己的行为。

害人不利己

从前，有一个地方由于大旱，粮食颗粒无收，就发生了饥荒。有一位僧人背了一袋米前去救济无力度荒的穷人，路过一个村子，看天色已晚，就在这个村子找了个人家投宿了。这个人家主人是做木匠的，有一子，已经十四五岁的样子，身体健壮，已经可以帮家人干些活了。

木匠因为在荒年没有人用工，所以闲在家里。今天遇到这个和尚，还背着一袋米，心中忽然生出歹心。木匠和妻子商议这事，妻子因为贪恋那一袋米，就答应天黑一起动手杀死这个和尚。可是，他们没有对儿子提这件事，他们想，儿子还年幼，要是说出去，就大祸临头了。

儿子呢，见家里来了个和尚，慈眉善目的，说话和气可亲，就跟和尚闲聊，等夜深的时候，儿子还不愿离开这个和尚，想听和尚讲更多因果报应的故事。就这样，夜里两个人躺在一张床上睡下了。

到了二更时分，木匠拿着利斧溜进了和尚落脚的房间，在黑暗的掩护下，他悄悄摸到和尚的床边，隐隐看见一个人正睡得香甜，木匠手起刀落，把那人的头砍下来了。木匠急忙叫妻子过来看，妻子举着蜡烛，过来定睛一瞧，一下子晕过去了，原来那人不是和尚，是自己的儿子。

和尚因为在木匠家吃了不干净的东西，半夜起来拉肚子，刚好躲过了一劫。当和尚后来明白这个凶杀案是为了自己背的一袋米时，不住地摇头叹息："贪念一起，害人害己！"

小儿得大龟喻

【原文】

昔有一小儿，陆地游戏，得一大龟，意欲杀之，不知方便，而问人言："云何得杀？"有人语言："汝但掷置水中，即时可杀。"尔时小儿信其语故，即掷水中。龟得水已，即便走去。

凡夫之人亦复如是，欲守护六根，修诸功德，不解方便，而问人言："作何因缘，而得解脱？"邪见外道、天魔波旬①及恶知识，而语之言："汝但极意六尘②，恣情五欲，如我语者，必得解脱。"如是愚人不谛思惟，便用其语，身坏命终，堕三恶道。如彼小儿，掷龟水中。

【注释】

①天魔波旬：印度古代神话传说中的魔王，多眷属，常率领他们到人间破坏佛道。②极意六尘：极力纵情于物欲。六尘，指眼、耳、鼻、舌、身、意等"六识"所对应的色、声、香、味、触、法等"六境"，佛教认为此六境是产生物欲的基础，能污染心性，是正智的障碍。

【译文】

从前有一个小孩，在陆地上玩耍，捉到了一只大龟，便想杀掉它，但又不知用什么方法，便问别人道："怎么才能杀掉这只乌龟呢？"有人告诉他："你只要把乌龟扔进水里，它立刻就会被淹死了。"当时小孩信了这个人的话，就赶紧把乌龟扔进水中。乌龟到了水里，立即就游走了。

凡夫之人也是这样。他们想守护眼、耳、鼻、舌、身、意这六根，想修行种种功德，却又不知道用什么方法，便问人道："凭借什么样的因缘才能解脱呢？"有那邪魔外道，如魔王波旬及修邪恶知识的人就教唆道："你只要纵意于色、声、香、味、触、法六尘，恣情于财、色、名、食、睡五欲，照我的话去做，必定可以获得解脱。"那些愚蠢的人也不去认真思考这话的对错，就依了他的话去施行。等到身死命终之时，就会堕于三恶道中。就像那个小孩轻信了别人的话，将乌龟扔进水中一样。

【评析】

故事里的这个小孩单纯幼稚，未加判断就听信了别人的话，将捉到的大龟放回水里，刚到手的东西就这样白白地溜走了。也许有人觉得像这样的蠢事自己是绝对不会干的，但是，有的人终究还是逃不出骗子的陷阱，常因轻信而中了别人的诡计。其实，我们只要在做事前有自己的判断，不论对错，都应该在心里大致描绘一下，设想一下；要根据具体情况，具体分析，让自己明智地意识到什么是可信的，什么是不可信的，对于不可信的我们就应该完全舍弃，让自己做一个用智慧办事的人。

【故事征引】

这才叫聪明人

从前有两个年轻人，一个十分富有，另一个非常聪明。富人总说钱比什么都重要，有钱什么事都能办成。而聪明人认为智慧最重要，用智慧办事才是智者。为此他们两人常常争论。

有一天，他们又争吵起来了，于是就去找人评理，但仲裁人也下不了结论。后来，他们又把这个问题交给一个大臣，大臣也无法解决。最后他们就去找国王评理。

国王听了他们的话，非常果断地说："把他俩推出去斩首示众。"

一听这话，两个人吓得失魂落魄。他俩追悔莫及，都觉得不该进行这场争论。这时候，聪明人转过脸来，向富人问道："朋友，现在你想个办法，让我们摆脱眼前的灾难吧。"

富人回答："我心里焦急万分，只要能保住我宝贵的性命，我情愿拿出自己的一半财产送人。如果我死了，家里的财产还有什么用呢？"

聪明人马上说："如果我救了你的性命，你真的愿意分给我一半财产吗？"

富人答应了他，还把自己的许诺写在一张纸上，交给了聪明人。聪明人收好纸，拉着富人一起来到大臣跟前，请求立即把他们处死。

大臣十分惊愕地问道："为什么这样急着要死呢？你们是怎么想的？"

聪明人笑笑说："既然我们注定要死，那就痛痛快快地死吧。据圣书上说，如果一个无罪的人被处死，那么他的灵魂会直接升入天堂，并将会采取行动报仇雪恨，把下令处死他的人置于死地，正因为这样，我们才希望尽快地被处死。现在，请你马上动手吧。"

大臣听了这些话，没有主意了，来到国王那里，把刚才的事情叙述了一遍，并请求他收回自己的命令。国王派人又去问他俩为什么要求马上被处死，聪明人把对大臣讲的话重复了一遍，并把富人立下的字据给了国王。

国王大笑起来，说："你已经自由了，可以去你想去的地方。你们的问题已经解决了，富人已经承认了智慧的重要性。你的确是个会用智慧办事的智者。"

说完，国王就把他们两人都放了。

真正的智慧

伟大的佛陀四处布道，声名远播，长爪梵志很不服气，于是专门找到佛陀的门前，要和他一决高低。

比赛前，长爪梵志对佛陀说："我的观点如果被你驳倒，我就砍掉自己的头颅，以后永远不会再来打扰你！"

听了他的话，佛祖安详地问道："你的观点是什么？"

长爪梵志昂起头，骄傲地说道："我是一个怀疑论者，不接受一切观点！"

佛祖感叹众生的迷惑和执著，慈悲而怜悯地注视着他，问道："这个观点你接受吗？"

梵志一时没有反应过来，以为佛祖在敷衍他，就非常生气，站起身拂袖而去。走到半路上，他突然省悟过来，对弟子们说："哎呀，我已经输了！君子一言，驷马难追，我应该回到佛陀那里，砍头向他谢罪！"

弟子们纷纷劝告道："师父！您英明一世，也算很有名气，何必因这件小事就断送了自己的生命呢？"

长爪梵志慨叹道："世俗的那点名气算得了什么！我宁可在智者面前砍头，也不愿在庸人面前获胜！佛陀有真正的大智慧呀。"

说完后,长爪梵志带着他的弟子回到了佛陀那里,为自己的狂妄向佛陀谢罪。佛陀饶恕了他的罪过,并礼貌地接待了他。于是,长爪梵志连同五百个弟子一起皈依了佛陀,并最终修得了正果,成为阿罗汉。

小儿得大龟喻

中华传统文化核心读本书目

【处世经典】

《论语全集》
享有"半部《论语》治天下"美誉的儒家圣典
传世悠久的中国人修身养性安身立命的智慧箴言

《大学全集》
阐述诚意正心修身的儒家道德名篇
构建齐家治国平天下体系的重要典籍

《中庸全集》
倡导诚敬忠恕之道修养心性的平民哲学
讲求至仁至善经世致用的儒家经典

《孟子全集》
论理雄辩气势充沛的语录体哲学巨著
深刻影响中华民族精神与性格的儒家经典

《礼记精粹》
首倡中庸之道与修齐治平的儒家经典
研究中国古代社会情况、典章制度的必读之书

《道德经全集》
中国历史上最伟大的哲学名著,被誉为"万经之王"
影响中国思想文化史数千年的道家经典

中华传统文化核心读本书目

《菜根谭全集》
旷古稀世的中国人修身养性的奇珍宝训
集儒释道三家智慧安顿身心的处世哲学

《曾国藩家书精粹》
风靡华夏近两百年的教子圣典
影响数代国人身心的处世之道

《挺经全集》
曾国藩生前的一部"压案之作"
总结为人为官成功秘诀的处世哲学

《孝经全集》
倡导以"孝"立身治国的伦理名篇
世人奉为准则的中华孝文化经典

【成功谋略】

《孙子兵法全集》
中国现存最早的兵书，享有"兵学圣典"之誉
浓缩大战略、大智慧，是全球公认的成功宝典

《三十六计全集》
历代军事家政治家企业家潜心研读之作
中华智圣的谋略经典，风靡全球的制胜宝鉴

中华传统文化核心读本书目

《鬼谷子全集》
风靡华夏两千多年的谋略学巨著
成大事谋大略者必读的旷世奇书

《韩非子精粹》
法术势相结合的先秦法家集大成之作
蕴涵君主道德修养与政治策略的帝王宝典

《管子精粹》
融合先秦时期诸家思想的恢弘之作
解密政治家齐家治国平天下的大经大法

《贞观政要全集》
彰显大唐盛世政通人和的政论性史书
阐述治国安民知人善任的管理学经典

《尚书全集》
中国现存最早的政治文献汇编类史书
帝王将相视为经时济世的哲学经典

《周易全集》
八八六十四卦，上测天下测地中测人事
睥睨三千余年，被后世尊为"群经之首"

中华传统文化核心读本书目

《素书全集》
阐发修身处世治国统军之法的神秘谋略奇书
以道家为宗集儒法兵思想于一体的智慧圣典

《智囊精粹》
比通鉴有生活，比通鉴有血肉，堪称平民版通鉴
修身可借鉴，齐家可借鉴，古今智慧尽收此囊中

【文史精华】

《左传全集》
中国现存的第一部叙事详细的编年体史书
在"春秋三传"中影响最大，被誉为"文史双巨著"

《史记·本纪精粹》
中国第一部贯通古今、网罗百代的纪传体通史
享有"史家之绝唱，无韵之离骚"赞誉的史学典范

《庄子全集》
道家圣典，兼具思想性与启发性的哲学宝库
汪洋恣肆的传世奇书，中国寓言文学的鼻祖

《容斋随笔精粹》
宋代最具学术价值的三大笔记体著作之一
历史学家公认的研究宋代历史必读之书

中华传统文化核心读本书目

《世说新语精粹》
记言则玄远冷隽，记行则高简瑰奇
名士的教科书，志人小说的代表作

《古文观止精粹》
囊括古文精华，代表我国古代散文的最高水准
与《唐诗三百首》并称中国传统文学通俗读物之双璧

《诗经全集》
中国第一部具有浓郁现实主义风格的诗歌总集
被称为"纯文学之祖"，开启中国数千年来文学之先河

《山海经全集》
内容怪诞包罗万象，位列上古三大奇书之首
山怪水怪物怪，实为先秦神话地理开山之作

《黄帝内经精粹》
中国现存最早、地位最高的中医理论巨著
讲求天人合一、辨证论治的"医之始祖"

《百喻经全集》
古印度原生民间故事之中国本土化版本
大乘法中少数平民化大众化的佛教经典